Pünnel/Quecke
Was man vom Arbeitsrecht wissen sollte

Jubiläumsjahr 1999
Von Profi zu Profi. Seit 75 Jahren.

Was man vom Arbeitsrecht wissen sollte

von Dr. jur. Leo Pünnel,
Präsident des Landesarbeitsgerichts Köln i. R.

und

von Martin Quecke,
Vorsitzender Richter am LAG Sachsen-Anhalt

18., neubearbeitete Auflage

Luchterhand

Die Deutsche Bibliothek – CIP-Einheitsaufnahme
Pünnel, Leo:
Was man vom Arbeitsrecht wissen sollte / von Leo Pünnel ; Martin Quecke. – 18., neubearb. Aufl. – Neuwied ; Kriftel : Luchterhand, 2000
ISBN 3-472-03790-3

Umschlaggestaltung: arttec grafik Simon & Wagner, St. Goar.
Satz: Karlheinz Stahringer, Ebsdorfergrund.
Druck- u. Bindearbeiten: Druckerei Kanters, Alblasserdam.

♾ Gedruckt auf säurefreiem, alterungsbeständigem und chlorfreiem Papier.

Vorwort zur 18. Auflage

Die Neuauflage erscheint in einer für das Arbeitsrecht bewegten Zeit. Seit der 17. Auflage sind eine Reihe gesetzlicher Änderungen insbesondere im Kündigungsrecht in Kraft getreten. Hier war die Darstellung auf den neuesten Stand zu bringen. Darüber hinaus wurde sie in vielen weiteren Bereichen überarbeitet und erweitert.
Als Mitautor, der die Neuauflage im wesentlichen bearbeitete, konnte der Vorsitzende Richter am Landesarbeitsgericht Martin Quecke gewonnen werden.
Im übrigen ist es unverändertes Ziel des Buches, in dem für das Gemeinwesen wie den einzelnen Bürger so wichtigen Gebiet des Arbeitsrechts eine verständliche, schnelle und gleichwohl zuverlässige Orientierung zu bieten.

Wesel/Dinslaken im Oktober 1999 *Leo Pünnel*
Martin Quecke

Aus dem Vorwort zur 2. Auflage

Die 2. Auflage hat der ersten gegenüber zum Ziel, neben der Vermittlung von allgemeinen Grundkenntnissen den Leser zu ernsthafterem Studium des Arbeitsrechts anzuregen. Dabei will das Buch weder Lehrbuch oder Grundriß noch eine wissenschaftliche Darstellung sein. An diese soll der Leser nur herangeführt werden. Er soll selbst die großen Standardwerke des Arbeitsrechts zur Hand nehmen: z. B. Hueck-Nipperdey, Lehrbuch des Arbeitsrechts, 7. Auflage, 1. und 2. Band; Nikisch, Arbeitsrecht.

Zweck der 2. Auflage ist es aber auch, daß sich der im Arbeitsleben stehende Laie informieren kann. Dem dient vor allem die Übersicht über die wichtigsten Fristen und Termine im Arbeitsrecht im Anhang des Buches. Hier wurde versucht, die gebräuchlichsten gesetzlichen Bestimmungen zusammenzustellen. Einen Anspruch auf Vollständigkeit erhebt die Übersicht nicht.

Inhaltsverzeichnis

Rz.

Rz.

Viertes Kapitel
Der Betrieb und seine Verfassung

Fünftes Kapitel
Welche Bedeutung haben die Gewerkschaften und die Arbeitgeberverbände?

Sechstes Kapitel
Streitigkeiten im Arbeitsleben

Abkürzungsverzeichnis

ABG	Allgemeines Berggesetz für die preußischen Staaten
Abs.	Absatz
AEntG	Arbeitnehmerentsendegesetz
a. F.	alter Fassung
AFG	Arbeitsförderungsgesetz
AGB-DDR	Arbeitsgesetzbuch der Deutschen Demokratischen Republik
AktG	Aktiengesetz
AO	Abgabenordnung
AOG	Gesetz zur Ordnung der Nationalen Arbeit (aufgehoben 1945 durch den damaligen Alliierten Kontrollrat)
AOK	Allgemeine Ortskrankenkasse
AP	Arbeitsrechtliche Praxis (Nachschlagewerk des Bundesarbeitsgerichts)
ArbG	Arbeitsgericht
ArbGG	Arbeitsgerichtsgesetz
ArbPlSchG	Arbeitsplatzschutzgesetz
ArbSchG	Arbeitsschutzgesetz
Art.	Artikel
AuR	Zeitschrift »Arbeit und Recht«
AÜG	Arbeitnehmerüberlassungsgesetz
AVG	Angestelltenversicherungsgesetz
ArbZG	Arbeitszeitgesetz
BAG	Bundesarbeitsgericht
BAT	Bundesangestelltentarifvertrag
BB	Zeitschrift »Betriebs-Berater«
BBiG	Berufsbildungsgesetz
BErzGG	Bundeserziehungsgeldgesetz
BeschFG	Beschäftigungsförderungsgesetz
Beschl.	Beschluß
BetrVG	Betriebsverfassungsgesetz
BGB	Bürgerliches Gesetzbuch
BGBl.	Bundesgesetzblatt

BMT-G	Bundesmanteltarifvertrag für Gemeindearbeiter
BPersVG	Bundespersonalvertretungsgesetz
BR	Betriebsrat
BRTV	Bundesrahmentarifvertrag
BSHG	Bundessozialhilfegesetz
BUrlG	Bundesurlaubsgesetz
BVerfG	Bundesverfassungsgericht
BVerfGE	Entscheidungen des Bundesverfassungsgerichts
bzw.	beziehungsweise
ca.	circa
DAG	Deutsche Angestellten-Gewerkschaft
DB	Zeitschrift »Der Betrieb«
DGB	Deutscher Gewerkschaftsbund
d. h.	das heißt
DRiG	Deutsches Richtergesetz
DVO	Durchführungsverordnung
EBRG	Europäische Betriebsräte-Gesetz
EG	Europäische Gemeinschaft
EigÜbG	Eignungsübungsgesetz
EntgeltfortzG	Entgeltfortzahlungsgesetz
EStG	Einkommensteuergesetz
EzA	Entscheidungssammlung zum Arbeitsrecht
f.	folgende(r) Seite, Paragraph
ff.	folgende Seiten, Paragraphen
FLZG	Feiertagslohnzahlungsgesetz
G	Gesetz
GdB	Grad der Behinderung
GesO	Gesamtvollstreckungsordnung
GewO	Gewerbeordnung
GG	Grundgesetz für die Bundesrepublik Deutschland
GmbH	Gesellschaft mit beschränkter Haftung

GTV	Gehaltstarifvertrag
GVG	Gerichtsverfassungsgesetz
HAG	Heimarbeitsgesetz
HGB	Handelsgesetzbuch
HwO	Handwerksordnung
i. d. F.	in der Fassung
InsO	Insolvenzordnung
i. V. m.	in Verbindung mit
JArbSchG	Jugendarbeitsschutzgesetz
JR	Juristische Rundschau
KO	Konkursordnung
KRG	Kontrollratsgesetz
KSchG	Kündigungsschutzgesetz
LAG	Landesarbeitsgericht
LFZG	Lohnfortzahlungsgesetz
LKK	Landeskrankenkasse
LTV	Lohntarifvertrag
MitbestG	Mitbestimmungsgesetz
MontanMitbestG	Gesetz über die Mitbestimmung in den Aufsichtsräten und Vorständen der Unternehmen des Bergbaues und der eisen- und stahlerzeugenden Industrie (1951)
MTB	Manteltarifvertrag für Arbeiter des Bundes
MTL	Manteltarifvertrag für Arbeiter der Länder
MTV	Manteltarifvertrag
MuSchG	Mutterschutzgesetz
NachwG	Nachweisgesetz
n. F.	neuer Fassung
NZA	»Neue Zeitschrift für Arbeits- und Sozialrecht«

OHG	offene Handelsgesellschaft
PR	Personalrat
RAG	Reichsarbeitsgericht
RTV	Rahmentarifvertrag
RVO	Reichsversicherungsordnung
Rz.	Randziffer(n)
s.	siehe
S.	Seite; Satz
SchwbG	Schwerbehindertengesetz
SeemG	Seemannsgesetz
SGB I–X	Sozialgesetzbuch I–X
sog.	sogenannt
SprAuG	Sprecherausschußgesetz
str.	streitig
TVG	Tarifvertragsgesetz
Urt.	Urteil
usw.	und so weiter
u. U.	unter Umständen
UWG	Gesetz gegen den unlauteren Wettbewerb
v.	vom
vgl.	vergleiche
VglO	Vergleichsordnung
VO	Verordnung
WO	Wahlordnung zum Betriebsverfassungsgesetz
WO-P	Wahlordnung zum Bundespersonalvertretungsgesetz
z. B.	zum Beispiel
ZDG	Zivildienstgesetz
Ziff.	Ziffer(n)
ZPO	Zivilprozeßordnung

Erstes Kapitel
Was ist Arbeitsrecht?

A. Wesen und Begriff des Arbeitsrechts

Die Arbeit dient dem Erwerb des Lebensunterhaltes. 1
Nur ein kleiner Teil unserer Mitmenschen übt sie wirtschaftlich selbständig aus. Die meisten stehen hierbei in einem Abhängigkeitsverhältnis:
Sie **nehmen Arbeit** gegen Entgelt an und richten sich, meist in einer betrieblichen Gemeinschaft, nach den Weisungen desjenigen, der ihnen die **Arbeit gab** und dem das Arbeitsergebnis zusteht.
Diese Stellung der »Arbeit Nehmenden« – der **Arbeitnehmer** – den »Arbeit Gebenden« – den **Arbeitgebern** gegenüber kennzeichnet also ein besonderes Merkmal: die **persönliche Abhängigkeit.** Sie verrichten ihre Arbeit in fremdem Dienste, sind also nicht selbständig.
Zwar ist auch derjenige, der selbständig für andere eine Ar- 2
beit übernimmt, irgendwie »abhängig«. Doch ist diese Abhängigkeit vorwiegend wirtschaftlicher Natur, also mehr ein »Angewiesensein«.
Fabrikant, Handwerksmeister und Kaufmann z.B. arbeiten für den Verbraucher. Sie sind hierbei aber sowohl in ihrer beruflichen als auch in ihrer sozialen Stellung **selbständig**. Sie verfügen über einen eigenen Betrieb, sind auf sich allein gestellt und stehen zu niemandem in persönlicher, d.h. weisungsgebundener Abhängigkeit. Ihr Recht ist das Wirtschaftsrecht, das Handwerksrecht, das Handelsrecht.
Das **Arbeitsrecht** ist demgegenüber in erster Linie das Sonder- 3
recht der **unselbständigen** Arbeitnehmer: Es ist das Recht der abhängigen Arbeit! Dabei beschränkt es sich nicht allein auf die Regelung der Rechtsstellung des Arbeitnehmers zum Arbeitgeber. Auch die Rechtsbeziehungen der Arbeitnehmer im gleichen Betrieb oder Unternehmen zueinander (Betriebsverfassungsrecht), die Rechtsfolgen, die sich aus der Zugehörigkeit zu einer bestimmten Gewerkschaft und zu einem bestimmten Arbeitgeberverband ergeben (Tarifrecht), sind Gegenstand des Arbeitsrechts.

Nicht zuletzt befaßt sich dies aber auch mit der Stellung des Arbeitnehmers im und zum Staat (z.B. im Rahmen des Arbeitsschutzrechts, Arbeitsgerichtsgesetz usw.).

B. Geschichtliche Entwicklung des Arbeitsrechts

4 Seit Urzeiten ist keine Volkswirtschaft in der Lage, auf den in persönlicher Abhängigkeit arbeitenden Menschen zu verzichten. Wörtlich genommen ist also die Geschichte des Arbeitsrechts so alt wie die Menschheit. Daher besitzt auch jede Kulturepoche die für sie eigenen Rechtsanschauungen über die menschliche Arbeitsleistung.

5 Der römisch-rechtliche Dienstvertrag entsprach seinem Wesen nach der Sachmiete, der Vermietung der Arbeitskraft der Sklaven.

Der Treudienstvertrag des deutschen Mittelalters basierte auf der persönlichen Bindung des Gefolgsmannes an den Gefolgsherrn.

6 Erst Industrialisierung und technischer Fortschritt brachten mit Beginn des 19. Jahrhunderts den zwar nach außen in persönlicher Freiheit, aber ausschließlich in fremdem Dienste tätigen **Lohnarbeiter** hervor. Mit der Entstehung dieses sog. vierten Standes beginnt auch die Geschichte des Arbeitsrechts im heutigen Sinne.

Die wirtschaftliche Grundauffassung jener Jahre war der Liberalismus. Er betrachtete die Arbeit ausschließlich als Produktions- und Erwerbsmittel. Der Arbeitsvertrag galt als Austauschvertrag, auf Grund dessen die Ware »Arbeit« gegen das Entgelt »Lohn« geliefert wurde.

7 Große wirtschaftliche Erfolge, aber auch erschreckende soziale Mißstände waren die Folge jenes Wirtschaftssystems. Hungerlöhne bei übermäßig langer Arbeitszeit, Trucksystem, ausgedehnte Frauen- und Kinderarbeit charakterisieren die Lage der Arbeitnehmer der damaligen Zeit.

Der Staat griff ein.

8 Ein besonderes **Arbeiterschutzrecht** (Gewerbeordnung von 1869, Novellen zur Gewerbeordnung von 1878 und 1891; Kinderschutzgesetz von 1903) brachte Truckverbot und Jugendschutz. Daneben versuchte man durch die Einführung einer

Zwangsversicherung (Kaiserliche Botschaft von 1881; Krankenversicherungsgesetz von 1883; Unfallversicherungsgesetz von 1884 und Invaliditäts- und Altersversorgungsgesetz von 1889) eine wirtschaftliche Vorsorge für die Arbeitnehmer zu schaffen. Schließlich strebte man auch eine sozialere Ausgestaltung des Dienstvertragsrechts (§§ 615 bis 619 BGB; 62 bis 64, 74ff. HGB) an und errichtete besondere Gerichte für bestimmte Arbeitnehmergruppen (Gewerbegerichtsgesetz von 1890 und Kaufmannsgerichtsgesetz von 1904).

Neben diesen staatlichen Maßnahmen steht die **Selbsthilfe** der 9
Arbeitnehmer.

Sie schließen sich zusammen.

Ihr Ziel ist unter Ausschluß gegenseitiger Konkurrenz auf dem Arbeitsmarkt eine gemeinsame Interessenvertretung. Gleichzeitig soll eine einheitliche Regelung ihrer Arbeitsbedingungen außerhalb des Einzelarbeitsvertrages bei den Arbeitgebern erreicht werden.

Gewerkschaftsbewegung (in Deutschland seit ca. 1860), **Tarif-** 10
vertrag (1. Buchdruckertarif – 1873; Bautarif – 1896) und **Streikrecht** nehmen seit dieser Zeit ihren Anfang.

Die Geschichte des Arbeitsrechts wird damit nicht nur zur Geschichte der sozialen Frage, sondern läuft von nun an auch parallel mit der Geschichte der Gewerkschaftsbewegung.

Erst der Ausgang des ersten Weltkrieges und die Revolution 11
von 1918 führten zu grundlegenden Veränderungen im Arbeitsrecht. Die wesentlichsten Reformen zeigten sich in der Einführung des Achtstundentages, der Arbeitslosenversicherung und des tariflich geregelten Erholungsurlaubs.

Es schloß sich die Verkündung der **Tarifvertrags-Verordnung** von 1918 an.

Damit ist der entscheidende Schritt zu einer vom Gesetzgeber anerkannten und geschützten überbetrieblichen Regelung der Arbeitsbedingungen erreicht.

Aber auch die Stellung der Arbeitnehmerschaft im Betrieb er- 12
fährt durch das **Betriebsrätegesetz** von 1920 ihre Neuordnung. Der Arbeitnehmer erhält bei den betrieblichen Fragen, die ihn betreffen, ein Mitbestimmungsrecht.

Eine Sondergerichtsbarkeit für Arbeitssachen mit dem Reichs- 13
arbeitsgericht als höchster Instanz wird durch das **Arbeitsgerichtsgesetz** von 1926 geschaffen.

Seit dieser Zeit kann man auch vom Arbeitsrecht als einer selbständigen Rechtsdisziplin sprechen.

14 Diese Entwicklung eines kollektiven Arbeitsrechts wird durch die Zeit des Nationalsozialismus von 1933 bis 1945 unterbrochen.

Gewerkschaften und Arbeitgeberverbände werden aufgelöst und damit die Quelle des kollektiven Arbeitsrechts vernichtet. Die »Deutsche Arbeitsfront« als gemeinsame Vereinigung von Arbeitnehmern und Arbeitgebern repräsentiert die »nationale Arbeit«. Auf betrieblicher Ebene ersetzt das Führerprinzip das Mitbestimmungsrecht der Arbeitnehmer. Betriebsführer und Gefolgschaft bilden die Betriebsgemeinschaft.

Durch die vom Reichstreuhänder der Arbeit erlassenen Tarifordnungen (§ 32 AOG) bestimmte der Staat autoritär die Arbeitsbedingungen. Das Arbeitseinsatzrecht (Dienstpflichtverordnungen von 1938 und 1939 sowie Arbeitsplatzwechselverordnung vom 1. 9. 1939) unterbindet selbständige Einstellungen und Entlassungen sowie den freiwilligen Arbeitsplatzwechsel durch den Arbeitnehmer ohne staatliche Genehmigung.

15 Das Jahr 1945 brachte auf dem Gebiet des Arbeitsrechts einen völligen Neubeginn. Teilweise mußte an die Zeit von vor 1933 angeknüpft, teilweise das geltende nationalsozialistische Arbeitsrecht übergangsweise abgelöst werden, um kein Rechtschaos entstehen zu lassen.

Nach vorübergehendem Eingreifen der Militärregierungen (Kontrollratsgesetz Nr. 22 – Betriebsrätegesetz; Kontrollratsgesetz Nr. 21 – Arbeitsgerichtsgesetz) wurde die arbeitsrechtliche Entwicklung von den Ländern aufgenommen.

Dies führte bis zur Gründung der Bundesrepublik Deutschland am 23. Mai 1949 zu einer zeitweiligen Rechtszersplitterung.

16 Die Rechtseinheit auf dem Gebiete des Arbeitsrechts wurde alsbald wieder erreicht. Nach dem Grundgesetz ist die Bundesrepublik Deutschland ein demokratischer, freiheitlicher und sozialer Rechtsstaat (Art. 20 Abs. 1 GG). Der Bund ist berechtigt, auf dem Gebiet des Arbeitsrechts einheitliche gesetzliche Regelungen zu schaffen; hiervon hat er weitestgehend Gebrauch gemacht.

17 Ziel war ein demokratisches, von sozialer Gerechtigkeit und Selbstverantwortlichkeit getragenes Arbeitsrecht. Hierzu wurden eine Reihe arbeitsrechtlicher Schutzgesetze erlassen. Dreh- und Angelpunkt ist das Kündigungsschutzgesetz von 1951 in seiner Neufassung vom 25. 8. 1969. Gemäß dem Tarifvertragsgesetz können Gewerkschaften und Arbeitgeberverbände ohne staatliche Bevormundung auf freiwilliger Grundlage ihre Arbeitsbedingungen selbst aushandeln, vereinbaren und notfalls im Arbeitskampf erzwingen. Ein staatliches Schlichtungswesen fehlt. Solche Regelungen sollen den Verbänden vorbehalten bleiben. Der Begriff der **»Sozialpartner«** betont den Geist des Mit- und nicht Gegeneinanders.

Wesentliche Impulse für das deutsche Arbeitsrecht aus den 18
letzten Jahrzehnten beruhten auf der Rechtsvereinheitlichung im Rahmen der Europäischen Union (früher: Europäische Gemeinschaft). Auch die weitere Entwicklung wird hierdurch beeinflußt sein.

Der Einigungsvertrag 31. 8. 1990 zwischen der Bundesrepublik Deutschland und der Deutschen Demokratischen Republik brachte die Herstellung der Einheit Deutschlands mit Wirkung vom 3. 10. 1990. Gemäß Art. 8 des Einigungsvertrages wurde das Bundesrecht auf das Gebiet der ehemaligen DDR – von einigen Ausnahmen und Überleitungsregelungen abgesehen – vollständig übergeleitet. In beiden ehemaligen Teilen Deutschlands gilt heute ein einheitliches Arbeitsrecht.

C. Wo sind die Vorschriften des Arbeitsrechts zu finden? (Die Rechtsquellen)

Das Arbeitsrecht fällt sowohl in das Gebiet des Privatrechts 19
als auch des öffentlichen Rechts.

Soweit die Rechtsbeziehungen einzelner Privatpersonen, insbesondere des Arbeitnehmers zum Arbeitgeber, geregelt werden, handelt es sich um **Privatrecht** (Bürgerliches Recht, Zivilrecht).

Ist vom Verhältnis von Privatpersonen zum Staat die Rede (Arbeitsschutzrecht, Verfahrensrecht vor den Arbeitsgerichten; aber teilweise auch Tarifrecht, Betriebsverfassungsrecht), hat man es vorwiegend mit **öffentlichem Recht** zu tun.

Doch ist eine scharfe Trennung oft sehr schwierig.

20 Das geltende Arbeitsrecht kann seiner Herkunft und Entstehung nach im wesentlichen auf drei Quellen zurückgeführt werden:

- das staatlich gesetzte (geschriebene) Arbeitsrecht;
- das vertraglich (im Wege der Gesamtvereinbarungen) geschaffene Arbeitsrecht;
- das durch Gewohnheitsrecht, Rechtsprechung und Rechtswissenschaft entwickelte (ungeschriebene) Arbeitsrecht.

I. Das staatlich gesetzte Arbeitsrecht

1. Internationale Rechtsquellen

21 Internationale Abkommen, denen der Deutsche Bundestag zugestimmt hat, haben Gesetzesrang. Für das deutsche Arbeitsrecht von wesentlicher Bedeutung sind die Verträge der Europäischen Union, so der EWG-Vertrag von 1957 und der Maastricht-Vertrag von 1992. Die in den genannten Verträgen enthaltenen arbeitsrechtlichen Bestimmungen wie auch die aufgrund der Verträge erlassenen Verordnungen haben in Deutschland Gesetzesrang und gehen den nationalen Gesetzen vor. Sie dürfen allerdings nicht die vom Grundgesetz garantierten Grundrechte verletzen. Schon lange vor der Verwirklichung des europäischen Binnenmarktes und der Währungsunion galten wichtige EG-Vorschriften, so z.B. die Regelung über die Freizügigkeit innerhalb der Mitgliedsländer (EWG Freizügigkeitsverordnung 1612/68), wonach ohne Arbeitserlaubnis eine Beschäftigung innerhalb der Europäischen Union aufgenommen werden kann, und das umfassende Gleichbehandlungsgebot aus Art. 119 des EWG-Vertrages. Die meisten arbeitsrechtlichen Vorschriften der Europäischen Union sind in Deutschland in nationale Gesetze umgesetzt worden (z.B. § 613a BGB – Betriebsübergang – und das Nachweisgesetz).

2. Die Grundrechte im Grundgesetz und in den Länderverfassungen

22 Oberste Rechtsquelle ist das **Grundgesetz** der Bundesrepublik Deutschland vom 23. 5. 1949.

Die in ihm verankerten **Grundrechte** stellen unmittelbar geltendes Recht dar und binden Gesetzgebung, vollziehende Gewalt und Rechtsprechung (Art. 1 Abs. 3 GG).

Die für das Arbeitsrecht in Betracht kommenden Grundrechte sind folgende: **23**

- Nach Art. 3 sind alle Menschen, insbesondere aber auch Mann und Frau, vor dem Gesetz gleich. Niemand darf wegen seines Geschlechts, seiner Abstammung, seiner Rasse, seiner Sprache, seiner Heimat und Herkunft, seines Glaubens, seiner religiösen und politischen Anschauungen benachteiligt oder bevorzugt werden;
- Art. 6 stellt Ehe und Familie unter den besonderen Schutz der staatlichen Ordnung;
- Art. 8 garantiert nach Maßgabe der Gesetze die Versammlungsfreiheit;
- Art. 9 garantiert die Vereinigungsfreiheit – sog. Koalitionsfreiheit. Das Recht zur Wahrung und Förderung der Arbeitsbedingungen Vereinigungen zu bilden, ist für jedermann und für alle Berufe gewährleistet. Dies geht Gewerkschaften und Arbeitgeberverbände besonders an;
- Art. 11 garantiert die Freizügigkeit im ganzen Bundesgebiet;
- Art. 12 garantiert das Recht, Beruf, Arbeitsplatz und Ausbildungsstätte frei zu wählen.

Daneben können auch die **Länderverfassungen** als unmittelbare Rechtsquelle von Bedeutung sein. Doch ist hier jeweils zu prüfen, ob es sich um unmittelbar geltendes Recht oder nur um sog. verfassungsrechtliche Programmsätze handelt. **24**

3. Das Gesetzesrecht

Neben Grundgesetz und Länderverfassung steht das **Gesetzesrecht.** **25**

Eine große Zahl von Bundes- und Ländergesetzen arbeitsrechtlicher Art sind hier vorhanden.

Im Gebiet der Bundesrepublik Deutschland steht die Gesetzgebungsbefugnis im Arbeitsrecht einschließlich der Betriebsverfassung, des Arbeitsschutzes und der Arbeitsvermittlung sowie der Sozialversicherung einschließlich der Arbeitslosenversicherung Bund und Ländern zu (Art. 74 Ziff. 12 GG).

Man spricht verfassungsrechtlich von konkurrierender Gesetzgebung.

26 Die Länder können, soweit der Bund von seinem Gesetzgebungsrecht keinen Gebrauch gemacht hat, im Arbeitsrecht Landesgesetze in Kraft setzen.

27 Besteht ein Bedürfnis nach einer bundeseinheitlichen Regelung (Art. 72 Abs. 2 GG), erläßt der Bund arbeitsrechtliche Gesetze. Die entsprechenden Ländergesetze treten außer Kraft. Das folgt aus dem Verfassungsgrundsatz, daß Bundesrecht Landesrecht bricht (Art. 31 GG). So trat z. B. das Bundesurlaubsgesetz an die Stelle der Länderurlaubsgesetze.

4. Zusammenfassung der wichtigsten Gesetze im Arbeitsrecht

28 Nachfolgend sind die wichtigsten zur Zeit im Bundesgebiet geltenden Gesetze auf dem Gebiet des Arbeitsrechts abgedruckt. Bei der Heranziehung der Gesetze ist zu beachten, dass seit ihrem Erlass vielfache Änderungen eingetreten sind. Maßgeblich ist stets die aktuelle Fassung.

a) Arbeitsvertragsrecht (Arbeitsverhältnis)

29
- Bürgerliches Gesetzbuch vom 18. 8. 1896 – §§ 611–630;
- Handelsgesetzbuch vom 10. 5. 1897 – §§ 59–65, 73–75h;
- Gewerbeordnung i. d. F. vom 1. 1. 1987 – §§ 105, 113–125, 133c–134;
- Seemannsgesetz vom 26. 7. 1957;
- Binnenschiffahrtsgesetz i. d. F. vom 20. 5. 1898;
- Flößereigesetz vom 15. 6. 1895;
- Handwerksordnung i. d. F. vom 28. 12. 1965;
- Kündigungsschutzgesetz i. d. F. vom 25. 8. 1969;
- Entgeltfortzahlungsgesetz vom 26. 5. 1994;
- Lohnfortzahlungsgesetz vom 27. 7. 1969;
- Gesetz über die Festsetzung von Mindestarbeitsbedingungen vom 11. 1. 1952;
- Bundesurlaubsgesetz vom 8. 1. 1963;
- Berufsbildungsgesetz vom 14. 8. 1969;
- Gesetz zur Verbesserung der betrieblichen Altersversorgung vom 19. 12. 1974;
- Beschäftigungsförderungsgesetz vom 26. 4. 1985;

- Gesetz über den Nachweis der für ein Arbeitsverhältnis geltenden wesentlichen Bedingungen vom 20. 7. 1995.
- Gesetz zum Schutz der Beschäftigten vor sexueller Belästigung am Arbeitsplatz (Beschäftigtenschutzgesetz) vom 24. 6. 1994.

b) Arbeitsschutzrecht

- Gewerbeordnung i. d. F. vom 1. 1. 1987; **30**
- Gesetz über Betriebsärzte, Sicherheitsingenieure und andere Fachkräfte für Arbeitssicherheit vom 12. 12. 1973;
- Arbeitszeitgesetz vom 6. 6. 1994;
- Jugendarbeitsschutzgesetz vom 12. 4. 1976;
- Mutterschutzgesetz i. d. F. vom 18. 4. 1968;
- Heimarbeitsgesetz vom 14. 3. 1951;
- Schwerbehindertengesetz i. d. F. vom 26. 8. 1986;
- Arbeitnehmerüberlassungsgesetz vom 7. 8. 1972;
- Zivilprozeßordnung i. d. F. vom 12. 9. 1950 – §§ 807, 811–811c, 832, 833, 850–850k, 851–851b;
- Arbeitsschutzgesetz vom 7. 8. 1996;
- Arbeitsplatzschutzgesetz i. d. F. vom 14. 4. 1980;
- Bundeserziehungsgeldgesetz i. d. F. vom 21. 1. 1992.

c) Arbeitsgerichtliches Verfahren

- Arbeitsgerichtsgesetz i. d. F. vom 2. 7. 1979; **31**
- Gerichtsverfassungsgesetz i. d. F. vom 9. 5. 1975;
- Zivilprozeßordnung i. d. F. vom 12. 9. 1950 mit zahlreichen Änderungen – insbesondere durch Vereinfachungsnovelle vom 3. 12. 1976, Gesetz über die Prozeßkostenhilfe vom 13. 6. 1980 und 6. Gesetz zur Änderung der Pfändungsfreigrenzen vom 1. 4. 1992;
- Deutsches Richtergesetz i. d. F. vom 19. 4. 1972.

d) Tarif- und Schlichtungsrecht

- Tarifvertragsgesetz i. d. F. vom 25. 8. 1969; **32**
- Kontrollratsgesetz Nr. 35 betr. Ausgleichs- und Schiedsverfahren in Arbeitsstreitigkeiten vom 20. 8. 1946;
- Gesetz über die Festsetzung von Mindestarbeitsbedingungen vom 11. 1. 1952;
- Arbeitnehmerentsendegesetz vom 26. 2. 1996.

e) Arbeitsvermittlung und Arbeitslosenunterstützung

33 – Sozialgesetzbuch III vom 24. 3. 1997;
– Schwerbehindertengesetz i. d. F. vom 26. 8. 1986.

f) Betriebs- und Personalverfassung

34 – Betriebsverfassungsgesetz vom 15. 1. 1972, i. d. F. vom 23. 12. 1988;
– Bundespersonalvertretungsgesetz vom 15. 3. 1974; sowie die Personalvertretungsgesetze der Länder;
– Sprecherausschußgesetz v. 20. 12. 1988
– Europäische Betriebsräte-Gesetz;
– Schwerbehindertengesetz i. d. F. vom 26. 8. 1986;
– Gesetz über die Mitbestimmung in der Montanindustrie vom 21. 5. 1951;
– Mitbestimmungsergänzungsgesetz vom 7. 8. 1956;
– Mitbestimmungsgesetz vom 4. 5. 1976.

35 Für die Bundesländer Brandenburg, Mecklenburg-Vorpommern, Sachsen, Sachsen-Anhalt, Thüringen und die Ostbezirke von Berlin ist nach Art. 8 des Einigungsvertrages vom 31. 8. 1990 (BGBl II, 889) mit dem Beitritt am 3. 10. 1990 das bundesdeutsche Arbeitsrecht in Kraft getreten, soweit durch den Einigungsvertrag und seine Anlagen nichts anderes bestimmt ist. Die befristet geltenden Abweichungen sind zwischenzeitlich außer Kraft getreten.

II. Das vertraglich geschaffene Arbeitsrecht

36 Diesem staatlich gesetzten Arbeitsrecht steht jenes gegenüber, das auf überbetrieblicher und betrieblicher Ebene auf Grund staatlicher Ermächtigung **eigengesetzlich** (autonom) durch sog. Gesamtvereinbarungen geschaffen wird:
37 durch **Tarifverträge** und **Betriebsvereinbarungen**.
Diese enthalten echte Rechtsnormen und gelten unmittelbar für eine unbestimmte Zahl von Einzelarbeitsverhältnissen.
Tarifvertrag und Betriebsvereinbarungen sollen im folgenden nach Entstehung, Inhalt und Wirkung kurz behandelt werden.

1. Der Tarifvertrag

Auf der Grundlage der Koalitionsfreiheit sollen Gewerkschaften und Arbeitgeberverbände in freier Vereinbarung die Arbeitsbedingungen für alle Wirtschaftszweige selbständig regeln. Nicht beim Staat, sondern bei ihnen, die als »Sozialpartner« Träger des Arbeitslebens sind, liegt also die sog. Tarifhoheit. 38

Die Befugnis zum Abschluß eines Tarifvertrages – die sog. Tariffähigkeit – ist durch das Tarifvertragsgesetz (TVG) vom 9.4.1949 i.d.F. vom 25.8.1969 geregelt. 39

Tariffähig sind auf der Arbeitnehmerseite nur die Gewerkschaften. Auf der Arbeitgeberseite können im Hinblick auf die wirtschaftlichen Verhältnisse in den Unternehmungen der Großindustrie nicht nur von Arbeitgeberverbänden (Verbandstarif), sondern auch von einzelnen Arbeitgebern Tarifverträge abgeschlossen werden (Firmen- oder Werkstarife – § 2 Abs. 1 TVG). Zu den Arbeitgeberverbänden zählen auch die Handwerksinnungen (§§ 52ff. HwO). 40

Der Tarifvertrag muß **schriftlich** und von beiden Parteien unterschrieben abgeschlossen werden (§ 1 Abs. 2 TVG), andernfalls ist er nichtig. 41

Er wird in die beim Bundesarbeitsminister bzw. bei den Landesarbeitsministern geführten **Tarifregister** eingetragen (§§ 6, 7 TVG). 42

Man unterscheidet dem Inhalt nach zwei Arten von Tarifverträgen, nämlich Rahmen- oder Manteltarifverträge (RTV – MTV) und Einzeltarifverträge. **RTV** oder **MTV** regeln allgemeine Arbeitsbedingungen (wie Kündigungsfristen, Einstellungsvoraussetzungen, Ausschlußfristen usw.). 43

Einzeltarifverträge werden zur Ergänzung von MTV oder RTV abgeschlossen. Sie betreffen meistens Lohn- und Urlaubsregelungen, sog. Lohn- oder Gehaltstarifverträge (LTV – GTV) und Urlaubstarife.

Der Tarifvertrag gliedert sich immer in einen normativen und einen obligatorischen Teil.

Der **normative** Teil des Tarifvertrages stellt die Summe objektiver, echter Rechtsnormen dar. Sie gelten unmittelbar und zwingend und bestimmen den Inhalt des Arbeitsverhältnisses. Daneben können durch Tarifvertrag auch betriebliche, be- 44 triebsverfassungsrechtliche und solche Fragen geregelt werden, die gemeinsame Einrichtungen der Tarifvertragsparteien betreffen.

45 Normative Bestimmungen sind z. B. Lohnregelungen, Urlaubsbestimmungen, Einstellungs- und Kündigungsfristen. Besondere Kassen zur Auszahlung von Urlaubsgeld, zur Regelung der Versorgung der Arbeitnehmer und zur Zahlung von Lohnausgleich (z. B. im Baugewerbe) sind Gegenstand des normativen Teils eines Tarifvertrages.

46 Der **obligatorische** Teil des Tarifvertrages hat rein schuldrechtlichen Charakter und geht nur das Verhältnis der Parteien des Tarifvertrages selbst an.

Er besteht aus der Friedenspflicht und den Pflichten der Tarifvertragsparteien zur Erfüllung des abgeschlossenen Tarifvertrages.

47 Die **Friedenspflicht** beinhaltet das relative Kampfverbot während des Bestehens des Tarifvertrages. Sie bedarf nicht innerhalb des schuldrechtlichen Teils der schriftlichen Niederlegung, ist also stillschweigender selbstverständlicher Inhalt. Daneben kann aber auch die sog. **erweiterte Friedenspflicht** das Kampfverbot auf die Zeit nach der Beendigung des Tarifvertrages ausdehnen und durch besondere Schlichtungsabkommen ausgestaltet werden.

48 Der Verletzung der Friedenspflicht macht sich die Tarifvertragspartei schuldig, die einen Arbeitskampf führt oder Kampfmaßnahmen einleitet, ohne einen gültig bestehenden Tarifvertrag vorher zu kündigen oder dessen Bruch durch ihre Mitglieder oder außenstehende Personen zuläßt oder gar unterstützt.

Die **Pflichten der Tarifvertragsparteien zur Erfüllung des Tarifvertrages** erstrecken sich auf die eigenen Leistungen und auf die Einwirkungspflichten den Mitgliedern gegenüber.

49 Die Einwirkungspflicht bezüglich des normativen Teils des Tarifvertrages nennt man **Durchführungspflicht**. Jedes einzelne Mitglied der Tarifvertragspartei soll zur Tariftreue, also zur Einhaltung der Bestimmungen des Tarifvertrages, angehalten werden.

Zu dem schuldrechtlichen Teil des Tarifvertrages gehören auch die zwischen den Tarifvertragsparteien vereinbarten Kündigungsfristen.

Tarifverträge können sowohl für Arbeitnehmer als auch für sog. arbeitnehmerähnliche Personen gelten (vgl. § 12a TVG – Rz. 119ff.). 50
Hier sind drei Möglichkeiten gegeben:

– Geltung kraft Tarifgebundenheit

Beide Parteien des Arbeitsverhältnisses, also Arbeitgeber und Arbeitnehmer, sind tarifgebunden, d.h. sie gehören als Mitglieder den Verbänden an, die den Tarifvertrag abgeschlossen haben – der Arbeitnehmer der betreffenden Gewerkschaft, der Arbeitgeber dem betreffenden Arbeitgeberverband, falls er nicht selbst (wie z.B. beim Werkstarif) Partner des Tarifvertrages ist. Es genügt also nicht, wenn nur eine Partei des Arbeitsverhältnisses tarifgebunden ist. 51

– Geltung kraft Vereinbarung

Arbeitgeber und Arbeitnehmer machen den Tarifvertrag, ohne beide tarifgebunden zu sein, zum Inhalt des Arbeitsverhältnisses. Dies muß jedoch eindeutig vereinbart werden. Der Hinweis des Arbeitgebers z.B., er zahle »nach Tarif«, genügt allein nicht. Zumindest muß auf die in dem betreffenden Wirtschaftszweig geltenden Tarifverträge hingewiesen werden. Auch grundsätzliche Tarifüblichkeit in einem Betrieb für alle dort beschäftigten Arbeitnehmer ist möglich. Ohne daß dies rechtlich erforderlich ist, empfiehlt es sich auch, dem Arbeitnehmer Gelegenheit zum Einblick in den Tarifvertrag zu geben (vgl. § 8 TVG). 52
Der Arbeitnehmer erlangt hierdurch jedoch keinen tariflichen, sondern nur einen arbeitsvertraglichen Anspruch mit tariflichem Inhalt (vgl. Rz. 59).

– Geltung kraft Allgemeinverbindlichkeit

Der Tarifvertrag ist für allgemeinverbindlich erklärt worden. Das ist dann der Fall, wenn der Bundesarbeitsminister oder – mit entsprechender Vollmacht – der Arbeitsminister eines Landes, in dem ein Tarifvertrag Geltung hat, auf Antrag der entsprechenden Tarifvertragsparteien hin die normativen Bestimmungen des Tarifvertrages in ihrem Geltungsbereich auch auf nicht tarifgebundene Arbeitgeber und Arbeitnehmer (sog. **Außenseiter**) erstreckt. Dies setzt voraus, daß der Tarifvertrag 53 bereits für über 50% tarifgebundene Arbeitnehmer gilt und seine Allgemeinverbindlichkeitserklärung im öffentlichen Interesse geboten erscheint (§ 5 TVG).

54 Räumlich gilt der Tarifvertrag in dem Geltungsbereich, für den er entsprechend dem Verbandsgebiet der Berufsverbände ausdrücklich abgeschlossen wurde. Auch bei einer Allgemeinverbindlichkeitserklärung ist eine Ausdehnung über den im Tarifvertrag festgelegten räumlichen und sachlichen Geltungsbereich hinaus unzulässig.

55 Liegt keiner der drei Anwendungsfälle eines Tarifvertrages, wie sie vorstehend aufgeführt wurden, vor, so sind die Partner des Arbeitsverhältnisses auf freie Vereinbarungen von Arbeitsbedingungen angewiesen. Fehlt es ganz oder teilweise an solchen, treten die gesetzlichen Bestimmungen an deren Stelle (z.B. bezüglich der Kündigungsfristen, des Urlaubs, des Arbeitsentgeltes – § 612 BGB).

56 Die normativen Bestimmungen eines Tarifvertrages sind **unabdingbar**. Das bedeutet, daß Arbeitgeber und Arbeitnehmer, für die ein bestimmter Tarifvertrag gilt, grundsätzlich keine vertraglichen Abmachungen treffen können, die von den Bestimmungen des Tarifvertrages abweichen. Ausnahmen sind nur in drei Fällen zulässig:

57
- Die getroffenen Vereinbarungen stellen den Arbeitnehmer besser (z.B. Tariflohn – 18,00 DM, vereinbarter Lohn – 21,00 DM);
- der Tarifvertrag selbst gestattet abweichende Abmachungen, insbesondere zum Nachteil des Arbeitnehmers (§ 4 Abs. 3 TVG): z.B. bestimmt der RTV, daß Arbeitnehmer mit beschränkter Leistungsfähigkeit untertariflich bezahlt werden können;
- die Tarifvertragsparteien selbst billigen ausdrücklich die Abweichung, insbesondere in einem Vergleich, der einen Verzicht auf entstandene tarifliche Rechte zum Gegenstand hat (§ 4 Abs. 4 Satz 1 TVG) – ein Fall, der praktisch selten vorkommt.

58 Der Arbeitnehmer kann also nicht, auch nicht freiwillig, auf **tarifliche Ansprüche** verzichten. Dies ist selbst dann nicht der Fall, wenn er dies schriftlich tut, etwa bei Beendigung des Arbeitsverhältnisses in der Form einer sog. »Ausgleichsquittung«. Diese ist insoweit schlechthin nichtig.

Anders ist dies nur bei Geltung des Tarifvertrages kraft **Vereinbarung** (vgl. Rz. 52). Hier handelt es sich nämlich nicht um einen unverzichtbaren tariflichen, sondern lediglich um einen **arbeitsvertraglichen Anspruch**, der sich inhaltlich nach einem bestimmten Tarif richtet. Auf diesen kann in rechtswirksamer Weise verzichtet werden. Einen echten Tarifanspruch erlangt der Arbeitnehmer nur durch Tarifgebundenheit oder Allgemeinverbindlichkeit (siehe Rz. 51, 53ff.). 59

Die sog. **Verwirkung tariflicher Ansprüche** muß im Tarifvertrag ausdrücklich von den Tarifvertragsparteien vereinbart worden sein (§ 4 Abs. 4 Satz 2 TVG). Dies geschieht durch Ausschlußfristen (auch Verfallklauseln genannt). Man versteht hierunter, daß ein Anspruch von einem bestimmten Zeitpunkt an nicht mehr geltend gemacht werden kann. Besagt z.B. eine Tarifbestimmung, daß »alle Ansprüche binnen einer Frist von 2 Monaten nach Fälligkeit verfallen«, so kann der Arbeitnehmer das Ende Juni zu zahlende Gehalt Mitte Oktober nicht mehr wirksam einklagen, es sei denn, er hat es vorher dem Arbeitgeber gegenüber geltend gemacht. 60

Geltendmachung heißt, nicht nur seine Unzufriedenheit bezüglich bestimmter Arbeitsbedingungen zum Ausdruck bringen. Der allgemeine Hinweis, daß man »sich alle Rechte aus dem Arbeitsverhältnis vorbehält und diese vorsorglich geltend macht«, genügt nicht. Zumindest muß die Art des Anspruchs (Lohn, Urlaubsgeld usw.) näher bezeichnet und konkretisiert werden und seine ungefähre Höhe erkennbar sein. Eine genaue Bezifferung ist erst im Falle des Rechtsstreits erforderlich. Die Geltendmachung hat nur da schriftlich zu erfolgen, wo es der Tarifvertrag ausdrücklich vorschreibt. 61

Derartige Ausschlußfristen dienen der Rechtssicherheit. Der Arbeitnehmer soll sich rechtzeitig an den Arbeitgeber wenden, wenn er seine Ansprüche falsch vergütet glaubt. Je nach der Fassung gelten die Ausschlußfristen auch umgekehrt, also im Verhältnis des Arbeitgebers dem Arbeitnehmer gegenüber (»alle **gegenseitigen** Ansprüche verfallen ...«). Der Arbeitgeber kann also nach Ablauf der Frist vom Arbeitnehmer nicht mehr z.B. zuviel gezahlten Lohn zurückverlangen, Schadenersatzansprüche erheben usw. 62

63 Verwirkungsklauseln sind, auch wenn sich die im Prozeß beklagte Partei nicht auf sie beruft, vom Richter von Amts wegen zu beachten.

Durch sie geht nämlich ein Anspruch unter, erlischt also. Dies ist hingegen bei der **Verjährung** nicht der Fall (§ 196 Abs. 1 Ziff. 8, 9 und 10 BGB).

Nach dieser Bestimmung verjähren Lohn-, Gehalts- und ähnliche Ansprüche binnen zwei Jahren, beginnend mit dem Ende des Jahres, in dem sie entstanden sind (§ 201 BGB).

64 Die Einrede der Verjährung ist vom Arbeitgeber oder – falls der Arbeitnehmer auf Rückzahlung verklagt ist – von diesem im Prozeß zu erheben. Der Richter darf nicht auf sie hinweisen.

Die Verjährung wird durch die Anerkennung des Anspruchs oder dessen rechtzeitig erfolgte Rechtshängigkeit (z. B. Klageerhebung, Erlaß eines Mahnbescheides usw.) gehemmt.

65 Neben den in den Tarifverträgen vorgesehenen Verwirkungsklauseln gilt allerdings auch für Arbeitnehmer, deren Arbeitsverhältnis nicht einem Tarifvertrag unterliegt, der von Rechtsprechung und Rechtslehre aus dem Grundsatz von Treu und Glauben entwickelte **allgemeine Rechtsgrundsatz der Verwirkung**.

66 Voraussetzung für das Vorliegen einer Verwirkung von Ansprüchen aus einem Arbeitsverhältnis ist:

- ein größerer Zeitraum zwischen Fälligkeit des Anspruchs und seiner Geltendmachung (mindestens 12–18 Monate);
- grundloses Warten des Anspruchsberechtigten;
- die Nachforderung verstößt gegen Treu und Glauben, da der Schuldner aufgrund der gesamten Umstände nicht mehr mit der Geltendmachung rechnen konnte und brauchte.

67 Auch dieser allgemeine Rechtsgrundsatz ist – wie die tariflichen Verfallsklauseln – von Amts wegen zu beachten und hat im heutigen Arbeitsrecht die gleiche Bedeutung wie die im Gesetz geregelte Verjährung. Er gilt sowohl im Verhältnis des Arbeitnehmers zum Arbeitgeber als auch umgekehrt.

68 Ausschlußfristen können schließlich auch im **Einzelarbeitsvertrag** vereinbart werden.

Die **Beendigung eines Tarifvertrages** kann durch Zeitablauf, Kündigung, Rücktritt oder entsprechende Vereinbarung der Tarifvertragsparteien eintreten.

Sie hat jedoch vorerst auf die ihm bis dahin unterliegenden Arbeitsverhältnisse keinen Einfluß. Die Bestimmungen des beendeten Tarifvertrages bleiben also nach wie vor unmittelbar Inhalt der Arbeitsverhältnisse, bis ein neuer Tarifvertrag geschlossen wird (§ 4 Abs. 5 TVG). In der Zwischenzeit können Arbeitgeber und Arbeitnehmer jedoch abweichende Vertragsbedingungen frei vereinbaren, da die nachwirkenden Tarifbestimmungen nicht mehr zwingend sind. **69**

2. Die Betriebsvereinbarung

Das BetrVG erwähnt in den Beziehungen zwischen Betriebsrat und Arbeitgeber verschiedene Fälle möglicher Einigungen. Einmal ist nur von »Einigung« die Rede (§ 74 Abs. 1 Satz 2 BetrVG), das andere Mal von »Vereinbarungen zwischen Betriebsrat und Arbeitgeber« (§ 77 Abs. 1 Satz 1 BetrVG), schließlich auch von »Interessenausgleich« (§ 112 Abs. 1 Satz 1 BetrVG). **70**

Die formgebundene Art der Einigung ist die **Betriebsvereinbarung**. Sie wird durch Betriebsrat und Arbeitgeber gemeinsam abgeschlossen. Daneben ist sie schriftlich niederzulegen, von beiden Seiten zu unterzeichnen und durch den Arbeitgeber an geeigneter Stelle im Betrieb auszulegen (§ 77 Abs. 2 BetrVG). **71**

Betriebsvereinbarungen gelten unmittelbar und zwingend für alle Arbeitnehmer (§ 77 Abs. 4 Satz 1 BetrVG), ausgenommen die leitenden Angestellten. Ohne Bedeutung ist die Tarifgebundenheit des Arbeitgebers oder der Arbeitnehmer, also ihre Zugehörigkeit zur Tarifvertragspartei (Arbeitgeberverband oder Gewerkschaft). Ihr normativer Teil wird demnach als »betriebliches Recht« – wie beim Tarifvertrag – zum Inhalt der im Betrieb bestehenden Arbeitsverhältnisse. Dabei werden auch diejenigen erfaßt, die erst nach Abschluß der Betriebsvereinbarung begründet werden. **72**

Werden Arbeitnehmern durch die Betriebsvereinbarung Rechte eingeräumt, so ist ein Verzicht auf sie nur mit Zustimmung des Betriebsrats zulässig. Die Verwirkung dieser Rechte ist also ausgeschlossen (§ 77 Abs. 4 Sätze 2 und 3 BetrVG). Wie beim tariflichen Anspruch (vgl. Rz. 56) sind somit auf Betriebsvereinbarungen beruhende Rechte **unabdingbar**. Ausschlußfristen **73** für deren Geltendmachung sind nur zulässig, wenn sie in einem Tarifvertrag oder einer Betriebsvereinbarung enthalten sind. Dasselbe gilt für die Abkürzung der Verjährungsfristen.

74 Betriebsvereinbarungen ohne Kündigungsfristen sind nur mit einer Frist von 3 Monaten kündbar (§ 77 Abs. 5 BetrVG). Daneben steht jedoch beiden Betriebspartnern bei Vorliegen eines wichtigen Grundes das Recht der außerordentlichen Kündigung einer Betriebsvereinbarung zu. Außerdem können im Falle einer Befristung Betriebsvereinbarungen durch Zeitablauf, durch Aufhebungsvertrag zwischen Arbeitgeber und Betriebsrat oder durch den Abschluß einer neuen Betriebsvereinbarung enden.

75 Nach Ablauf einer Betriebsvereinbarung gelten ihre Regelungen in Angelegenheiten, in denen ein Spruch der Einigungsstelle die Einigung zwischen Arbeitgeber und Betriebsrat ersetzen kann, weiter, bis sie durch eine andere Abmachung ersetzt werden (§ 77 Abs. 6 BetrVG). Damit wirkt der Inhalt einer Betriebsvereinbarung ebenso nach wie der eines Tarifvertrages (vgl. § 4 Abs. 5 TVG).

76 **Gegenstand von Betriebsvereinbarungen** können alle Angelegenheiten der Geschäftsführung des Betriebsrats (z. B. Regelung der Sprechstunden, der Freistellungen von Betriebsratsmitgliedern, die Festlegung der Größe des Gesamtbetriebsrats – § 47 Abs. 5 BetrVG – sowie vor allem der Aufgabenkreis des Betriebsrats im Rahmen der Mitbestimmung in sozialen – §§ 87 ff. BetrVG –, personellen – §§ 92 ff. BetrVG – und wirtschaftlichen Angelegenheiten – §§ 106 ff. BetrVG –) sein.

77 Arbeitsentgelte und sonstige Arbeitsbedingungen, die durch Tarifvertrag geregelt sind oder üblicherweise geregelt werden, können **nicht Gegenstand** einer Betriebsvereinbarung sein. Dies gilt nicht, wenn ein Tarifvertrag den Abschluß ergänzender Betriebsvereinbarungen ausdrücklich zuläßt (§ 77 Abs. 3 BetrVG – sog. **Öffnungsklausel**). Eine weitere wichtige Ausnahme bildet die Regelung von Zahlungen verschiedener Art (Ausgleichsleistungen, Abfindungen etc.) und der Arbeitsbedingungen in **Sozialplänen.** Für sie gilt die Sperrklausel des § 77 Abs. 3 BetrVG nicht (vgl. § 112 Abs. 1 Satz 4 BetrVG).

78 Die Betriebsvereinbarung nimmt demnach zwischen dem Tarifvertrag und dem Einzelarbeitsvertrag eine Zwischenstellung ein: einerseits darf sie den Vorrang der Sozialpartner bei der einheitlichen, überbetrieblichen Regelung von Arbeitsbedingungen nicht antasten (sog. Primat des Tarifvertrages); andererseits darf sie aber auch nicht den arbeitsvertraglichen Raum von Arbeitnehmer und Arbeitgeber beherrschen.

Gesamtvereinbarungen – also Tarifvertrag und Betriebsvereinbarung – dürfen nicht gegen die im Grundgesetz verankerten Grundrechte verstoßen. **79**

So ist z.B. eine tarifliche Bestimmung, die eine Benachteiligung von weiblichen Arbeitskräften bei gleicher Arbeit vorsieht, wegen Verletzung des sog. Lohngleichheitsgrundsatzes (Art. 3 Abs. 2 und 3 GG) nichtig.

Daneben dürfen Tarifverträge und Betriebsvereinbarungen auch nicht gegen allgemeine Rechtsgrundsätze verstoßen – gegen die guten Sitten (§ 138 BGB) oder gegen ein gesetzliches Verbot (§ 134 BGB). **80**

III. Das ungeschriebene Arbeitsrecht

Wie kaum ein anderes Rechtsgebiet enthält das Arbeitsrecht eine Fülle ungeschriebener Rechtsgrundsätze. Diese sind teilweise in der Praxis des Arbeitslebens durch Gewohnheitsrecht entstanden. Daneben aber wirken Rechtsprechung und Rechtslehre in gleichem Maße an der Entwicklung des Arbeitsrechtes mit. **81**

Bis zur gesetzlichen Regelung des Erholungsurlaubs durch die einzelnen Ländergesetze entsprach es z.B. einem Grundsatz arbeitsrechtlichen Gewohnheitsrechts, daß der 6 Monate im Betrieb beschäftigte Arbeitnehmer Anspruch auf einen 12tägigen Erholungsurlaub hatte. **82**

Durch Rechtsprechung und Rechtslehre sind u.a. folgende Rechtsgrundsätze geschaffen worden:

1. Der Gleichbehandlungsgrundsatz

Er verbietet die willkürliche Schlechterstellung einzelner Arbeitnehmer aus sachfremden Gründen gegenüber anderen in vergleichbarer Lage befindlichen Arbeitnehmern (§ 75 Abs. 1 BetrVG). **83**

2. Die Beschäftigungspflicht des Arbeitgebers

84 Nach ihr hat der Arbeitnehmer ein Recht darauf, eine seinem Arbeitsvertrag entsprechende, angemessene Beschäftigung zu verrichten, auch wenn der Arbeitgeber unter Fortzahlung des Lohns auf die Erbringung der Arbeitsleistung verzichtet. Liegt ein überwiegendes Interesse auf seiten des Arbeitgebers vor (Gefährdung des Betriebsfriedens, Betriebsstillegung, Unfähigkeit des Arbeitsnehmers zur Arbeitsleistung, dringender Verdacht strafbarer Handlungen), besteht keine Beschäftigungspflicht **(Suspendierung)**.
Regelmäßig entfällt diese auch während des Laufes der Kündigungsfrist aus naheliegenden Gründen.

3. Die betriebliche Übung

85 Keine besondere Rechtsquelle ist die sog. **betriebliche Übung**. Der Betrieb ist nämlich zur Bildung eines eigenen Gewohnheitsrechtes nicht fähig. Eine betriebliche Übung kann nur durch bewußtes Verhalten von Arbeitgebern und Arbeitnehmern im Betrieb entstehen. So ist z.B. aus der dreimaligen vorbehaltslosen Zahlung einer an sich freiwilligen Zuwendung zu entnehmen, daß der Arbeitgeber dem Arbeitnehmer insoweit für die Zukunft einen Rechtsanspruch im Einzelarbeitsvertrag zugestehen will. Auch Torkontrollen, Ruhegehaltsansprüche, zusätzliche Zahlung von Urlaubsgeld usw. können auf derartigen betrieblichen Übungen beruhen.

D. Grundbegriffe im Arbeitsrecht

Die wichtigsten Grundbegriffe des Arbeitsrechts sollen im folgenden erörtert werden.

I. Arbeitgeber

86 **Arbeitgeber** sind alle Personen, die einen Menschen gegen Bezahlung in abhängiger Arbeit beschäftigen. Um welche Arbeit es sich dabei handelt, ist ohne Bedeutung. Dabei zählen

zu den Arbeitgebern nicht nur alle persönlichen Arbeitgeber, also natürliche Personen. Auch alle Personen- und Vermögensgesamtheiten, gleichgültig in welcher Rechtsform sie auftreten, sind Arbeitgeber (Einzelfirmen, Personal- und Kapitalgesellschaften, z. B. offene Handelsgesellschaften, Aktiengesellschaften usw., rechtsfähige und nichtrechtsfähige Vereine, Gesellschaften bürgerlichen Rechts usw.). Auch Staat und Gemeinden haben, soweit sie Arbeitnehmer beschäftigen, die Stellung von Arbeitgebern.

Unwesentlich ist, für wessen Rechnung die Arbeit geleistet **87**
wird. Der Schriftsteller, der sich bei der Reinschrift eines Manuskriptes einer Schreibkraft bedient, die vom Verlag bezahlt wird, ist genauso Arbeitgeber wie ein Schreinermeister, der seine Gesellen selbst entlohnt, also auf eigene Rechnung arbeitet.

In den Kreis der Arbeitgeber fallen auch die Personen, die zur **88**
Vertretung einer juristischen Person oder einer Personengesamtheit kraft Gesetzes, Satzung oder Gesellschaftsvertrages berufen und insoweit oberste Träger des dem Arbeitgeber zustehenden Weisungsrechts sind (§§ 5 Abs. 1 Satz 3 ArbGG, 14 Abs. 1 Ziff. 1 und 2 KSchG); z. B. bei Aktiengesellschaften die Vorstandsmitglieder, bei der GmbH der Geschäftsführer, bei den offenen Handels- und Kommanditgesellschaften der oder die zur Geschäftsführung berufene(n) Komplementär(e) usw.

Daneben werden aber auch diejenigen als Arbeitgeber angese- **89**
hen, denen aus verschiedenen Rechtsgründen die gesetzliche Vertretung einer natürlichen Person oder einer Vermögensmasse zusteht, z. B. der Insolvenzverwalter, der Nachlaßpfleger, der Testamentsvollstrecker, der Nachlaßverwalter, der Liquidator.

Keine Arbeitgeber sind Personen, denen das Weisungsrecht in **90**
bestimmtem Umfang übertragen worden ist und die ihrerseits zum Arbeitgeber in einem Arbeitsverhältnis stehen, z. B. Poliere, Filialleiter, Prokuristen, Abteilungsleiter usw. (vgl. Rz. 103ff.).

Schließlich kann ein Arbeitgeber zugleich Arbeitnehmer sein. **91**
Der Büroangestellte, der in seinem Haushalt eine Hausgehilfin beschäftigt, tut dies als Arbeitgeber. Im Verhältnis zu seiner Firma ist er Arbeitnehmer.

II. Arbeitnehmer

1. Wer ist Arbeitnehmer?

92 **Arbeitnehmer** ist, wer sich in **persönlicher Abhängigkeit** (Arbeitsverhältnis) zur Arbeitsleistung gegen Entgelt verpflichtet.

Im Einzelfall ist es oft schwierig, festzustellen, ob es sich um einen Arbeitnehmer handelt oder nicht. Maßgebend wird nach Prüfen aller Umstände sein, ob der Schwerpunkt der Tätigkeit in persönlicher Abhängigkeit liegt.

93 Der **Arbeitsvertrag** unterscheidet sich insoweit vom **freien Dienst- oder Werkvertrag**. Dieser enthält die Verpflichtung zu einer Tätigkeit oder einer einmaligen bestimmten Dienstleistung, ohne daß eine Weisungsgebundenheit vorliegt (z.B. ständiger Vertrag eines Steuerberaters, bestimmte Arbeit eines experimentierenden Ingenieurs usw.).

94 **Keine Arbeitnehmer** sind selbständige Unternehmer, z.B. Handwerker, Landwirte, Reeder usw.

Das Gleiche gilt für sogenannte **freie Mitarbeiter** und selbständige Handelsvertreter nach § 84 HGB. Wenn sie auch oft in wirtschaftlicher Abhängigkeit zu ihren Kunden, ihren Abnehmern usw. stehen, so arbeiten sie doch in persönlicher Unabhängigkeit. Maßgeblich für die Unterscheidung zwischen Arbeitnehmern und diesen Personengruppen ist, in welchem Umfang die Person jeweils in die betriebliche Arbeitsorganisation einbezogen ist und dem **Weisungsrecht** ihres Vertragspartners unterliegt, insbesondere hinsichtlich Art, Ort und Zeit der Arbeitsausführung. Je stärker der Grad der persönlichen Abhängigkeit, um so mehr spricht für die Arbeitnehmereigenschaft. Auf die Bezeichnung »freier Mitarbeiter«, »freier Handelsvertreter« kommt es nicht an, maßgeblich ist die vertragliche Vereinbarung oder eine ggf. hiervon abweichende Praxis. Ebenso sind regelmäßig Firmenteilhaber oder Gesellschafter, die in ihren Unternehmen mitarbeiten, keine Arbeitnehmer. Ihr Rechtsverhältnis zu ihrer Firma ist gesellschaftsrechtlicher Art. Sie unterliegen regelmäßig keiner Weisung, sondern erteilen diese selbst. Doch kann z.B. ein Kommanditist oder stiller Teilhaber Arbeitnehmer sein, wenn ein entsprechendes weisungsgebundenes Arbeitsverhältnis vorliegt.

Nicht zu den Arbeitnehmern zählen auch die in einer »Werkstatt für Behinderte« Beschäftigten. Sie stehen zum Träger in einem arbeitnehmerähnlichen Rechtsverhältnis.

Richter, Beamte und Soldaten sind gleichfalls keine Arbeitnehmer (§ 5 Abs. 2 ArbGG), ebenso Zivildienstleistende. Sie stehen in einem öffentlich-rechtlichen Dienstverhältnis zum Staat und sind ausschließlich aus ihrer Treuepflicht heraus tätig, für die sie besoldet werden. Demgegenüber sind jedoch, wie bereits erwähnt, Verwaltungsangestellte einer Behörde Arbeitnehmer. Ihnen steht der Staat wie ein privater Arbeitgeber gegenüber und vergütet sie für ihre Tätigkeit. Doch weisen die Arbeitsverhältnisse dieser Arbeitnehmer des öffentlichen Dienstes erhebliche Besonderheiten auf. Teilweise finden beamtenrechtliche Vorschriften hier entsprechende Anwendung. Neben den Tarifverträgen für den öffentlichen Dienst (BAT, BMT-G, MTL, MTB usw.) gilt für sie u. a. gem. § 130 BetrVG das Personalvertretungsgesetz des Bundes und des entsprechenden Landes (vgl. Rz. 509). **95**

Auch **Familienangehörige** können Arbeitnehmer sein. Das ist bei der Ehefrau – in der umgekehrten Situation bei dem Ehemann – nicht der Fall, wenn dem Ehegatten in dessen Geschäftsbetrieb oder Haushalt gelegentlich geholfen wird. Man spricht hier von der allgemeinen Beistandspflicht der Eheleute, die aus der Verpflichtung zur ehelichen Lebensgemeinschaft abzuleiten ist (vgl. § 1353 Abs. 1 Satz 2 BGB). Auch ein Kind ist zur angemessenen Mitarbeit im elterlichen Betrieb oder Haushalt verpflichtet (§ 1619 BGB). Nur wenn die vorstehenden Grenzen überschritten werden, sind Familienangehörige Arbeitnehmer. Der erwachsene Sohn, der eine Filiale der Firmengruppe seines Vaters leitet, wird entweder zu diesem in einem Gesellschafts- oder einem Arbeitsverhältnis stehen. Die Verlobte eines Bauern, die auf dessen Hof mitarbeitet, ist im allgemeinen keine Arbeitnehmerin. Sie tut dies im Hinblick auf die spätere Eheschließung, steht also in einem familienrechtlichen Verhältnis zum Hofinhaber. Es kommt im Einzelfall auf den Willen der Beteiligten, die örtlichen Bräuche und die Gesamtumstände an. **96**

Die Art der Versteuerung (Lohnsteuer oder Einkommensteuer) und die Versicherungspflicht (Angestellten- oder Arbeiterrentenversicherungspflicht) gehen zwar mit der arbeitsrecht- **97** lichen Beurteilung der Arbeitnehmereigenschaft weitgehend parallel, weichen aber auch bisweilen von dieser ab. Sie stellen daher nur ein hinweisendes Merkmal dar, wenn es um die Beurteilung der Frage geht, ob jemand Arbeitnehmer ist oder nicht. Im Streitfall kommt es entscheidend darauf an, wie sich die **tatsächlichen Gegebenheiten** darstellen bzw. wie ein vereinbartes Verhältnis **praktiziert** wird. Auch wenn die Vertragsparteien ein freies Mitarbeiterverhältnis vereinbart haben, jedoch persönliche Abhängigkeit des Eingestellten vorliegt, liegt ein Arbeitsverhältnis vor. Die **Arbeitnehmereigenschaft unterliegt** insoweit **nicht der freien Vereinbarung der Vertragsparteien** (Problem der sog. Scheinselbständigkeit).

2. Einteilung der Arbeitnehmer

98 **Arbeitnehmer** werden eingeteilt in Angestellte und Arbeiter.

99 Nicht zu den Arbeitnehmern gehören die sog. arbeitnehmerähnlichen Personen (s. Rz. 119ff.). Für sie gilt das Arbeitsrecht i.d.R. nicht. Über Streitigkeiten aus solchen Rechtsverhältnissen entscheiden aber auch die Arbeitsgerichte (§ 5 Abs. 1 S. 2 ArbGG).

a) Angestellte

100 Die Unterscheidung zwischen Angestellten und Arbeitern ist heute nur noch von Bedeutung in der Rentenversicherung, im Betriebsverfassungsgesetz und Personalvertretungsgesetz sowie in einer Reihe von Tarifverträgen. § 133 SGB VI zählt beispielhaft eine Reihe von Personengruppen auf, die angestelltenversicherungspflichtig sind.

101 Ob ein Arbeitnehmer in arbeitsrechtlicher Hinsicht als Angestellter anzusehen ist, wird in erster Linie danach bestimmt, wie seine Tätigkeit von der Auffassung der im konkreten Fall beteiligten Berufskreise bewertet wird. Besteht keine feste Auffassung, so ist nach allgemeinen Anschauungen des Verkehrs in der Regel Angestellter, wer kaufmännische oder büromäßige Arbeit leistet sowie wer überwiegend leitende, beaufsichtigende oder eine vergleichbare Tätigkeit ausübt. Nur wenn diese Maßstäbe nicht ausreichen, bleibt entscheidend, ob nach dem Gesamtbild der von dem Arbeitnehmer verrichteten Arbeiten die geistige Leistung im Vordergrund

steht. Die Unterscheidung von Angestellten und Arbeitern allein nach geistiger oder körperlicher Arbeit ist jedoch vielfach ungenau. Entscheidend ist, wo das Schwergewicht der Tätigkeit des Arbeitnehmers zu suchen ist, das seiner Gesamttätigkeit das Gepräge gibt. Dabei können sowohl der Arbeitsplatz (technisches Büro, Kontor, Lager usw.) als auch der Grad der geistigen Beanspruchung (Wert der Tätigkeit im Rahmen der betrieblichen Organisation, Vorbildung) wertvolle Hinweise geben. Die Berufsbezeichnung ist bedeutungslos.

Neben dem Gesetz bzw. dem von der arbeitsrechtlichen **102** Rechtsprechung entwickelten Angestelltenbegriff kann sich die Angestellteneigenschaft auch aus Tarifvertrag oder Einzelarbeitsvertrag ergeben. Doch ist in diesen Fällen zu beachten, daß diese Angestellten bezüglich ihrer Versicherungspflicht vielfach Arbeiter bleiben, da sie keine angestelltenversicherungspflichtige Tätigkeit ausüben (z. B. Ein Pförtner wird wegen einer 20jährigen Betriebszugehörigkeit arbeitsvertraglich zum Angestellten »ernannt«).

Eine Sonderstellung in der Gruppe der Angestellten haben **103** die **sog. leitenden Angestellten.** Sie nehmen im bestimmten Umfang Arbeitgeberfunktionen wahr, haben also eine arbeitgeberähnliche Stellung, ohne allerdings selbst Arbeitgeber zu sein (vgl. Rz. 90).

Ihre besondere betriebliche Stellung rechtfertigt teilweise eine **104** arbeitsrechtliche Sonderbehandlung. Doch genießen sie weitgehend den gleichen Kündigungsschutz wie die anderen Arbeitnehmer (vgl. Rz. 373 f.).

Die Grenze zwischen Personen, die in einem freien Dienstver- **105** trag stehen, und leitenden Angestellten ist oft fließend. Es kommt auf den Grad der »Fremdgebundenheit« der Arbeit an. Wie weit kann man im Einzelfall noch von einer persönlichen weisungsgebundenen Abhängigkeit bei der Arbeitsleistung sprechen? Dies hängt ganz wesentlich auch von der Art der Arbeitsleistung ab: Auch Chefarzt und Theaterintendant stehen häufig in einem Arbeitsverhältnis, obwohl sie in fachlicher Hinsicht keinerlei Weisungen unterliegen. Maßgeblich ist hier, ob sie aufgrund ihrer organisatorischen Eingliederung in einen Betriebsablauf weisungsgebunden sind.

Der Gesetzgeber gebraucht den Begriff des leitenden Angestellten nicht einheitlich:

106 Nach § 14 Abs. 2 KSchG sind leitende Angestellte im Rechtssinn Geschäftsführer, Betriebsleiter und ähnliche leitende Angestellte, soweit diese zur selbständigen Einstellung oder Entlassung von Arbeitnehmern berechtigt sind. Wegen ihrer besonderen Vertrauensstellung im Betrieb befinden sie sich jedoch gegenüber anderen Arbeitnehmern im Falle einer sozialwidrigen Kündigung in einer Sonderstellung: Der vom Arbeitgeber gestellte Auflösungsantrag bedarf keiner Begründung (vgl. § 14 Abs. 2 Satz 2 KSchG – Rz. 374).

107 Nach § 5 Abs. 3 BetrVG rechnet ein weitaus größerer Personenkreis zu den »leitenden Angestellten« als nach dem KSchG. Sie sind Arbeitnehmer mit der Besonderheit, daß auf sie die Bestimmungen des BetrVG keine Anwendung finden (Ausnahmen: §§ 105, 107 und 108).

108 Leitende Angestellte besitzen auf Betriebs- und Unternehmensebene eine eigene Vertretung: den Sprecherausschuß (s. Rz. 528ff., 579ff.).

§ 5 Abs. 3 Satz 2 BetrVG führt **drei Fallgruppen leitender Angestellter i.S.d. BetrVG** auf. Um unter diese eingeordnet zu werden, muß der Angestellte nach seinem Arbeitsvertrag und seiner Stellung im Unternehmen oder im Betrieb entsprechende Befugnisse und Aufgaben wahrnehmen. Die Zuweisung im Arbeitsvertrag darf auch nicht pro forma erfolgen. Er muß sie auch tatsächlich ausüben.

109 **Nr. 1:** Angestellte mit selbständiger **Einstellungs- und Entlassungsbefugnis**

Diese kann sich sowohl auf den ganzen Betrieb als auch auf eine Betriebsabteilung beziehen. Die Einstellungsentscheidung darf nicht an die Zustimmung des Arbeitgebers gebunden sein. Im übrigen darf die Selbständigkeit nicht auf Einzelfälle beschränkt sein.

Regelmäßig rechnen Personalleiter oder Führungskräfte in vergleichbarer Stellung zu diesem Personenkreis.

110 **Nr. 2:** Angestellte mit **Generalvollmacht oder Prokura**

Dabei ist es gleichgültig, ob es sich um eine Einzel-, Gesamt- oder Niederlassungsprokura handelt. Sie muß tatsächlich ausgeübt werden. Titularprokuristen fallen demnach nicht unter Nr. 2. Oft liegt keine Deckungsgleichheit zwischen »Außenvollmacht« und »Innenzuständigkeit« vor. Letztere wird durch den Arbeitgeber oft beschränkt oder auf Teilaufgaben begrenzt sein. Auch dieser Prokurist soll unter Nr. 2 eingruppiert werden. Voraussetzung ist, daß »die Prokura auch im Verhältnis zum Arbeitgeber nicht unbedeutend ist«. Der Prokurist muß also im Innenverhältnis einen für Betrieb und Unternehmen wichtigen Aufgabenbereich wahrnehmen.

Nr. 3: Funktionsbezogene Angestellte **111**

Zu ihnen gehört der weitaus größte Teil der leitenden Angestellten. Unter diese Gesetzesbestimmung sind alle diejenigen einzugruppieren, die wesentliche Leitungsfunktionen ausüben und nicht unter Nr. 1 und Nr. 2 fallen.

Nr. 3 weist zwei Merkmalsgruppen auf:

- Der Angestellte muß »regelmäßig sonstige Aufgaben wahrnehmen, die für den Bestand und die Entwicklung des Unternehmens oder des Betriebs von Bedeutung sind und deren Erfüllung besondere Erfahrungen und Kenntnisse voraussetzt.« Es darf sich also nicht um nur vorübergehende, vielleicht vertretungsweise übertragene Aufgaben handeln. Sie müssen dem Angestellten auf Dauer übertragen sein.
  Die Stellung des Angestellten muß sich deutlich gegenüber einer »normalen« Angestelltentätigkeit abheben.
- Der Angestellte muß an der unternehmerischen Leitungskompetenz wesentlichen Anteil haben. Das ist dann gegeben, wenn er »die Entscheidungen im wesentlichen frei von Weisungen« selbst »trifft oder sie« zumindest »maßgeblich beeinflußt«. Das Gesetz rechnet zu derartigen Beeinflussungen auch die Vorgabe »insbesondere auf Grund von Rechtsvorschriften, Plänen oder Richtlinien sowie« die »Zusammenarbeit mit anderen leitenden Angestellten«. Hierdurch sollten Angestellte mit wirtschaftlichen, technischen, wissenschaftlichen, kaufmännischen und personellen Leitungsfunktionen erfaßt werden.

Entscheidend ist bei diesem Personenkreis die **Wahrnehmung** spezifischer **unternehmerischer (Teil-)Aufgaben.** Diese müssen unter Berücksichtigung der Gesamttätigkeit des Angestellten und der Gesamtheit der Unternehmeraufgaben erheblich sein.

Hieraus ergibt sich zwangsläufig eine mehr oder weniger ausgeprägte Interessenpolarität zur übrigen Arbeitnehmerschaft, deren Feststellung in jedem Einzelfall allerdings nicht mehr erforderlich ist (*BAG* Beschl. v. 29. 1. 1980, EzA § 5 BetrVG

1972 Nr. 35 = DB 1980, S. 1545; Beschl. v. 23. 1. 1986, DB 1986, S. 1983).

112 Für Zweifelsfälle, die im Zusammenhang mit dem Personenkreis der Nr. 3 auftreten und die Zuordnung schwierig gestalten, bietet § 5 Abs. 4 BetrVG Auslegungsregeln an.

Danach soll leitender Angestellter »im Zweifel« sein, wer

1. aus Anlaß der letzten Wahl des Betriebsrats, des Sprecherausschusses oder von Aufsichtsratsmitgliedern der Arbeitnehmer oder durch rechtskräftige gerichtliche Entscheidung den leitenden Angestellten zugeordnet worden ist;
2. einer Leitungsebene angehört, auf der in dem Unternehmen überwiegend leitende Angestellte vertreten sind;
3. ein regelmäßiges Jahresentgelt erhält, das für leitende Angestellte in dem Unternehmen üblich ist;
4. sollten bei Anwendung der Nr. 3 immer noch Zweifel bleiben, ein regelmäßiges Jahresarbeitsentgelt erhält, das das Dreifache der Bezugsgröße nach § 18 des Vierten Buches des Sozialgesetzbuches (SGB IV) d. h. ab 1999 ein Jahresentgelt von 158.760,00 DM in den alten und 133.560,00 DM in den neuen Bundesländern überschreitet.

113 Das BetrVG greift daher bei der Zuordnung nach Nr. 3 sowohl auf frühere Praktizierungen und Gerichtsentscheidungen als auch auf die Höhe des Jahresgehalts des Angestellten als Hilfsmittel zurück. Es handelt sich hierbei weniger um eine Hilfe bei gerichtlichen Entscheidungen als mehr um eine betriebliche Orientierungshilfe, vor allem bei dem **Zuordnungsverfahren nach § 18a BetrVG** (s. Rz. 528 ff.)

114 Ein Vorgesetztenverhältnis ist nicht erforderlich. Im Einzelfall ist es Tatfrage, ob innerhalb der betrieblichen Organisation eine derartige besondere Stellung vorliegt.

Im Streitfall entscheidet das Arbeitsgericht (§ 2 Abs. 1 Ziff. 4 ArbGG).

115 Leitende Angestellte unterstehen nicht der gesetzlichen Arbeitszeitregelung (§ 18 ArbZG).

116 Arbeitnehmer, die die dargelegten gesetzlichen Voraussetzungen nicht erfüllen, sind **keine leitenden Angestellten**, auch wenn sie in gehobener oder sonst leitender Stellung tätig sind.

b) Arbeiter

Arbeiter sind alle Arbeitnehmer, die nicht im vorstehenden Sinne Angestellte sind. Sozialversicherungsrechtlich sind sie arbeiterrentenversicherungspflichtig. **117**

Für sie fehlt eine gesetzliche Begriffsbestimmung völlig. Die RVO (§§ 5 SGB V; 1 SGB VI) stellt lediglich fest, daß sie zu dem Kreis der sozialversicherungspflichtigen Personen zählen.

Der Einfachheit halber kann daher festgestellt werden: Arbeiter sind alle Arbeitnehmer, die im vorstehenden Sinne nicht Angestellte sind. Dabei ist es gleichgültig, ob es sich um gelernte oder ungelernte Arbeiter handelt. Auch hier ist die Berufsbezeichnung bedeutungslos. Arbeitsrechtlich gehören zu den »Arbeitern«, auch wenn dies bei der Berufsbezeichnung nicht zum Ausdruck kommt, z.B. Eisenbahnschaffner, Hausgehilfinnen, Friseure, Kellner, Krankenhaushilfe. **118**

c) Arbeitnehmerähnliche Personen

Arbeitnehmerähnliche Personen sind zwar keine Arbeitnehmer. Sie arbeiten in **persönlicher Selbständigkeit**. Ihre **wirtschaftliche Abhängigkeit** ist aber so groß, daß sie nach ihrer sozialen Stellung in bestimmten Fällen vom Gesetz dem Arbeitnehmer gleichgesetzt werden. **119**

Zu den arbeitnehmerähnlichen Personen rechnen vor allem:

- Heimarbeiter, Hausgewerbetreibende und ihnen Gleichgestellte. Ihre Rechtsstellung regelt das Heimarbeitsgesetz vom 14. 3. 1951 i.d.F. vom 29. 10. 1974 nebst 1. DVO vom 9. 8. 1951 und **120**
- freie Handelsvertreter, die nur für einen Unternehmer tätig sind und einschließlich aller Spesen, Auslagen usw. nicht mehr als 2.000,00 DM monatlich verdienen (vgl. § 92a Abs. 1 HGB i.V.m. § 5 Abs. 3 ArbGG). **121**

Daneben sind aber arbeitnehmerähnliche Personen auch solche, die nicht im Rahmen eines festen dauernden Beschäftigungsverhältnisses, sondern im Rahmen einzelner Aufträge tätig werden, deren Übernahme ihnen freigestellt ist (z.B. freie Mitarbeiter, nichtangestellte Künstler usw.). **122**

Für all diese Personenkreise können Tarifverträge abgeschlossen werden (vgl. § 12a TVG). Bei langjährig Beschäftigten müssen bei der Beendigung des Rechtsverhältnisses auch bestimmte Auslauffristen beachtet werden (vgl. § 29 HAG). **123**

124 Für arbeitnehmerähnliche Personen gilt:
- Es findet grundsätzlich kein Arbeitsrecht Anwendung, sofern und soweit es nicht ausnahmsweise ausdrücklich gesetzlich angeordnet ist (z.B. im HAG sowie in § 2 Satz 2 BUrlG). Insbesondere findet das Kündigungsschutzgesetz keine Anwendung.
- Es können für diese Personen Tarifverträge geschlossen werden (§ 12aTVG).
- Gemäß § 5 Abs. 1 und 2 ArbGG gelten sie als Arbeitnehmer i.S.d. ArbGG. Das bedeutet, dass die Arbeitsgerichte für Rechtsstreitigkeiten aus den Rechtsverhältnissen der arbeitnehmerähnlichen Personen zuständig sind.

III. Betrieb

125 Der Begriff des Betriebes ist vielseitig. Das Arbeitsrecht hat seinen eigenen von Rechtsprechung und Rechtslehre entwickelten Betriebsbegriff. Eine gesetzliche Begriffsbestimmung fehlt.
Der Betrieb im arbeitsrechtlichen Sinne ist von der privat- oder gesellschaftsrechtlichen Form, in der er betrieben wird, **völlig unabhängig**. Er ist keine juristische Person und daher auch nicht rechtsfähig. Trotzdem ist er als eigentlicher Träger des Arbeitslebens Anknüpfungspunkt für eine Vielzahl rechtlicher Regelungen (z.B. KSchG, BetrVG).

126 Der Betrieb stellt sich insoweit als eine organisatorische Zusammenfassung von Arbeitsmitteln durch den Arbeitgeber dar (Werkshalle, Maschinen, Material, aber auch Patente, Betriebsgeheimnisse, Kundenstamm). In ihm leisten die Arbeitnehmer als Belegschaft nach den Weisungen des Arbeitgebers fortgesetzt zu einem bestimmten arbeitstechnischen Zweck (z.B. Herstellung von Maschinenteilen, Walzen von Roheisen, Weben) gegen Entgelt abhängige Arbeit.

127 Ein **Betrieb** setzt daher im wesentlichen drei Merkmale voraus:
- Organisatorische Zusammenfassung von Arbeitsmitteln durch den Arbeitgeber unter einheitlicher Leitung;
- einen bestimmten arbeitstechnischen Zweck;
- eine Belegschaft.

128 **Kein Betrieb** ist der Haushalt. Hier arbeitet der Arbeitnehmer (z.B. die Hausgehilfin) nicht zu einem arbeitstechnischen

Zweck, sondern im Lebensbereich der Familie für deren Lebensbedürfnisse. In der Praxis gewinnt oft die Frage Bedeutung, ob im Einzelfall ein einheitlicher Betrieb oder mehrere selbständige Betriebe vorliegen.

Nach § 4 BetrVG gelten **Betriebsteile** unter folgenden zwei Voraussetzungen als selbständige Betriebe: Es müssen in ihnen mindestens fünf wahlberechtigte Arbeitnehmer ständig beschäftigt werden, von denen drei wählbar sind (vgl. § 1 BetrVG – Rz. 508) und sie müssen entweder räumlich weit vom Hauptbetrieb entfernt oder durch Aufgabenbereich und Organisation eigenständig sein. **129**

Wann diese Erfordernisse im Einzelfall erfüllt sind, ist Tatfrage. Regelmäßig liegt demnach ein selbständiger Betrieb nur dann vor, wenn ein selbständiger arbeitstechnischer Zweck und eine unabhängige Organisation vorhanden ist. Ansonsten hat man es im allgemeinen mit einem Nebenbetrieb oder einer unselbständigen Betriebsabteilung zu tun.

Auch **öffentliche Verwaltungen** sind als Betriebe im arbeits- **130**
rechtlichen Sinne anzusehen (§ 23 Abs. 2 KSchG).

IV. Unternehmen

Im Gegensatz zum Betrieb ist der Begriff des Unternehmens **131**
im arbeitsrechtlichen Sinne der **weitere**: sein Zweck ist nicht ein arbeitstechnischer, sondern ein wirtschaftlicher oder auch ideeller. Betrieb und Unternehmen können sich im Einzelfall decken, z. B. vorwiegend im Handwerk. Ein Unternehmen kann aber auch aus mehreren selbständigen Einzelbetrieben bestehen. Voraussetzung ist vor allem, daß derselbe Unternehmer die Betriebe organisatorisch zur Verfolgung des wirtschaftlichen (oder ideellen) Zweckes zusammenfaßt, z. B. Sägewerk, Möbelfabrik und Möbeleinzelhandlungsgeschäfte, die – wenn auch unter verschiedenen Rechtsformen (GmbH, OHG, Einzelfirma) arbeitend – der Leitung desselben Unternehmers unterstehen.

Der Unternehmensbegriff ist für KSchG, Mitbestimmungsgesetze (vgl. Rz. 626 ff.) und BetrVG von großer Bedeutung.

Zweites Kapitel
Was ist ein Arbeitsverhältnis?

A. Die Anbahnung des Arbeitsverhältnisses

132 Arbeitsverhältnis ist das Rechtsverhältnis zwischen Arbeitgeber und Arbeitnehmer. Es wird begründet durch den **Abschluß eines Arbeitsvertrages,** mit dem sich der Arbeitnehmer zur Arbeitsleistung und der Arbeitgeber zur Entgeltzahlung verpflichten.

133 Der Vertragsschluß wird regelmäßig innerbetrieblich durch Ausschreibungen oder außerbetrieblich durch Inserate oder einfach per »Mundpropaganda« angebahnt. Die Bundesanstalt für Arbeit (BA) und – mit ihrer Erlaubnis – private Arbeitsvermittler betätigen sich ebenfalls in der Arbeitsvermittlung. Die BA darf hierfür i. d. R. weder von Arbeitnehmern noch von Arbeitgebern Entgelt verlangen, die zugelassenen privaten Vermittler nur vom Arbeitgeber.

134 Gemäß § 611b BGB sind Arbeitsplätze inner- wie außerbetrieblich **geschlechtsneutral auszuschreiben,** sofern ein bestimmtes Geschlecht nicht unverzichtbare Voraussetzung für die auszuübende Tätigkeit ist (z. B. Schauspieler, Mannequin). Verstöße können unter Umständen zu Schadensersatzansprüchen übergangener Bewerber gemäß § 611a BGB führen.

135 Schon **vor Vertragsschluß** treffen die Verhandlungspartner wechselseitige **Rücksichtspflichten** aus dem Grundsatz von Treu und Glauben (§ 242 BGB). Der Arbeitgeber muß den Arbeitnehmer über die Anforderungen des Arbeitsplatzes sowie geplante Änderungen, die für die Entscheidung des Arbeitnehmers erkennbar von Bedeutung sind (z. B. künftiger Wegfall des Arbeitsplatzes), unterrichten. Er hat die Bewerbungsunterlagen pfleglich und vertraulich zu behandeln und zurückzureichen, soweit er sie nicht mehr benötigt. Die Kosten des Vorstellungsgesprächs, zu dem der Arbeitgeber geladen hat, sind von ihm (in angemessenem Umfang) zu tragen, sofern hierüber keine abweichende Vereinbarung getroffen wurde.

136 Den Arbeitnehmer treffen bei den Einstellungsverhandlungen die wesentlichen **Offenbarungspflichten:** Auch ungefragt hat er den Arbeitgeber über ihm bekannte Tatsachen zu unterrichten, die ihn für die in Aussicht genommene Tätigkeit völlig ungeeignet erscheinen lassen (z. B. fehlender Führerschein für Kraftfahrer) oder die einer Arbeitsaufnahme zum vereinbarten Zeitpunkt des Dienstantritts entgegenstehen (z. B. bewilligte Kur).

Fragen des Arbeitgebers sind grundsätzlich wahrheitsgemäß 137
zu beantworten. Allerdings ist zum Schutze der Privatsphäre des Arbeitnehmers das **Fragerecht des Arbeitgebers** auf solche Fragen beschränkt, an deren Beantwortung er ein überwiegendes berechtigtes, billigenswertes Interesse hat. Hiernach unzulässige Fragen dürfen wahrheitswidrig beantwortet werden, da der Bewerber bei schlichter Verweigerung einer Antwort in der Regel chancenlos wäre (Notlüge). Regelmäßig unzulässig sind z. B. Fragen nach einer bestehenden Schwangerschaft, Gewerkschafts-, Religions- oder Parteizugehörigkeit, sofern nicht ausnahmsweise ein besonderes berechtigtes Interesse des Arbeitgebers besteht.

Verletzungen der Offenbarungspflicht berechtigen den Ver- 138
tragspartner zur Anfechtung des Arbeitsvertrages (genauer: seiner Willenserklärung) gemäß §§ 123, 142 BGB.

B. Wie entstehen Arbeitsverhältnisse?

I. Formfreiheit

Die Begründung eines Arbeitsvertrages – und damit eines Ar- 139
beitsverhältnisses – ist grundsätzlich **formfrei**. Wie das gesamte deutsche Privatrecht, so steht auch das Arbeitsrecht unter dem Grundsatz der **Formfreiheit**. Arbeitnehmer und Arbeitgeber können demnach den Arbeitsvertrag **zunächst** schriftlich oder auch mündlich, ja sogar stillschweigend durch übereinstimmendes schlüssiges Verhalten abschließen.

Der Gesetzgeber hat diese **Formfreiheit zeitlich** jedoch **begrenzt**. Zur Vermeidung späterer Streitigkeiten, im Interesse der Rechtsklarheit und auch zum Schutze des Arbeitnehmers muß der Arbeitgeber spätestens einen Monat nach dem vereinbarten Beginn des Arbeitsverhältnisses die wesentlichen Vertragsbedingungen **schriftlich** niederlegen. Diese Niederschrift ist zu unterzeichnen und dem Arbeitnehmer auszuhändigen. Unverzichtbare Angaben in dieser Niederschrift sind mindestens:

1. Der Name und die Anschrift der Vertragspartner,
2. der Zeitpunkt des Beginns des Arbeitsverhältnisses,
3. bei befristeten Arbeitsverhältnissen die vorhersehbare Dauer des Arbeitsverhältnisses,
4. der Arbeitsort oder, falls der Arbeitnehmer nicht nur an einem bestimmten Arbeitsort tätig sein soll, ein Hinweis darauf, daß der Arbeitnehmer an verschiedenen Orten beschäftigt werden kann,
5. die Bezeichnung oder allgemeine Beschreibung der vom Arbeitnehmer zu leistenden Tätigkeit,
6. die Zusammensetzung und die Höhe des Arbeitsentgelts einschließlich der Zuschläge, der Zulagen, Prämien und Sonderzahlungen, sowie andere Bestandteile des Arbeitsentgelts und deren Fälligkeit,
7. die vereinbarte Arbeitszeit,
8. die Dauer des jährlichen Erholungsurlaubs,
9. die Fristen für die Kündigung des Arbeitsverhältnisses,
10. ein in allgemeiner Form gehaltener Hinweis auf die Tarifverträge, Betriebs- oder Dienstvereinbarungen, die auf das Arbeitsverhältnis anzuwenden sind (§ 2 Abs. 1 NachwG).

Bei einer länger als einen Monat dauernden Tätigkeit außerhalb der Bundesrepublik Deutschland hat die dem Arbeitnehmer vor seiner Abreise auszuhändigende Niederschrift noch folgende zusätzliche Angaben zu enthalten:

1. Die Dauer der im Ausland auszuübenden Tätigkeit,
2. die Währung, in der das Arbeitsentgelt ausgezahlt wird,
3. ein zusätzliches mit dem Auslandsaufenthalt verbundenes Arbeitsentgelt und damit verbundene zusätzliche Sachleistungen,
4. die vereinbarten Bedingungen für die Rückkehr des Arbeitnehmers (§ 2 Abs. 2 NachwG).

Durch Bezugnahme auf die für den Betrieb und das Unternehmen geltenden einschlägigen Tarifverträge, Betriebs- oder Dienstvereinbarungen und ähnliche Regelungen können die vorstehenden Ziffern 6 bis 9 ersetzt werden. Richten sich der jährliche Erholungsurlaub sowie die Kündigungsfristen nach dem Bundesurlaubsgesetz oder dem BGB, reicht auch hier eine Verweisung aus (§ 2 Abs. 3 NachwG).

Ist mit dem Arbeitnehmer bereits vor oder unmittelbar nach dem Beginn des Arbeitsverhältnisses ein schriftlicher Arbeitsvertrag abgeschlossen worden, entfällt die vorstehende Verpflichtung für den Arbeitgeber. Voraussetzung dafür ist aber, daß alle vorstehenden Vertragspunkte im Arbeitsvertrag enthalten sind (§ 2 Abs. 4 NachwG). Ändern sich die wesentlichen Arbeitsbedingungen für den Arbeitnehmer, ist ihm dies spätestens einen Monat nach der Änderung schriftlich mitzuteilen. Bei Änderungen der gesetzlichen Vorschriften, der Tarifverträge, der Betriebs- und Dienstvereinbarungen und ähnlicher Regelungen, besteht keine Verpflichtung zur schriftlichen Änderung der Vertragsbedingungen (§ 3 NachwG). Der Wille des Gesetzgebers, die vorstehenden rechtlichen Grundsätze durchzusetzen, kommt unmißverständlich zum Ausdruck: Sie sind unabdingbar, d. h. es kann von den Vorschriften des Gesetzes nicht zu Ungunsten des Arbeitnehmers abgewichen werden (§ 5 NachwG).

Nicht anzuwenden ist das NachwG auf Arbeitnehmer, die zur Aushilfe beschäftigt werden. Allerdings darf die Gesamtdauer der Arbeitszeit jährlich insgesamt 400 Arbeitsstunden nicht überschreiten. Ebenso werden vom NachwG hauswirtschaftliche, erzieherische und pflegerische Tätigkeiten in einem Haushalt nicht erfaßt. Voraussetzung ist allerdings, daß sie 15 Stunden in der Woche nicht übersteigen (§ 1 NachwG in Verbindung mit §§ 8 Abs. 1; 18 SGB IV).

Regelmäßig nur in zwei Fällen ist ausnahmsweise die schriftliche Form vorgeschrieben:

(1) Ein Kaufmann kann mit einem Handlungsgehilfen ein **Wettbewerbsverbot** (auch Konkurrenzklausel genannt) nur schriftlich vereinbaren. Dieses hat zum Inhalt, daß sich der Handlungsgehilfe bei seinem späteren Ausscheiden aus dem Geschäft in einem genau bestimmten Umfang örtlich und zeitlich einer Tätigkeit in demselben Wirtschaftszweig enthalten muß. Voraussetzung für die rechtliche Wirksamkeit einer derartigen Wettbewerbsabrede ist jedoch außerdem, daß der Arbeitgeber dem Handlungsgehilfen auf die Dauer der Verbotszeit mindestens die Hälfte des Gesamtarbeitsentgelts zahlt, das dieser zuletzt bezogen hat (§ 74 Abs. 1 und 2 HGB) – sog. Karenzentschädigung. Ohne diese Zusage ist die vereinbarte Konkurrenzklausel nichtig (vgl. im übrigen auch § 74a Abs. 2 HGB). **140**

141 Für **technische Angestellte** gilt folgendes:
Unzulässig ist eine Wettbewerbsabrede, wenn der Arbeitnehmer zur Zeit des Abschlusses noch minderjährig ist. Zudem darf sie nach Zeit, Ort und Gegenstand sein Fortkommen nicht unbillig erschweren (§ 133f GewO). In entsprechender Anwendung des § 74 Abs. 2 HGB ist eine Karenzentschädigung zu zahlen, wenn der technische Angestellte in der Annahme einer neuen Arbeitsstellung nicht freizügig bleibt.

142 Für alle anderen Angestellten, die nicht unter das HGB und die GewO fallen, fehlt eine gesetzliche Regelung. Auf sie finden die vorgeschilderten, für kaufmännische und technische Angestellte geltenden gesetzlichen Bestimmungen entsprechende Anwendung.

143 (2) Nach § 4 Abs. 1 BBiG soll ein **Berufsausbildungsvertrag** (alte Bezeichnung: Lehrvertrag) schriftlich abgeschlossen werden. Weitere Fälle, in denen der schriftliche Abschluß eines Arbeitsvertrages vorgeschrieben ist, gelten vielfach im öffentlichen Dienst oder können sich auch aus einem einschlägigen Tarifvertrag ergeben.

144 Keiner Schriftform bedarf eine Ruhegehaltszusage.

145 Formvorschriften anderer Art, die bei der Eingehung eines Arbeitsverhältnisses zu beachten sind, bestehen in öffentlich-rechtlicher Hinsicht:
Die Arbeitnehmer haben bei Arbeitsantritt Lohnsteuerkarte, Versicherungsnachweisheft und Sozialversicherungsausweis sowie ggf. eine Bescheinigung über gewährten oder abgegoltenen Urlaub gemäß § 6 Abs. 2 BUrlG dem Arbeitgeber auszuhändigen. Mit Hilfe der im Versicherungsnachweisheft enthaltenen Vordrucke hat der Arbeitgeber die Anmeldung des Arbeitnehmers bei den Krankenkassen und dem Arbeitsamt vorzunehmen. Das Versicherungsnachweisheft selbst und der Sozialversicherungsausweis sind vom Arbeitgeber aufzubewahren. Werden vom Arbeitgeber oder Arbeitnehmer diese öffentlich-rechtlichen Pflichten versäumt, berührt dies die Gültigkeit des Arbeitsverhältnisses nicht.

II. Gestaltungsfreiheit

146 Auch können Arbeitsbedingungen jeder Art ausbedungen werden. Diese dürfen nur nicht gegen ein gesetzliches Verbot

(§ 134 BGB) oder gegen die guten Sitten – also die Anschauungen aller billig und gerecht denkenden Menschen (§ 138 BGB) – sowie gegen allgemeine Grundsätze des Arbeitsrechts verstoßen, andernfalls sind sie nichtig.

Neben der Formfreiheit herrscht im Arbeitsrecht der Grund- 147
satz der **Gestaltungsfreiheit**. Dieser wird allerdings durch die Vielzahl arbeitsrechtlicher Schutzgesetze sowie durch Tarifverträge, die Kraft beiderseitiger Tarifbindung oder Allgemeinverbindlichkeitserklärung zwingend gelten, durchbrochen.

III. Abschlußfreiheit

Grundsätzlich kann ein Arbeitgeber nicht gezwungen werden, 148
einen Arbeitnehmer einzustellen. Auf der anderen Seite besteht auch für keinen Arbeitnehmer die Verpflichtung, bei einem bestimmten Arbeitgeber zu arbeiten. Art. 12 GG garantiert als uneinschränkbares Grundrecht das freie Wahlrecht in bezug auf Beruf, Arbeitsplatz und Ausbildungsstätte (vgl. Rz. 23).

Beiden – Arbeitgeber und Arbeitnehmer – steht es also frei, 149
ein Arbeitsverhältnis einzugehen. Das Gesetz kennt nur wenige **Ausnahmen von der Abschlußfreiheit:**

- Der Arbeitgeber darf einen Arbeitnehmer bei der Be- 150
gründung eines Arbeitsverhältnisses nicht wegen seines **Geschlechtes** benachteiligen (§ 611a BGB). Verstößt der Arbeitgeber hiergegen, so kann der hierdurch benachteiligte Bewerber eine angemessene Entschädigung in Geld verlangen, die allerdings dann auf höchstens 3 Monatsverdienste begrenzt ist, wenn der Bewerber auch ohne Geschlechtsdiskriminierung nicht eingestellt worden wäre.
- Das **Schwerbehindertengesetz** verpflichtet alle Arbeitgeber, 151
die über mindestens 16 Arbeitsplätze verfügen, zur Beschäftigung von Schwerbehinderten auf mindestens 6% ihrer Arbeitsplätze (§ 5 Abs. 1 SchwbG). Die Zahl kann gemäß § 5 Abs. 2 SchwbG durch Rechtsverordnung erhöht oder ermäßigt werden. Die Verpflichtung wird jedoch nicht zwangsweise durchgesetzt, sondern nur mittelbar, indem § 11 Abs. 2 SchwbG den Arbeitgeber für jeden nicht besetzten Pflichtarbeitsplatz eines Schwerbehinderten zu einer

monatlichen Ausgleichsabgabe in Höhe von 200,00 DM verpflichtet.

152 – Gemäß Art. 33 Abs. 2 GG sind die Arbeitgeber des **öffentlichen Dienstes** in ihrer Abschlußfreiheit insoweit eingeschränkt, als die Bewerberauswahl ausschließlich nach den Gesichtspunkten Eignung, Befähigung und Leistung zu treffen ist. In dieser Vorschrift hat die sogenannte Konkurrentenklage im öffentlichen Dienst ihre Rechtsgrundlage.

153 – In einigen Fällen sieht das Gesetz persönliche Abschlußverbote vor. So dürfen Auszubildende nicht von Personen eingestellt oder ausgebildet werden, die hierzu **persönlich nicht geeignet** sind, insbesondere wegen einschlägiger Straffälligkeit (§§ 20 Abs. 2 BBiG, 25 Abs. 1 JArbSchG; 21 Abs. 2 HwO).

154 – Kein Abschlußverbot, aber das Verbot bestimmter Beschäftigungen regeln das Mutterschutzgesetz und das Jugendarbeitsschutzgesetz für die Betroffenen.

155 – Besondere Verpflichtung zur Wiedereinstellung von Arbeitnehmern, so aus **Tarifvertrag** – hierher gehören z. B. die sogenannten Wiedereinstellungsklauseln in einem Tarifvertrag nach beendetem Arbeitskampf (Streik oder Aussperrung) – oder aus Gesetz (Wiedereinstellungspflicht gemäß § 21 des Gesetzes zur Regelung der Wiedergutmachung nationalsozialistischen Unrechts für Angehörige des öffentlichen Dienstes vom 11. 5. 1951). In besonderen Ausnahmefällen kann auch aus dem Arbeitsvertrag und i. V. m. dem Grundsatz von Treu und Glauben (§ 242 BGB) die Verpflichtung zur Wiedereinstellung eines zuvor entlassenen Arbeitnehmers erwachsen, so im Falle einer Verdachtskündigung, die sich nachträglich als unbegründet erwiesen hat, oder einer betriebsbedingten Kündigung, deren Anlaß noch während der Kündigungsfrist entfällt.

IV. Das fehlerhafte Arbeitsverhältnis

156 Wie gezeigt wurde (vgl. Rz. 132), beruht das Arbeitsverhältnis auf einem schuldrechtlichen Arbeitsvertrag. Dieser kann aus einer Vielzahl von Gründen rechtlich fehlerhaft sein. Anfechtbarkeit und Nichtigkeit des Arbeitsvertrages können die Folge sein.

Die am häufigsten vorkommenden Fälle sind folgende:

(1) Die Volljährigkeit tritt mit der Vollendung des 18. Lebensjahres ein (§ 2 BGB). Zugleich beginnt mit diesem Zeitpunkt die volle Geschäftsfähigkeit, also das Recht, rechtsverbindliche Willenserklärungen abzugeben und sich durch Verträge zu verpflichten. **157**

Für das Arbeitsrecht gilt eine Besonderheit: **158**

Der Minderjährige, der **beschränkt geschäftsfähig** ist (vom vollendeten 7. bis 18. Lebensjahr – § 106 BGB), gilt in bezug auf sein Arbeitsverhältnis als **unbeschränkt geschäftsfähig**, wenn der gesetzliche Vertreter (Vater, Mutter oder Vormund) ihn ausdrücklich ermächtigt, ein Arbeitsverhältnis aufzunehmen (§ 113 BGB). Diese Ermächtigung kann von dem gesetzlichen Vertreter jederzeit zurückgenommen oder eingeschränkt werden.

Fehlt also die **Zustimmung des gesetzlichen Vertreters**, ist der Arbeitsvertrag grundsätzlich nichtig. **159**

Nichtig ist der Arbeitsvertrag auch in den Fällen, in denen eine Vertragspartei – erkennbar oder nicht erkennbar – wegen geistiger Defizite geschäftsunfähig ist (§ 104 BGB) oder unter Betreuung steht (§ 1896 BGB). Dies ist im Streitfall zu prüfen. **160**

(2) Der Arbeitsvertrag **verstößt** gegen die **guten Sitten** (§ 138 BGB) oder gegen ein **gesetzliches Verbot** (§ 134 BGB). **161**

(3) Der Arbeitsvertrag wurde unter Irrtum, Täuschung oder Drohung eingegangen und deshalb rechtzeitig gegenüber dem Vertragspartner **angefochten** (§§ 119, 123, 124 BGB). **162**

In all diesen Fällen sogenannter fehlerhafter Arbeitsverhältnisse gilt folgendes:

Für die Zukunft kann sich jede der Vertragsparteien mit sofortiger Wirkung von dem nichtigen Vertragsverhältnis lossagen. Kündigungsfristen sind nicht zu beachten. **163**

Dies gilt grundsätzlich auch für die Vergangenheit. Im Falle der Anfechtung folgt dies aus § 142 BGB (das Rechtsgeschäft gilt als von Anfang an nichtig), in den übrigen Fällen ist das Rechtsgeschäft von vornherein nichtig. **164**

Eine Ausnahme gilt jedoch, wenn das Arbeitsverhältnis bereits tatsächlich aufgenommen und Arbeit geleistet worden ist. In diesem Fall wird das Arbeitsverhältnis für die Vergangenheit wie ein vollgültiges Arbeitsverhältnis behandelt (soge- **165** nanntes **»faktisches Arbeitsverhältnis«**). Wird das Arbeitsverhältnis allerdings im Anschluß an eine Arbeitsunfähigkeit des Arbeitnehmers wegen arglistiger Täuschung angefochten, wirkt die Anfechtung zurück bis zum letzten tatsächlichen Arbeitstag (BAG Urteil vom 3. 12. 1998 – 2 AZR 754/97 –; § 142 BGB).

166 Ein faktisches Arbeitsverhältnis wird für die Vergangenheit wie ein fehlerfreies Arbeitsverhältnis behandelt. Gesetzliche und ggf. tarifliche Bestimmungen gelangen uneingeschränkt zur Anwendung. Lediglich für die Zukunft können sich beide Vertragsteile mit sofortiger Wirkung von dem faktischen Arbeitsverhältnis lossagen.

167 Wegen **Irrtums** (§ 119 BGB) kann der Arbeitsvertrag angefochten werden, wenn in der Person des Arbeitnehmers Mängel offenbar werden, die ihn nach allgemeiner Verkehrsanschauung für die angenommene Arbeitsstelle untauglich erscheinen lassen und den Arbeitgeber bei vorheriger Kenntnis der Sachlage und verständiger Würdigung des Falles gehindert hätten, den Arbeitsvertrag abzuschließen.

Mangelhafte Leistungsfähigkeit genügt nicht. Vorstrafen stellen nur dann einen Anfechtungsgrund dar, wenn sie für die Art der Stellung, die der Arbeitnehmer bekleidet, von Erheblichkeit sind (z. B. Buchhalter oder Bankangestellter ist wegen Eigentums- oder Vermögensdelikten vorbestraft, was erst nachträglich zur Kenntnis des Arbeitsgebers gelangt). Die Zugehörigkeit oder Nichtzugehörigkeit zu einer Gewerkschaft stellt keine verkehrswesentliche Eigenschaft dar, berechtigt also nicht zur Anfechtung gem. § 119 Abs. 2 BGB.

168 Die rechtswirksame Anfechtung eines Arbeitsvertrages wegen Irrtums beendet das Arbeitsverhältnis für die Zukunft. Ein rückwirkender Fortfall des Arbeitsvertrages findet also nicht statt. Die Anfechtung muß unverzüglich, d. h. ohne schuldhaftes Zögern, nach Kenntnisnahme vom Anfechtungsgrund erfolgen (§ 121 BGB), andernfalls gilt der fehlerhafte Arbeitsvertrag als geheilt.

169 Wegen **arglistiger Täuschung** (§ 123 BGB) kann der Arbeitsvertrag angefochten werden, wenn der Punkt, den die Täuschung betrifft, für den Getäuschten wesentlich war (z. B. der Arbeitnehmer erreicht seine Einstellung mit Hilfe gefälschter Zeugnisse, deren Vorlage gefordert war).

Ob auch ein **Verschweigen** eine Anfechtung wegen arglistiger Täuschung rechtfertigt, hängt davon ab, ob der Arbeitnehmer aus besonderen Gründen zur Aufklärung verpflichtet ist. Dies kommt vor allem bei ausdrücklichem Befragen durch den Arbeitgeber in Betracht, aber auch dann, wenn man nach Treu und Glauben von ihm eine Aufklärung erwarten kann (z.B. Schwangerschaft bei Mannequin). Das bloße Verschweigen ungünstiger Tatsachen reicht regelmäßig nicht aus (z.B. der Arbeitnehmer verschweigt in seiner Bewerbung die fristlose Entlassung durch den früheren Arbeitgeber). Vgl. zur Offenbarungspflicht des Arbeitnehmers oben Rz. 136f. **170**

Ist der Arbeitsvertrag durch **Drohung** zustande gekommen, kann er gleichfalls von dem bedrohten Teil angefochten werden (z.B. ein Arbeitgeber droht mit Strafanzeige, falls der Arbeitnehmer nicht bei ihm arbeiten will). **171**

Die Anfechtung wegen Täuschung und Drohung muß binnen Jahresfrist nach Kenntnis des Anfechtungsgrundes oder nach Aufhören der Zwangslage erfolgen (§ 124 BGB). Im Einzelfall ist jedoch zu prüfen, ob bei einer Fortsetzung des Arbeitsverhältnisses und späterer Anfechtung nicht ein stillschweigender Verzicht auf das Anfechtungsrecht oder dessen Verwirkung vorliegt. **172**

Bei arglistiger Täuschung und Drohung entfällt der Arbeitsvertrag rückwirkend bis zum Zeitpunkt des letzten tatsächlichen Arbeitstages (vgl. oben Rz. 165).

C. Welchen Inhalt hat das Arbeitsverhältnis?

I. Allgemeine Gegenüberstellung der Rechte und Pflichten

Die gegenseitigen Rechte und Pflichten aus einem Arbeitsverhältnis lassen sich jeweils für Arbeitnehmer und Arbeitgeber nach Haupt- und Nebenpflichten einteilen. **173**

(1) Der Arbeitnehmer ist im Rahmen des vertraglich Vereinbarten zur **Arbeitsleistung** gemäß der näheren Weisung des Arbeitgebers verpflichtet. Dem steht die **Lohnzahlungspflicht** des Arbeitgebers gegenüber. Beide Hauptleistungspflichten stehen grundsätzlich im Gegenseitigkeits- oder Austauschverhältnis. **174**

175 (2) Daneben besteht für beide Vertragsteile die **Nebenpflicht,** sich so zu verhalten, daß die Interessen des anderen Vertragsteiles im Rahmen des Zumutbaren und Angemessenen gewahrt werden. Für den Arbeitnehmer, der im Zuge seiner Arbeitsleistung notgedrungen in den Rechtskreis des Arbeitgebers eintritt, bedeutet dies beispielsweise, daß er pfleglich und schonend mit den Arbeitsmitteln seines Arbeitgebers umzugehen und etwaige Geschäftsgeheimnisse zu wahren hat. In besonderen Ausnahmesituationen ist er auch über die vertraglichen Vereinbarungen hinaus zum Einsatz verpflichtet (z.B. bei Brand und Überschwemmung). Früher wurde diese Verpflichtung des Arbeitnehmers Treuepflicht genannt. Der Arbeitgeber ist demgegenüber beispielsweise gehalten, in seinem Rechtskreis alles erforderliche und zumutbare zu veranlassen, daß dem Arbeitnehmer an seiner Person sowie an den von ihm eingebrachten persönlichen Sachen kein Schaden entsteht (sogenannte Fürsorgepflicht).

II. Inhalt

176 Der Inhalt des Arbeitsverhältnisses wird bestimmt

(1) vom Gesetz, soweit dessen Vorschriften zwingend sind oder es an einer Vereinbarung zwischen Arbeitnehmer und Arbeitgeber fehlt;

(2) vom Tarifvertrag;

(3) für Bauarbeiten ggf. durch Rechtsverordnung des Bundesministers für Arbeit gemäß § 1 Abs. 3a AEntG. Danach kann das Ministerium, sofern ein Antrag auf Allgemeinverbindlicherklärung eines Tarifvertrages gestellt worden ist, bestimmen, daß die Rechtsnormen dieses Tarifvertrages auf alle unter den Geltungsbereich dieses Tarifvertrages fallenden und nicht tarifgebundenen Arbeitgeber und Arbeitnehmer Anwendung finden. Einbezogen sind auch Arbeitgeber mit Sitz im Ausland;

(4) ggf. durch sog. Mindestarbeitsbedingungen nach dem Gesetz vom 11. 1. 1952 (bislang noch nicht vorgekommen);

(5) durch Betriebsvereinbarung;

(6) durch den Arbeitsvertrag;

(7) durch sogenannte betriebliche Übung;

(8) durch die Verkehrssitte oder Ortsüblichkeit und
(9) durch die Weisung des Arbeitgebers.

Die vorgenannten Rechtsquellen bestimmen den Inhalt der wechselseitigen Pflichten von Arbeitgeber und Arbeitnehmer. Sie stehen zueinander in einem **Rangverhältnis** der Über- und Unterordnung entsprechend der Nummerierung. Dabei ist jedoch zu beachten, daß die arbeitsrechtlichen Bestimmungen in der Regel Schutzbestimmungen zugunsten des Arbeitnehmers sind. Niedrigerrangige Normen dürfen daher in der Regel zugunsten des Arbeitnehmers von der höherrangigen abweichen, nicht jedoch zu Ungunsten (sogenanntes **Günstigkeitsprinzip**).

III. Die gegenseitigen Rechte und Pflichten im einzelnen

1. Die Arbeitspflicht

a) Persönliche Erbringung der Arbeitsleistung

Der Arbeitnehmer hat seine **Arbeitsleistung persönlich** zu er- 177
bringen (§ 613 Satz 1 BGB), »im Zweifel«, d.h., falls keine andersartige Vereinbarung mit dem Arbeitgeber vorliegt, muß er also selbst arbeiten. Nur wenn der Arbeitgeber z.B. im Falle der Verhinderung mit der Stellung eines Ersatzmannes einverstanden ist, kann dieser den Arbeitnehmer vertreten. In vielen Zweigen der Wirtschaft ist dies auch ohne besondere Vereinbarung üblich (z.B. bei Musikkapellen, ständig zusammenarbeitenden Putzerkolonnen, Reinigungskräften).

b) Art der Arbeitsleistung

Art und Inhalt der Arbeitspflicht ergeben sich in erster Linie 178
aus dem schriftlich oder mündlich abgeschlossenen Arbeitsvertrag und im übrigen, soweit derartige genaue Vereinbarungen fehlen, aus der allgemeinen Verkehrsauffassung. Aus ihr ist regelmäßig zu entnehmen, was von dem Arbeitnehmer im Rahmen seiner Arbeitspflicht im einzelnen gefordert werden kann. So hat z.B. der Schlossergeselle seinen Arbeitsplatz zu säubern, der Kraftfahrer kann zur Pflege des von ihm gefahrenen Wagens angehalten werden. Vom Schlossergesellen die Ausführung von Maurerarbeiten und vom Kraftfahrer das

Klopfen von Teppichen zu verlangen, entspricht nicht der allgemeinen Verkehrsauffassung, es sei denn, daß die Arbeitspflicht vor oder während des Arbeitsverhältnisses ausdrücklich oder stillschweigend einvernehmlich auf derartige Tätigkeiten erweitert worden ist. Auch der Tarifvertrag kann für Art und Inhalt der Arbeitspflicht maßgebend sein.

179 Innerhalb dieses Rahmens wird die Arbeitspflicht durch das Weisungsrecht des Arbeitgebers konkretisiert (vgl. oben Rz. 93f.). Eine rechtmäßige Weisung hat der Arbeitnehmer aufgrund seiner Arbeitspflicht zu befolgen. Widersetzt er sich ihr, so kann ihm unter Umständen nach Abmahnung gekündigt werden. Die Weisung ist rechtmäßig, wenn sie

- sich im Rahmen des vertraglich bzw. tarifvertraglich vereinbarten Inhalts des Arbeitsverhältnisses hält. Der vertragliche Inhalt des Arbeitsverhältnisses kann sich im Laufe der Zeit durch ständige gemeinsame Übung der Vertragsparteien erweitern oder verengen (z.B. Chauffeur befolgt seit Jahren die Anweisung des Arbeitgebers und klopft Teppiche; ein »kaufmännischer Angestellter« wird über Jahre hinweg mit qualifizierten Aufgaben in der Bilanzbuchhaltung beschäftigt: Hier kann die vereinbarte Tätigkeit sich auf qualifizierte kaufmännische Arbeiten konkretisiert haben mit der Folge, daß die Zuweisung einfacherer kaufmännischer Tätigkeiten im Lohnbüro vertragswidrig wäre);
- der Billigkeit entspricht. Gemäß § 315 BGB ist nämlich eine einseitige Leistungsbestimmung, also auch die Anweisung des Arbeitgebers, im Zweifel nach billigem Ermessen zu treffen. Dies ist der Fall, wenn der Arbeitgeber die wesentlichen Umstände des Falles abgewogen und die beiderseitigen Interessen angemessen berücksichtigt hat (BAG Urteil vom 19. 6. 1985, DB 1986 S. 132).

c) Ort der Arbeitsleistung

180 In gleicher Weise regelt sich der **Ort der Arbeitsleistung**. Regelmäßig ist es der Betrieb des Arbeitgebers. Hat er mehrere Betriebe, so ist es der Einstellungsbetrieb. Eine Versetzung in eine andere Stadt kommt dann nur in Betracht, wenn es ausdrücklich oder stillschweigend vereinbart wurde oder der Arbeitnehmer sich einverstanden erklärt hat. Versetzungen in einen anderen Betrieb in derselben Stadt dürften sich hingegen im Rahmen des vertraglich vereinbarten halten. Auch werden sie nur unter besonderen Umständen billigem Ermessen widersprechen (vgl. oben Rz. 179).

d) Zeit der Arbeitsleistung

Bei der Arbeitszeit stellen sich 3 Fragen: Wie lange darf ein **181** Arbeitnehmer längstens arbeiten (Höchstarbeitszeit)? Wie lange hat er tatsächlich zu arbeiten (effektive Dauer der Arbeitszeit)? Wann genau hat er zu arbeiten (Lage der Arbeitszeit)?

Mit der **Höchstarbeitszeit** ist der Gesundheits- und Persönlichkeitsschutz des Arbeitnehmers angesprochen. Hier finden sich daher zwingende gesetzliche Regelungen im Arbeitszeitgesetz, Mutterschutzgesetz, Jugendarbeitsschutzgesetz sowie mittelbar auch im Ladenschlußgesetz.

Die effektive **Dauer der Arbeitszeit** wird typischerweise im Tarifvertrag geregelt (z. B. 35- oder 40-Stundenwoche). Findet kein Tarifvertrag Anwendung, ist der Arbeitsvertrag maßgeblich. Enthält auch dieser keine ausdrückliche Regelung, gilt im Zweifel die betriebsübliche Arbeitszeit als vereinbart.

Die **Lage der Arbeitszeit,** d.h. ihre Verteilung auf die Wochentage sowie Beginn und Ende der täglichen Arbeitszeit und Lage der Pausen, fällt typischerweise in das Direktionsrecht des Arbeitgebers, sofern nicht ausnahmsweise eindeutige vertragliche Abreden getroffen wurden. Zu beachten ist das echte Mitbestimmungsrecht des Betriebsrates gemäß § 87 Abs. 1 Nr. 2 BetrVG in dieser Frage. Gewöhnlich wird daher die Lage der Arbeitszeit durch Betriebsvereinbarung geregelt.

Mehrarbeit ist die Arbeitszeit, die über die regelmäßige Ar- **182** beitszeit hinaus erbracht wird. Auch hier dürfen die Höchstgrenzen des Arbeitszeitgesetzes nicht überschritten werden. Gemäß § 3 Arbeitszeitgesetz kann die werktägliche Arbeitszeit auf bis zu 10 Stunden in der Regel nur verlängert werden, wenn innerhalb von 6 Kalendermonaten oder innerhalb von 24 Wochen im Durchschnitt 8 Stunden werktäglich (= 48 Std./Woche) nicht überschritten werden. Eine andere Frage ist es, ob der Arbeitnehmer zur Leistung solcher Mehrarbeit (Überstunden) verpflichtet ist. Eine solche Verpflichtung besteht ausnahmsweise in besonderen betrieblichen Notfällen auch ohne Vereinbarung im Arbeitsvertrag (sogenannte Treuepflicht). Bei leitenden Angestellten wird im Hinblick auf die gesteigerte Interessenwahrungspflicht und das regelmäßig hohe Gehalt allgemein eine Verpflichtung zur Ableistung betriebsnotwendiger Mehrarbeit angenommen. Von diesen Fällen abgesehen ist der Arbeitnehmer nur zur Leistung von Überstunden verpflichtet, wenn und soweit dies in einem Tarifvertrag oder – ausdrücklich oder stillschweigend – im Arbeitsvertrag geregelt ist.

183 Von **Teilzeitbeschäftigung** spricht man, wenn eine kürzere regelmäßige Arbeitszeit vereinbart ist als diejenige vergleichbarer vollzeitbeschäftigter Arbeitnehmer des Betriebes. Auf Teilzeitbeschäftigte findet das Arbeitsrecht uneingeschränkt Anwendung. Dies gilt – entgegen einer landläufigen Meinung – auch für geringfügig Beschäftigte (sogenannte »630 DM-Arbeitsverhältnisse«). § 2 Abs. 1 des BeschFG bestimmt, daß Teilzeitbeschäftigte nicht wegen der Teilzeitarbeit gegenüber vollzeitbeschäftigten Arbeitnehmern unterschiedlich behandelt werden dürfen, es sei denn, daß sachliche Gründe eine unterschiedliche Behandlung rechtfertigen. Diese Vorschrift ist zwingend und kann auch durch Tarifvertrag nicht zum Nachteil von Teilzeitbeschäftigten abgeändert werden (BAG Urteil vom 29. 8. 1989, DB 1989 S. 233). Oft verbirgt sich hinter einer unterschiedlichen Behandlung von Teilzeitbeschäftigten eine geschlechtsspezifische Diskriminierung, nämlich wenn zur Gruppe der Teilzeitbeschäftigten wesentlich mehr Frauen als Männer zählen. In einer Vielzahl von Entscheidungen hat der Europäische Gerichtshof in solchen Fällen eine Verletzung des Verbots der Geschlechtsdiskriminierung aus Art. 119 EWG-Vertrag angenommen. So dürfen Teilzeitbeschäftigte beispielsweise regelmäßig nicht von einer betrieblichen Altersversorgung ausgenommen werden.

184 Wird die **Arbeitszeit** dem **Arbeitsanfall** angepaßt, so erfordert dies eine entsprechende Vereinbarung zwischen Arbeitgeber und Arbeitnehmer, in der auch eine bestimmte Dauer der Arbeitszeit festgelegt wird. Fehlt es an letzterem, gilt eine wöchentliche Arbeitszeit von zehn Stunden als vereinbart.
Eine Arbeitspflicht besteht für die Arbeitnehmer nur, wenn ihnen der Arbeitgeber die Lage der Arbeitszeit jeweils mindestens vier Tage im voraus mitteilt. Fehlt eine Vereinbarung über die tägliche Arbeitszeit, hat der Arbeitgeber die Arbeits-

leistung des Arbeitnehmers für mindestens drei aufeinanderfolgende Stunden entgegenzunehmen (§ 4 BeschFG).

Schließlich trifft das BeschFG in § 5 auch Regelungen für den Fall der **Arbeitsplatzteilung** zwischen 2 und mehreren Arbeitnehmern. Fällt einer der Arbeitnehmer z.B. krankheitsbedingt aus, so sind die übrigen zur Vertretung nur verpflichtet, wenn dies für den konkreten Vertretungsfall jeweils vereinbart wird. Vorab kann eine Verpflichtung zur Vertretung nur für den Fall eines dringenden betrieblichen Erfordernisses vereinbart werden; auch in diesem Fall entfällt die Verpflichtung bei Unzumutbarkeit. Scheidet ein Arbeitnehmer aus der Arbeitsplatzteilung aus, so darf der Arbeitgeber aus diesem Grunde dem verbleibenden Arbeitnehmer keine Beendigungskündigung, sondern allenfalls eine Änderungskündigung aussprechen (§ 5 Abs. 2 BeschFG). **185**

Bei Arbeitnehmern, die sich in bestimmten Gruppen auf bestimmten Arbeitsplätzen abwechseln, gelten die vorstehenden Regeln entsprechend (§ 5 Abs. 3 BeschFG).

Durch Tarifvertrag kann auch zuungunsten des Arbeitnehmers von diesen Vorschriften abgewichen werden (§ 6 BeschFG). **186**

e) Kurzarbeit

Kurzarbeit richtet sich nach Tarifvertrag oder Betriebsvereinbarung (§ 87 Abs. 1 Ziff. 3 BetrVG). Fehlt es an einer tariflichen Regelung oder besteht im Betrieb kein Betriebsrat, muß eine Vereinbarung zwischen Arbeitgeber und den betroffenen Arbeitnehmern vorliegen. Kommt diese nicht zustande, muß der Arbeitgeber zur Kündigung, evtl. auch zur Änderungskündigung (vgl. Rz. 429ff.) schreiten, wenn aus einem dringenden betrieblichen Erfordernis in seinem Betrieb nicht mehr die volle Arbeitszeit gefahren werden kann. **187**

Kurzarbeitergeld kann beim Arbeitsamt beantragt werden.

f) Annahmeverzug/Leistungsverzug

Kann der Arbeitnehmer seine Arbeitsleistung nicht erbringen, so gilt folgendes:

Nimmt der Arbeitgeber sie nicht an (z.B. er lehnt die Beschäftigung ab, weil er keine Aufträge oder seinen Betrieb veräußert hat), gerät er in **Annahmeverzug**. Er bleibt zur Lohnzahlung verpflichtet, ohne daß der Arbeitnehmer nach- **188** leisten muß (§ 615 Satz 1 BGB). Voraussetzung für den Lohnanspruch des Arbeitnehmers ist, daß er seine Arbeitsleistung angeboten hat (§§ 294, 295, 297 BGB). Daß den Arbeitgeber kein Verschulden an der Nichtannahme der Arbeitsleistung trifft, ist grundsätzlich unerheblich. Der Annahmeverzug dauert so lange, wie der Arbeitgeber die Arbeitsleistung nicht entgegennimmt. Im Falle der ungerechtfertigten fristlosen Entlassung des Arbeitnehmers, hat der Arbeitgeber allerdings die Initiative zu ergreifen und dem Arbeitnehmer einen funktionsfähigen Arbeitsplatz zuzuweisen; zur Weiterarbeit ist der Arbeitnehmer regelmäßig erst **verpflichtet,** wenn der Arbeitgeber die ungerechtfertigte Kündigung zurücknimmt. Entsprechendes gilt bei einer ordentlichen Kündigung.

Ist der Arbeitnehmer während des Kündigungsschutzprozesses ein anderweitiges Arbeitsverhältnis eingegangen, so behält er grundsätzlich seinen Anspruch aus Annahmeverzug gegen den Arbeitgeber, wenn sich die Kündigung später als unwirksam erweist. Er muß sich jedoch den Verdienst aus dem neuen Arbeitsverhältnis anrechnen lassen (§ 615 Satz 2 BGB). Das gleiche gilt für einen Verdienst, den er böswillig nicht erzielt.

189 Die Verpflichtung zur Arbeitsleistung entfällt, wenn diese dem Arbeitnehmer **unmöglich** wird (§ 275 BGB).

190 Hat weder der Arbeitnehmer noch der Arbeitgeber diese Unmöglichkeit zu vertreten (z.B. Erdbeben zerstört Betrieb), entfällt der Anspruch auf den Lohn (§ 323 BGB).

191 Hat dagegen der Arbeitgeber diese Unmöglichkeit verschuldet (z.B. eigene Brandstiftung), behält der Arbeitnehmer seinen Lohnanspruch (§ 324 BGB). Hierher gehört auch das Problem, ob der Arbeitgeber den Lohn weiterzuzahlen hat, wenn eine nicht direkt von ihm zu vertretende Betriebsstokkung eintritt (z.B. Auftrags- oder Rohstoffmangel, betriebstechnische Störungen in der Form von Maschinenschäden). Es handelt sich um die Frage des sog. **Betriebsrisikos**. Die in Rechtsprechung und Rechtslehre vertretene Auffassung geht heute dahin, daß das Betriebsrisiko grundsätzlich vom Arbeitgeber zu tragen ist. Der Lohnanspruch des Arbeitnehmers besteht also in einem solchen Fall fort.

192 Ist dagegen die Unmöglichkeit der Erbringung der Arbeitsleistung vom Arbeitnehmer zu vertreten, wird er zwar von seiner Verpflichtung zur Arbeitsleistung frei, bleibt aber schadensersatzpflichtig (§ 325 BGB). Zur Nacharbeit ist der Arbeitnehmer für die Zukunft nicht verpflichtet, da er schon ohnedies seine regelmäßige Arbeitszeit beim Arbeitgeber verbringen muß. Verpflichtet sich der Arbeitnehmer also nicht freiwillig zur Nacharbeit, hat er den Schadensersatz in Geld zu leisten.

g) Verletzung der Arbeitspflicht durch den Arbeitnehmer

Verletzt der Arbeitnehmer schuldhaft seine Arbeitspflicht, in- **193**
dem er entweder gar nicht arbeitet (sogenanntes Blaumachen) oder aber seine Arbeitsleistung fehlerhaft erbringt (z.B. Arbeitsgeräte beschädigt oder nicht ordnungsgemäße Arbeitsergebnisse liefert), kommen für ihn grundsätzlich 3 nachteilige Konsequenzen in Betracht, nämlich Lohneinbußen, Kündigung und Schadensersatzforderungen.

aa) Lohnkürzung

Lohneinbußen treffen den Arbeitnehmer regelmäßig, wenn er **194**
unentschuldigt fehlt. Eine Nachleistung der Arbeit scheidet regelmäßig aus, da sie zu einer bestimmten Zeit geschuldet wurde. Die Leistung des Arbeitnehmers ist unmöglich geworden. Er verliert insoweit auch den Anspruch auf die Gegenleistung, d.h. die Vergütung (§§ 320, 323 BGB).

Bei bloßer **Schlechtleistung,** etwa Ablieferung einer nicht ord- **195**
nungsgemäßen Arbeit, bleibt der Arbeitgeber zur vollen Lohnzahlung verpflichtet. Minderungsvorschriften wie beispielsweise im Kaufrecht bestehen nicht. In Betracht kommt lediglich, daß der Arbeitgeber gegen die Vergütungsansprüche mit etwaigen Schadensersatzansprüchen aufrechnet. Dabei hat er aber gesetzliche Beschränkungen zu beachten (vgl. dazu unten Rz. 203 u. 246ff.). Haben die Parteien jedoch im Rahmen einer Akkord- oder Prämienlohnregelung vereinbart, daß nur mängelfreie Arbeit bezahlt wird, kann der Arbeitgeber jedenfalls bei schuldhafter Schlechtleistung die Vergütung kürzen.

bb) Kündigungsrechtliche Folgen

Unentschuldigtes Fehlen bei der Arbeit kann je nach den Um- **196**
ständen eine ordentliche oder außerordentliche **Kündigung**

zur Folge haben. Gelegentliche Fehler oder Schlechtleistungen, die fahrlässig, nicht aber vorsätzlich eingetreten sind, rechtfertigen regelmäßig eine Kündigung nicht, sofern das Kündigungsschutzgesetz Anwendung findet. Im Wiederholungsfalle kann aber nach vorausgegangener Abmahnung je nach den Umständen eine Kündigung in Betracht kommen.

cc) Schadensersatz

197 Verletzt der Arbeitnehmer schuldhaft seine vertragliche Arbeitspflicht, **haftet** er grundsätzlich für jeden **Schaden**, der dem Arbeitgeber daraus erwächst. Ein etwaiges Mitverschulden des Arbeitgebers ist gemäß § 254 BGB zu berücksichtigen. Bleibt der Arbeitnehmer schuldhaft der Arbeit fern, hat er dem Arbeitgeber den daraus erwachsenen Schaden zu ersetzen. Muß der Arbeitgeber wegen eines Terminauftrages beispielsweise teure Ersatzkräfte einstellen, hat der Arbeitnehmer ihm für den Mehraufwand Ersatz zu leisten.

198 Besonderheiten gelten aber bei schuldhafter Schlechtleistung der Arbeit. Liefert der Arbeitnehmer fehlerhafte Arbeitsergebnisse ab oder beschädigt er beispielsweise Produktionsmittel des Arbeitgebers, so haftet er entgegen den allgemeinen Regeln nicht für jeden schuldhaft verursachten Schaden. Vielmehr kommen die Grundsätze der **Haftungsbeschränkung im Arbeitsverhältnis** zur Anwendung, wie sie von der Rechtsprechung entwickelt wurden. Danach ist zu berücksichtigen, daß der Arbeitnehmer weisungsgebunden in einer fremdbestimmten betrieblichen Organisation für den Arbeitgeber seine Arbeitsleistung zu erbringen hat. Die Überbürdung des Betriebs- und Unternehmerrisikos auf den Arbeitnehmer für jede schuldhafte Schlechtleistung ist angesichts der menschlichen Fehlbarkeit unangemessen, zumal der Arbeitnehmer die Risiken häufig nicht abschätzen oder steuern oder sich gegen sie absichern kann (z. B. Unfall mit einem Gefahrguttransporter aufgrund geringfügiger Unachtsamkeit des Fahrers).

Es gelten folgende Regeln:

199 – Schäden, die ein Arbeitnehmer **vorsätzlich oder grob fahrlässig** verursacht, sind regelmäßig von ihm allein zu tragen. Ausnahmsweise kann bei grober Fahrlässigkeit – niemals bei Vorsatz – ein Teil des Schadensrisikos auf den Arbeitgeber entfallen, insbesondere wenn ein deutliches Mißverhältnis zwischen der Arbeitsvergütung und dem Schadensrisiko besteht.

- Bei sogenannter **normaler oder mittlerer Fahrlässigkeit** ist der Schaden zwischen Arbeitgeber und Arbeitnehmer zu teilen. Dabei sind die Gesamtumstände der Schadensentstehung nach Billigkeit und Zumutbarkeit gegeneinander abzuwägen. Unter anderem sind zu berücksichtigen die Gefahrgeneigtheit der Arbeit, ein vom Arbeitgeber einkalkulierbares und durch Versicherung abdeckbares Risiko, die Stellung des Arbeitnehmers im Betrieb sowie die Höhe des Arbeitentgeltes. **200**
- Bei sogenannter **leichtester Fahrlässigkeit** hat der Arbeitgeber aus dem Gesichtspunkt des Betriebsrisikos den Schaden allein zu tragen. **201**

Hat der Arbeitnehmer für die Beschädigung eines von ihm gefahrenen Kraftfahrzeuges des Arbeitgebers hiernach zu haften, so kann sich die Haftung auf den Betrag einer üblichen Selbstbeteiligung beschränken, wenn der Arbeitgeber für das Unfallfahrzeug keine Kaskoversicherung abgeschlossen hatte (BAG Urteil vom 24. 11. 1987, NZA 1988, S. 579).

Diese Grundsätze gelten bei **Schädigung dritter Personen** außerhalb des Arbeitsverhältnisses nicht. Solchen Personen gegenüber haftet der Arbeitnehmer zusammen mit dem Arbeitgeber grundsätzlich gesamtschuldnerisch, der Arbeitgeber aus seinem besonderen Rechtsverhältnis zu ihnen (z. B. Werkvertrag oder Gefährdungshaftung als Halter eines Kfz), der Arbeitnehmer aus dem rechtlichen Gesichtspunkt der unerlaubten Handlung (§ 823 BGB). Allerdings hat der Arbeitgeber den Arbeitnehmer gegenüber dem geschädigten Dritten in dem Umfang von der Haftung freizustellen, wie der Arbeitnehmer von der Haftung frei wäre, wenn er den Arbeitgeber selbst geschädigt hätte. Das gleiche gilt, wenn der Arbeitnehmer bei der Arbeit selbst Sachschäden erleidet (zu Körperschäden s. u. Rz. 271 ff.). **202**

Beispiele: **203**

- Malergeselle beschädigt bei der Arbeitsleistung ein Gemälde des Auftraggebers;
- Kraftfahrer beschädigt im Straßenverkehr mit dem Wagen des Arbeitgebers ein anderes Fahrzeug;

– Arbeitnehmer setzt in betrieblichem Interesse sein Privatfahrzeug ein und verursacht einen Unfall.

204 Sind dem Arbeitnehmer Warenbestände oder eine Kasse anvertraut, so kommt eine Haftung für eine etwaige Fehlmenge in Betracht (sogenannte **Mankohaftung**). Hierfür hat die Rechtssprechung besondere Grundsätze entwickelt, insbesondere zu der oft schwierigen Beweislastverteilung. Haben die Vertragsparteien vereinbart, daß der Arbeitnehmer für jedes Manko unabhängig von einem Verschulden einzustehen hat, so ist eine solche Abrede nur wirksam, wenn dem Arbeitnehmer als Ausgleich hierfür eine angemessene Zahlung zugesagt wird (sogenanntes Mankogeld).

205 Kann der Arbeitgeber vom Arbeitnehmer nach den vorstehenden Grundsätzen Schadensersatz verlangen, so kann er seine Forderung grundsätzlich auch im Wege der **Aufrechnung gegen die Vergütungsansprüche** des Arbeitnehmers durchsetzen. Dabei hat er allerdings zu beachten, daß gegen Ansprüche auf Arbeitsvergütung eine Aufrechnung zur im Rahmen der Pfändungsfreigrenzen erfolgen kann (vgl. Rz. 246ff.). Eine Ausnahme besteht nur im Falle vorsätzlicher Schädigung des Arbeitnehmers (z.B. Diebstahl, Betrug, Unterschlagung, Sachbeschädigung): Hier steht dem Arbeitgeber ein volles Aufrechnungsrecht gegen Lohnansprüche zu (§ 394 BGB).

h) Die Strafabreden

206 Schuldhafte Verletzungen der Arbeitspflicht durch den Arbeitnehmer können durch die entsprechende Vereinbarung einer sog. Strafabrede geahndet werden (Betriebsvereinbarung oder einzelarbeitsvertragliche Abmachung).

207 Bei allgemeinen **betrieblichen Ordnungsstrafen** besteht auf seiten des Betriebsrats, wie die Möglichkeit der Regelung durch Betriebsvereinbarung bereits zeigt, ein echtes Mitbestimmungsrecht (§ 87 Abs. 1 Nr. 1 BetrVG), soweit es sich um Fragen der Ordnung des Betriebes und um das Verhalten der Arbeitnehmer im Betrieb handelt. Dabei kommen nicht nur Regelungen dieser Art, die die Interessen des Arbeitgebers an der Erfüllung der Einzelarbeitsverträge angehen, in Betracht. Auch allgemeine betriebliche Interessen, die die ganze Betriebsgemeinschaft berühren, können Gegenstand der Festsetzung bestimmter Ordnungsstrafen sein (z.B. größere Verspätungen bei Arbeitsbeginn; Verunreinigung sozialer Betriebseinrichtungen).

Im Falle von **Strafabreden im Einzelarbeitsvertrag** verfällt die **208**
Strafe, wenn der Arbeitnehmer mit der geschuldeten Leistung in Verzug kommt oder wenn er eine Unterlassung begeht, bezüglich der ihm ausdrücklich eine bestimmte Handlungsweise aufgetragen worden ist. Stets ist genau zu prüfen, welche Pflichtverletzung mit Strafe bedroht ist. Ist die Vertragsstrafe für den Falle des »Vertragsbruchs« bedungen, so dürfte damit nur der endgültige Nichtantritt der Arbeitsstelle oder aber die unrechtmäßige fristlose Kündigung durch den Arbeitnehmer gemeint sein. Die verwirkte Vertragsstrafe kann auf Antrag des Verpflichteten auf ihre Angemessenheit hin durch das Arbeitsgericht nachgeprüft und, wenn überhöht, entsprechend herabgesetzt werden (§§ 339 bis 345 BGB).

2. Lohnzahlungspflicht

a) Höhe des Lohnes

Der Arbeitgeber hat dem Arbeitnehmer für seine Arbeitslei- **209**
stung Lohn bzw. Gehalt zu zahlen.

Die **Höhe des Lohnes** ergibt sich, wie bereits bei der Darstellung des Tarifvertrages gezeigt wurde (vgl. Rz. 50), bei tarifgebundenen Parteien sowie im Falle der Allgemeinverbindlichkeit aus dem entsprechenden Lohntarif (Gehaltstarif). In den übrigen Fällen beruht sie auf der zwischen Arbeitgeber und Arbeitnehmer getroffenen Lohnvereinbarung.

Sie kann auch auf zwingenden gesetzlichen Bestimmungen be- **210**
ruhen (z.B. Entgeltfortzahlungsgesetz, Mutterschutzgesetz usw.). Fehlt es an einer Lohnvereinbarung zwischen Arbeitnehmer und Arbeitgeber, so gilt der Tariflohn als taxmäßige Vergütung. Besteht kein Tarifvertrag, so ist die Vergütung zu zahlen, die in dem betreffenden Wirtschaftszweig üblich ist (§ 612 Abs. 2 BGB). In Ausnahmefällen kann auch eine Betriebsvereinbarung die Lohnhöhe bestimmen, falls der einschlägige Tarifvertrag dies ausdrücklich zuläßt (§ 77 Abs. 3 Satz 2 BetrVG).

b) Gleichbehandlung von Männern und Frauen

Für gleiche oder gleichwertige Arbeit darf nicht wegen des **211**
Geschlechts des Arbeitnehmers eine geringere Vergütung ver-

einbart werden als bei einem Arbeitnehmer des anderen Geschlechts (§ 612 Abs. 3 BGB). Eine Lohnminderung wegen des Geschlechts ist also unzulässig. Knüpft die Unterscheidung nicht direkt an das Geschlecht, sondern an andere Merkmale an (z.B. Teilzeitarbeit), kann doch eine sog. **mittelbare Diskriminierung** vorliegen, wenn tatsächlich wesentlich mehr Frauen (oder aber Männer) davon betroffen werden. Die Vereinbarung einer geringeren Vergütung wird auch nicht dadurch gerechtfertigt, daß wegen des Geschlechts besondere Schutzvorschriften gelten. Im Streitfall hat die Arbeitnehmerin die Tatsachen glaubhaft zu machen, die eine Benachteiligung wegen des Geschlechts vermuten lassen. Danach trägt der Arbeitgeber die Beweislast dafür, daß nicht auf das Geschlecht bezogene, sondern sachliche Gründe eine unterschiedliche Bezahlung rechtfertigen oder das Geschlecht unverzichtbare Voraussetzung für die auszuübende Tätigkeit ist (§§ 612 Abs. 3, 611a Abs. 1 Satz 3 BGB). Auch Frauen benachteiligende Tarifbestimmungen – gleich welcher Art – sind nichtig (Art. 3 Abs. 2 GG). Das gilt auch für Arbeitsverträge, soweit sie geschlechtsdiskriminierende Arbeitsbedingungen enthalten.

c) Mehrarbeit

212 Mehrarbeit (also Überstunden, Sonntags-, Feiertags- und Nachtarbeit) wird bei Tarifgebundenheit der Parteien mit den im Tarifvertrag vorgesehenen Zuschlägen zum Normallohn vergütet. Kommt kein Tarifvertrag zur Anwendung, können die Parteien einen angemessenen Mehrarbeitszuschlag vereinbaren. Pauschalabgeltung von Mehrarbeitsstunden ist, wenn sie ausdrücklich vereinbart ist und ein angemessenes Verhältnis zur Zahl der geleisteten Mehrarbeitsstunden besteht, zulässig.

Bei tarifgebundenen Vertragsparteien ist bei der Vereinbarung einer Pauschalabgeltung von Mehrarbeit Vorsicht geboten. Auch an das Geschlecht anknüpfende benachteiligende Tarifbestimmungen – gleich welcher Art – sind nichtig (Art. 3 Abs. 2 GG). Das gilt auch für Arbeitsverträge, soweit sie geschlechtsdiskriminierende Arbeitsbedingungen enthalten.

213 Mehrarbeitsstunden sind grundsätzlich nur dann zu bezahlen, wenn sie vom Arbeitgeber oder seinem Vertreter angeordnet worden sind. Duldet dieser ohne Anordnung die Mehrarbeitsstunden oder kann die Arbeitsleistung ohne Mehrarbeit nicht erbracht werden, ist ebenfalls eine Vergütung zu zahlen.

d) Lohnabzüge

Lohnabzüge vorzunehmen stellt eine öffentlich-rechtliche Verpflichtung des Arbeitgebers dar. 214

Bei der Lohnsteuer ist er einbehaltungs- und abführungspflichtig. Steuerschuldner bleibt jedoch der Arbeitnehmer (§ 38 Abs. 3 EStG).

Das gleiche gilt bezüglich der Abführung der Sozialbeiträge. Diese sind grundsätzlich vom Arbeitgeber und Arbeitnehmer je zur Hälfte aufzubringen.

Die nachträgliche Einbehaltung des Arbeitnehmeranteils zur Sozialversicherung kann, wenn der sofortige Abzug schuldhaft unterblieb, vom Arbeitgeber nur bei den drei nächsten Lohn- oder Gehaltszahlungen vorgenommen werden, es sei denn, daß der Arbeitnehmer einer nachträglichen Einbehaltung ausdrücklich zustimmt (§ 28g SGB IV).

e) Lohnempfang

Der Lohn ist grundsätzlich an den Arbeitnehmer selbst zu 215
zahlen. An andere Personen darf er nur bei Vorliegen einer entsprechenden mündlichen oder schriftlichen Bevollmächtigung gezahlt werden, falls der Arbeitgeber nicht Gefahr laufen will, noch einmal zahlen zu müssen.

f) Zeit der Lohnzahlung

Die **Zeit der Lohnzahlung** berührt sowohl die Fälligkeit als 216
auch den genauen Zeitpunkt der Auszahlung.

Der Lohn wird regelmäßig nach der Erbringung der Arbeitsleistung gezahlt. Ausnahmen von diesem Grundsatz sind besonders zu vereinbaren (§ 614 BGB). Bei Angestellten erfolgt die Gehaltszahlung monatlich am Schluß des jeweiligen Monats (§ 64 Satz 1 HGB), bei Arbeitern wird manchmal wöchentlich, in der Regel aber auch monatlich gezahlt. Doch ist in dem letzteren Fall oft der Tarifvertrag oder die Ortsüblichkeit maßgebend. Daneben besteht ein echtes Mitbestimmungsrecht des Betriebsrats (§ 87 Abs. 1 Nr. 4 BetrVG). Einseitige Festsetzungen des Arbeitgebers, die nicht die Zustimmung des Betriebsrats finden, sind nichtig.

g) Ort der Lohnauszahlung

217 In bezug auf den **Ort der Lohnauszahlung** gilt das unter Rz. 213 Gesagte sinngemäß, auch soweit es das Mitbestimmungsrecht des Betriebsrats angeht.
Grundsätzlich ist daneben noch festzustellen, daß die Lohnschuld eine **Holschuld** ist, die jedoch durch Hinzutreten besonderer Umstände zur **Schickschuld** wird (§§ 269 Abs. 1, 270 Abs. 2 BGB – z. B. Arbeitgeber überweist seit geraumer Zeit den Lohn an den Arbeitnehmer; Arbeitnehmer hat vergeblich beim Arbeitgeber um die Bezahlung seines Lohnes nachgesucht).

218 Im öffentlichen Dienst und weitgehend auch in der Privatwirtschaft ist man zur bargeldlosen Zahlung des Arbeitsentgelts, also zur Überweisung auf ein Bankkonto, übergegangen. Dies kann nur im Einverständnis des Arbeitnehmers geschehen. Besteht ein Betriebsrat, hat dieser bei der Einführung der bargeldlosen Lohnzahlung ein Mitbestimmungsrecht (vgl. § 87 Abs. 1 Nr. 4 BetrVG – vgl. auch Rz. 605).

h) Lohnquittungen und Ausgleichsquittungen

219 **Lohnquittungen** bescheinigen den Erhalt des Lohnes in einer bestimmten Höhe. Sie enthalten die Vermutung der Richtigkeit für sich, wenn der Arbeitnehmer sie unterschrieben hat (§ 368 BGB). Sie sind nicht zu verwechseln mit sog. **Ausgleichsquittungen**. Diese beinhalten einen Verzichtsvertrag (§ 397 Abs. 2 BGB). (»Ich erkläre, daß keine gegenseitigen Forderungen mehr bestehen.«) Ausgleichsquittungen stehen jedoch der weiteren Geltendmachung **tariflicher** Ansprüche nicht entgegen, da diese unverzichtbar sind (§ 4 Abs. 4 TVG – vgl. Rz. 57f.). Besteht keine Tarifgebundenheit, muß der Arbeitnehmer eine einmal unterzeichnete Ausgleichsquittung gegen sich gelten lassen. Dies gilt auch für den Fall, daß Arbeitnehmer und Arbeitgeber einen bestimmten Tarifvertrag zum Inhalt des Arbeitsverhältnisses gemacht haben, ohne organisiert zu sein. Hier entsteht nämlich für den Arbeitnehmer kein tariflicher, sondern nur ein arbeitsvertraglicher Anspruch mit tariflichem Inhalt. Durch eine Ausgleichsquittung kann jeder Arbeitnehmer zugleich wirksam sowohl auf den allgemeinen Kündigungsschutz nach dem KSchG als auch auf den Sonderkündigungsschutz nach dem KSchG in Verbindung mit dem

BetrVG, dem MuSchG und dem SchwbG verzichten. Dies muß aus der Formulierung der Ausgleichsquittung eindeutig hervorgehen (z. B. »Mein Arbeitsverhältnis endet am 31. 12. 1986. Mit der Unterzeichnung verzichte ich ausdrücklich auf den mir zustehenden Kündigungsschutz nach dem KSchG sowie dem Sonderkündigungsschutz nach dem BetrVG/MuSchG/SchwbG. Soweit von mir eine Klage beim Arbeitsgericht erhoben worden ist, verpflichte ich mich zu deren Rücknahme«) oder in der Form eines Aufhebungsvertrages zum Ausdruck kommen – vgl. Rz. 296 – (z. B. »Die Vertragsparteien sind sich darüber einig, daß das Arbeitsverhältnis mit dem 31. 12. 1986 sein Ende gefunden hat. Mit der Unterzeichnung dieses Aufhebungsvertrages verzichtet Herr/Frau/Fräulein ... auf den ihm/ihr zustehenden Kündigungsschutz nach dem KSchG ...« usw. wie vorstehend).
– *BAG* Urt. v. 29. 6. 1978, EzA § 4 KSchG n. F. Nr. 13 = BB 1978, S. 1264; Urt. v. 3. 5. 1979, EzA § 4 KSchG n. F. Nr. 15 = BB 1979, S. 1197.

i) Lohnarten

Als Lohn erhält der Arbeitnehmer Geld oder Geld und Naturalien. Im letzteren Fall gelten weitreichende Einschränkungen. **220**
§ 115 Abs. 1 GewO verpflichtet den Arbeitgeber zur Berechnung und Auszahlung des Lohnes nach der geltenden Währung in bar. Die Kreditierung von Waren unter Verrechnung mit dem Barlohn ist grundsätzlich unzulässig (§ 115 Abs. 2 GewO – Verbot des sog. Trucksystems). Ausnahmen sind nur im Interesse des Arbeitnehmers bei Vermietung von Werkswohnungen, Lebensmitteln zum laufenden Bedarf, Medikamenten usw. zugelassen.
Ist der Normallohn also Geldlohn, so kann ein Teil von diesem auch in der Form von Sachbezügen gewährt werden, soweit dies der Üblichkeit des jeweiligen Wirtschaftszweiges entspricht (z. B. Unterkunft und Verpflegung bei einer Hausgehilfin).

221 **Werkswohnungen,** die ohne besonderen Mietvertrag zur Verfügung gestellt werden, stellen einen Teil des Arbeitsentgeltes dar. Bei Auflösung des Arbeitsverhältnisses ist für Räumungsklagen das Arbeitsgericht sachlich zuständig (§§ 565e BGB; 23 GVG). Liegt ein Mietvertrag vor, auch ohne daß er mit dem Arbeitsvertrag gekoppelt ist, entscheidet im Räumungsverfahren das Amtsgericht (§ 565b BGB).

k) Wichtige Lohnformen

aa) Leistungszulage

222 Sie ist entweder eine **echte Leistungszulage** oder eine **frei widerrufliche**. Der Unterschied besteht hauptsächlich darin, daß im ersten Fall die Zulage von einer Tariferhöhung nicht berührt wird (sie wird »auf den Tariflohn aufgestockt«), während im zweiten Fall die Zahlung ohne rechtliche Verpflichtung von seiten des Arbeitgebers erfolgt und es im Falle einer Tariflohnerhöhung in seinem pflichtgemäßen Ermessen liegt (»frei widerruflich«), ob er die Zulage weiterzahlt oder ob er sie wegfallen läßt (»sie wird aufgesogen«).

Rechnet der Arbeitgeber die Zulage ganz oder teilweise auf die Tariflohnerhöhung an, muß er das **Mitbestimmungsrecht** des Betriebsrates aus § 87 Abs. 1 Nr. 10 BetrVG beachten.

223 Ob eine Zulage eine echte Leistungszulage ist, ergibt sich aus den Gesamtumständen des Einzelfalles. Es muß dem offenbaren Willen beider Vertragsparteien entsprechen, daß die Zulage als fester Teil der Arbeitsbedingungen anzusehen ist.

Will sich der Arbeitgeber von der Zahlung einer echten Leistungszulage befreien, so kann er dies nur im Weg der Änderungskündigung, die sich nach dem KSchG richtet (vgl. Rz. 429 ff.).

bb) Gratifikationen

224 Der Anspruch auf eine Gratifikation kann auf unterschiedliche Weise begründet werden:

(1) Die Gratifikation beruht auf **Tarifvertrag, Betriebsvereinbarung oder einzelvertraglicher Vereinbarung**.

(2) Sie beruht auf **betrieblicher Übung** (stillschweigende Absprache zwischen Arbeitgeber und Arbeitnehmer, vgl. Rz. 85). Das ist dann der Fall, wenn sie wiederholt **vorbehaltlos** zu bestimmten Zeitpunkten (z. B. zu Weihnachten, dem Geburtstag des Chefs usw.) gezahlt worden ist. Das BAG hält – ebenso wie das ehemalige RAG – bei der Weihnachtsgratifikation eine Zahlung in drei Jahren hintereinander für ausreichend, um einen Rechtsanspruch des Arbeitnehmers entstehen zu lassen.

Gibt jedoch der Arbeitgeber bei jeder Zahlung oder nur einmal im Zeitraum von drei Jahren zu erkennen, daß er sich nicht binden will, macht also einen Vorbehalt (»die Zahlung erfolgt ohne Rechtsanspruch« ... »freiwillig« usw.), entsteht kein klagbarer Gratifikationsanspruch des Arbeitnehmers.
(3) Der Anspruch auf die Gratifikation kann schließlich auch auf dem **Gleichbehandlungsgrundsatz** beruhen (vgl. Rz. 83).
Ausscheiden aus dem Betrieb vor dem Zeitpunkt der Fällig- **225**
keit der Gratifikation, gröbliche Verstöße gegen die Treuepflicht und in den Fällen (1) und (2) die Kündigung der Gratifikationszusage, die bei arbeitsvertraglicher Abrede und bei betrieblicher Übung nur im Wege der Änderungskündigung (vgl. Rz. 429ff.) erfolgen kann, lassen den Gratifikationsanspruch wegfallen. Rückzahlungsvereinbarungen bei Gratifikationen über 200,00 DM sind zulässig, wenn dadurch die Kündigungsfreiheit des Arbeitnehmers nicht unbillig erschwert wird (*BAG* Urt. v. 17.3. 1982, DB 1982, S. 1881).

cc) Akkordlohn

Akkordlohn ist – im Gegensatz zum Zeitlohn – reiner Lei- **226**
stungslohn. Seine Höhe richtet sich nach dem Ergebnis der Arbeitsleistung und nicht nach der verbrachten Arbeitszeit. Man unterscheidet Stück- (Geld)- und Zeitakkord.
Beim **Stückakkord** wird für ein bestimmtes vom Arbeitnehmer **227**
fertigzustellendes Stück ein bestimmter Geldfaktor festgesetzt. Die Multiplikation der Stücke mit dem Geldfaktor ergibt den Arbeitsverdienst ohne Rücksicht auf die benötigte Arbeitszeit (z. B. der Putzer erhält pro qm 6,00 DM; hat er 100 qm zu verputzen, so beträgt sein Lohn 600,00 DM).
Beim **Zeitakkord** wird dem Arbeitnehmer zunächst für die be- **228**
treffende Arbeitsleistung eine entsprechende Zeit, also eine bestimmte Zahl von Minuten als sog. »Vorgabezeit« zugestanden. Für jede Minute der Vorgabezeit wird ein vorher festgesetzter Geldbetrag gezahlt, gleichgültig wie lange der Arbeitnehmer tatsächlich für die Arbeit gebraucht hat.
Der Effektivverdienst für jeden Arbeitnehmer errechnet sich **229**
dann aus einer Multiplikation der normal festgesetzten Minutenzahl (Zeitfaktor – Vorgabezeit) mit dem für die Minute festgesetzten Geldbetrag (Geldfaktor) und den fertiggestellten Stücken (z. B. der Arbeiter X bearbeitet bei neunstündi-

ger Arbeitszeit = 540 Minuten bestimmte Stücke. Für jedes Stück wird eine Vorgabezeit von 15 Minuten gegeben und ein Geldbetrag pro Minute von 25 Pf gezahlt. Das bedeutet, daß er bei einer neunstündigen Arbeitszeit 540 Min. × 25 Pf = 135,00 DM verdienen würde. X bearbeitet aber nun 45 Stücke. Sein Effektivverdienst errechnet sich wie folgt: Vorgabezeit – Zeitfaktor 15 × 25 = 375 Pf × 45 Stücke = 168,75 DM).

Nähere Bestimmungen der Berechnung des Akkordlohnes enthalten die Tarifverträge oder auch einzelvertragliche Abmachungen. Fast immer wird eine Beziehung zum bestehenden tariflichen Stundenlohn geschaffen. Dies geschieht entweder durch eine **Verdienstsicherungsklausel** – dem Arbeitnehmer wird ein Mindestverdienst zugesichert – oder durch die Festsetzung eines **Akkordrichtsatzes** (meist 15% über dem Stundenlohn).

Der Akkordrichtsatz kann auch Mindestverdienst sein. Maßgebend ist in jedem Fall Tarifvertrag oder Einzelvereinbarung.

230 Die **Festsetzung der Akkordsätze** geschieht durch bestimmte wissenschaftliche Methoden (z.B. REFA-Grundsätze), durch Betriebsvereinbarung, Einzelarbeitsvertrag oder aufgrund betrieblicher Übung.

231 Selten kann der Arbeitgeber die Akkordsätze einseitig festsetzen. In diesem Fall kann bei einer Änderung der neue Akkordsatz auf Antrag des Arbeitnehmers durch das Arbeitsgericht auf seine Billigkeit hin überprüft werden (§ 315 BGB).

Beruht der Akkordsatz auf einer Vereinbarung, ist eine einseitige Änderung durch den Arbeitgeber unzulässig.

Es bedarf dann einer neuen Vereinbarung, die durch Tarifvertrag, Betriebsvereinbarung oder eine Änderung des Einzelarbeitsvertrags herbeigeführt werden muß. Im letzteren Fall muß der Arbeitgeber notfalls zur Änderungskündigung schreiten (vgl. Rz. 429ff.).

232 Der Betriebsrat hat bei der Festsetzung der Akkord- und Prämiensätze und vergleichbarer leistungsbezogener Entgelte einschließlich der Geldfaktoren ein echtes Mitbestimmungsrecht (§ 87 Absatz 1 Nr. 11 BetrVG).

l) Lohnzahlung – trotz Nichtleistung des Arbeitnehmers 233

In einem gegenseitigen Vertrag gilt grundsätzlich, daß ohne Leistung auch keine Gegenleistung verlangt werden kann. Wegen des besonderen Charakters des Arbeitsverhältnisses, das zu persönlicher Arbeitsleistung verpflichtet und zugleich die Existenzgrundlage des Arbeitnehmers darstellt, ist der Grundsatz »ohne Arbeit kein Lohn« aber in wichtigen Bereichen durchbrochen: Bereits oben wurden die Fälle des Annahmeverzuges und des sogenannten Betriebsrisikos behandelt (Rz. 188). Hinzu treten die Fälle der Entgeltfortzahlung im Krankheitsfall, bei Kur und bei sonstiger persönlicher Verhinderung (zum Urlaub s.u. Rz. 274).

aa) Entgeltfortzahlung im Krankheitsfall 234

Das Entgeltfortzahlungsgesetz regelt einheitlich für alle Arbeitnehmer die Fortzahlung des Arbeitsentgeltes
– an **gesetzlichen Feiertagen** und
– im **Krankheitsfall.**

Fällt infolge eines gesetzlichen oder staatlich anerkannten kirchlichen **Feiertages** die Arbeit aus, hat der Arbeitgeber dem Arbeitnehmer das Arbeitsentgelt zu zahlen, das er ohne den Arbeitsausfall erhalten hätte – sog. Lohnausfallprinzip – § 2 Abs. 1 EntgeltfortzG. Diese Regelung gilt sinngemäß auch für Kurzarbeit, auch wenn Kurzarbeitergeld geleistet wird.

Voraussetzung für den Anspruch auf Entgeltzahlung an Feier- 235
tagen ist, daß der Arbeitnehmer einen Tag vor und einen Tag nach dem Feiertag nicht unentschuldigt gefehlt hat (§ 2 Abs. 3 EntgeltfortzG).

Alle Arbeitnehmer – also Arbeiter und Angestellte – haben 236
im **Krankheitsfall** Anspruch auf Fortzahlung des Arbeitsentgeltes in voller Höhe für die Zeit der Arbeitsunfähigkeit bis zur Dauer von 6 Wochen. Voraussetzung ist jedoch, daß ein Verschulden am Eintritt der Krankheit nicht vorliegt. Verschuldet ist die Arbeitsunfähigkeit nur, wenn sie auf einem gröblichen Verstoß gegen das von einem verständigen Menschen im eigenen Interesse zu erwartende Verhalten zurückzuführen ist und es unbillig wäre, die Folgen dieses gröblichen Verstoßes auf den Arbeitgeber abzuwälzen (unverschuldet sind z.B. Unfälle bei sozial typischen Sportarten, auch wenn

sie mit gewissen Risiken verbunden sind, wie Skifahren o. ä.; unverschuldet in diesem Sinne ist in der Regel auch die Alkoholabhängigkeit, nicht aber das Führen eines Kraftfahrzeuges unter Alkoholeinfluß). Unverschuldete Arbeitsunfähigkeit liegt auch dann vor, wenn diese in Folge einer nicht rechtswidrigen Sterilisation oder eines nicht rechtswidrigen Abbruchs der Schwangerschaft eintritt.

Der Entgeltfortzahlungsanspruch entsteht erstmals nach vierwöchiger ununterbrochener Dauer des Arbeitsverhältnisses (§ 3 Abs. 3 EFZG), und zwar von da an bis zu seiner vollen Dauer von 6 Wochen, sofern die Arbeitsunfähigkeit solange anhält.

Dauert eine Erkrankung länger als 6 Wochen, erhält der Arbeitnehmer Krankengeld von der Krankenkasse nach dem SGB V. Es beträgt 70 % des regelmäßigen Einkommens (§ 47 SGB V).

Nach Ausschöpfung des Fortzahlungszeitraumes von 6 Wochen besteht für **dieselbe Krankheit** ein erneuter Anspruch auf Entgeltfortzahlung für die Dauer von 6 Wochen erst, wenn seit der letzten Arbeitsunfähigkeit aufgrund dieser Erkrankung mindestens 6 Monate verstrichen sind oder aber seit Beginn der ersten Arbeitsunfähigkeit aufgrund dieser Erkrankung 12 Monate abgelaufen sind (§ 3 Abs. 1 EFZG).

237 Der Arbeitnehmer ist verpflichtet, dem Arbeitgeber seine Arbeitsunfähigkeit und deren voraussichtliche Dauer unverzüglich **mitzuteilen.** Dauert diese länger als drei Kalendertage, hat er eine **ärztliche Bescheinigung** über das Bestehen der Arbeitsunfähigkeit sowie die voraussichtliche Dauer spätestens am darauffolgenden Arbeitstag vorzulegen. Der Arbeitgeber kann – nach freiem Ermessen – auch eine frühere Vorlage der Arbeitsunfähigkeitsbescheinigung verlangen. Dauert die Arbeitsunfähigkeit länger als zunächst bescheinigt, hat der Arbeitnehmer eine neue Bescheinigung vorzulegen (§ 5 Abs. 1 EntgeltfortzG). Erkrankungen im **Ausland** hat der Arbeitnehmer unverzüglich anzuzeigen, und zwar sowohl dem Arbeitgeber als auch der Krankenkasse (Näheres vgl. § 5 Abs. 2 EntgeltfortzG).

238 Die **Höhe des fortzuzahlenden Arbeitsentgelts** (Rz. 236) ergibt sich aus der für den Arbeitnehmer maßgebenden regelmäßigen Arbeitszeit. Ausgenommen hiervon sind das zusätzlich für Überstunden gezahlte Arbeitsentgelt sowie Leistungen für

Aufwendungen des Arbeitnehmers, die ihm tatsächlich entstanden sind und ihm während der Arbeitsunfähigkeit zwangsläufig nicht entstehen (Spesen, Auslösung, etc.). Bezieht der Arbeitnehmer Leistungslohn (vgl. Rz. 226ff.), richtet sich sein Lohnfortzahlungsanspruch nach dem Durchschnittsverdienst, den er während der für ihn maßgebenden regelmäßigen Arbeitszeit erzielt hätte (§ 4 EntgeltfortzG).

Ist die Arbeitsunfähigkeit durch ein **Verschulden Dritter** eingetreten (z. B. durch einen Verkehrsunfall), geht der dem Arbeitnehmer zustehende Schadensersatzanspruch in Höhe des Lohnes auf den Arbeitgeber über. Diesem hat der Arbeitnehmer unverzüglich die zur Geltendmachung erforderlichen Angaben zu machen (§ 6 EntgeltfortzG). Der Arbeitgeber ist berechtigt, während der Arbeitsunfähigkeit die Fortzahlung des Arbeitsentgelts zu verweigern, **239**

1. solange der Arbeitnehmer seinen Verpflichtungen zur Vorlage einer ärztlichen Bescheinigung nicht nachkommt,
2. wenn der Arbeitnehmer den Übergang eines Schadensersatzanspruchs gegen einen Dritten verhindert (§ 7 EntgeltfortzG).

Der Anspruch auf Entgeltfortzahlung besteht auch dann bis zur Dauer von 6 Wochen, wenn der Arbeitgeber das Arbeitsverhältnis **aus Anlaß der Arbeitsunfähigkeit kündigt.** Dies gilt auch im umgekehrten Fall, wenn der Arbeitnehmer sein Arbeitsverhältnis aus einem vom Arbeitgeber zu vertretenden wichtigen Grund ohne Einhaltung einer Kündigungsfrist kündigt. Nur bei befristeten Arbeitsverhältnissen, die ohne Kündigung enden, oder bei einer Kündigung aus anderem Grund, der nicht mit der Arbeitsunfähigkeit des Arbeitnehmers in Verbindung steht, endet der Anspruch auf Entgeltfortzahlung im Krankheitsfall mit dem Ende des Arbeitsverhältnisses (§ 8 EntgeltfortzG). **240**

Durch Arbeitsvertrag kann zu Ungunsten des Arbeitnehmers von den Bestimmungen des Entgeltfortzahlungsgesetzes nicht abgewichen werden (§ 12 EntgeltfortzG). Auf die besonderen Bestimmungen für Heimarbeiter muß verwiesen werden (§ 10 EntgeltfortzG). **241**

242 **bb) Maßnahmen der medizinischen Vorsorge und Rehabilitation (Kuren und Heilverfahren)**

243 Für die Maßnahmen der medizinischen Vorsorge und Rehabilitation (früher: Kuren und Heilverfahren) gelten die Bestimmungen im Krankheitsfall im Wesentlichen entsprechend (§ 9 EFZG, § 10 BUrlG). Für eine von dem gesetzlichen Leistungsträger bewilligte und vom Arbeitnehmer stationär durchgeführte Maßnahme dieser Art hat der Arbeitgeber demgemäß bis zur Dauer von 6 Wochen Entgeltfortzahlung zu leisten. An die Stelle der Bewilligung durch den Träger tritt bei Arbeitnehmern, die nicht Mitglied in einer gesetzlichen Kranken- oder Rentenversicherung sind, die ärztliche Verordnung. Der Arbeitnehmer ist verpflichtet, dem Arbeitgeber den Zeitpunkt des Antritts einer solchen Maßnahme sowie deren voraussichtliche Dauer und Verlängerung unverzüglich unter Vorlage einer Bescheinigung des Sozialleistungsträgers oder einer entsprechenden ärztlichen Bescheinigung mitzuteilen (§ 9 EntgeltfortzG). Die früher im Anschluß an eine Kur häufig ärztlich verordnete sogenannte Schonungszeit ist allerdings entfallen. Auf den Urlaub dürfen Kuren nicht angerechnet werden, soweit ein Anspruch auf Fortzahlung des Arbeitsentgeltes nach den gesetzlichen Vorschriften über die Entgeltfortzahlung im Krankheitsfall besteht (§ 10 BUrlG).

244 **cc) Persönliche Verhinderung**

Gemäß § 616 BGB entfällt der Vergütungsanspruch des Arbeitnehmers schließlich nicht dadurch, daß dieser für eine verhältnismäßig nicht erhebliche Zeit durch einen in seiner Person liegenden Grund ohne sein Verschulden an der Arbeitsleistung verhindert ist. Von dieser Vorschrift kann allerdings durch Arbeitsvertrag oder Tarifvertrag zum Nachteil des Arbeitnehmers abgewichen werden. Sie zielt auf die typischerweise bei jeder Person einmal auftretenden Verhinderungsgründe aufgrund privater Umstände wie Todesfälle naher Angehöriger, Geburten, Hochzeiten etc.

245 Keine »in der Person des Arbeitnehmers liegenden Gründe« sind solche, die allgemein für eine Vielzahl von Arbeitnehmern die Arbeitsaufnahme verhindern (Smog-Alarm, Überschwemmungen etc.). Gemäß § 45 SGB V haben Versicherte Anspruch auf Krankengeld, wenn nach ärztlichem Zeugnis die

Pflege eines **erkrankten Kindes** unter 12 Jahren durch diese Person erforderlich ist. Der Anspruch besteht in jedem Kalenderjahr für jedes Kind längstens für 10 Tage, für alle Kinder längstens für 25 Arbeitstage, für alleinerziehende Versicherte für jedes Kind längstens für 20 Arbeitstage, für alle Kinder längstens für 50 Tage je Kalenderjahr. In diesen Fällen hat allerdings nach der Rechtsprechung des Bundesarbeitsgerichts der Arbeitgeber zumindest für die Dauer einer Woche die Arbeitsvergütung fortzuzahlen; danach leistet die Krankenkasse Krankengeld (BAG Urteil vom 20.6.1979, DB 1979, S. 1946).

m) Lohnsicherung

Neben dem bereits erörterten Verbot des Trucksystems (vgl. Rz. 220) gehören hierher:

aa) Beschränkungen der Lohnpfändungen

Sie sind geregelt in den §§ 850–850k ZPO. Geschützt sind alle Arbeitnehmer im arbeitsrechtlichen Sinne und deren Arbeitslohn. Die Benennung des Arbeitslohnes ist rechtlich ohne Bedeutung. **246**

Naturallohn, der wegen seines Charakters an sich unpfändbar ist (z. B. an einen Landarbeiter gelieferte Deputate), ist bei der Berechnung des pfändbaren Lohnteiles wertmäßig dem Geldlohn zuzuschlagen. Das während der Krankheit bezogene Arbeitsentgelt unterliegt im selben Umfang der Pfändung wie alle anderen Lohn- und Gehaltsbezüge. Auch Krankengeld ist also, soweit es die Unpfändbarkeitsgrenzen übersteigt, pfändbar. **247**

Unpfändbar sind die in den §§ 850a und e ZPO aufgeführten Teile und Arten von Arbeitseinkommen, z. B. die Hälfte der Mehrarbeitsvergütung, Treuegelder, Aufwandsentschädigungen, Erziehungsbeihilfen usw. Sie scheiden daher bei der Berechnung der Pfändungsgrenze aus (§ 850e ZPO). **248**

Das Fünfte Gesetz zur Änderung der Pfändungsfreigrenzen vom 1. 4. 1992, bestimmt folgendes:

Unpfändbar ist allgemein ein Betrag bis DM 1.209,00 bei Monatslohn, bis zu DM 279,00 bei Wochenlohn und DM 55,80 bei Tageslohn. Ist der Arbeitnehmer unterhaltspflichtig, so erhöht sich der unpfändbare Lohnteil für den ersten Unterhaltsberechtigten um DM 468,00 monatlich, DM 108,00 wöchentlich und DM 21,60 täglich, für die zweite bis fünfte Person um **249** je DM 351,00 monatlich, DM 81,00 wöchentlich und DM 16,20 täglich. Unpfändbar ist demnach insgesamt ein Gesamtbetrag von DM 3.081,00 monatlich, DM 711,00 wöchentlich und DM 142,20 täglich (§ 850c ZPO).

Übersteigt das Arbeitseinkommen des Schuldners – unter Berücksichtigung der Unterhaltsberechtigten – die vorstehenden Beträge, erhöht sich der unpfändbare Betrag um 3/10 des überschießenden Betrages, wenn keine Unterhaltsverpflichtung besteht, um 2/10 für den ersten Unterhaltsberechtigten, für den zweiten bis fünften Unterhaltsberechtigten um je ein weiteres Zehntel.

Pfändbar bleibt in jedem Fall ein Zehntel des Betrages, um den das Arbeitseinkommen die vorstehenden Grundbeträge des § 850c ZPO übersteigt. Das gilt im übrigen auch für alle Lohnbeträge, die höher sind als DM 3.796,00 monatlich, DM 876,00 wöchentlich und DM 175,20 täglich. Diese bleiben bei der Berechnung des unpfändbaren Lohnbetrages unberücksichtigt. Im einzelnen sind insoweit die pfändbaren Lohnbeträge aus der dem Gesetz anliegenden Tabelle ersichtlich.

250 Die vorstehenden Pfändungsfreigrenzen gelten nicht für gesetzliche Unterhaltsverpflichtungen. Sie werden vom Vollstreckungsgericht (Amtsgericht) für jeden Einzelfall festgesetzt. Dem Schuldner ist dabei soviel zu belassen, als er für seinen notwendigen Unterhalt und zur Erfüllung seiner laufenden gesetzlichen Unterhaltspflichten gegenüber den dem Gläubiger vorgehenden Unterhaltsberechtigten bedarf (vgl. § 850d ZPO). Die Lebensverhältnisse bzw. das Einkommen des Schuldners sowie das Alter seiner Kinder sind maßgebend.

251 Lohnverschleierungen oder Lohnschiebungsverträge verhindert § 850h Abs. 1 ZPO. Danach sind Verträge zum Nachteil pfändender Gläubiger, soweit sie echtes Arbeitseinkommen betreffen, ohne rechtliche Wirkung.

252 Nach § 850h Abs. 2 ZPO kann ein Schuldner seinen Gläubigern gegenüber nicht ohne oder gegen eine unverhältnismäßig geringe Vergütung arbeiten. Eine angemessene Vergütung gilt als geschuldet, um die Gläubiger in den Genuß eines pfändbaren Betrages kommen zu lassen. Bei der vom Arbeitsgericht im letzten Fall vorzunehmenden Festsetzung eines fingierten Arbeitseinkommens ist auf alle Umstände des Einzelfalles

(Verwandtschaft, wirtschaftliche Verhältnisse, Wert der Arbeitskraft des Schuldners usw.) Rücksicht zu nehmen.

§ 850k ZPO enthält einen Schutz der Lohn- und Gehaltskonten. Weist der Arbeitnehmer (Schuldner) nach, daß der vom Arbeitgeber (Drittschuldner) an das Geldinstitut überwiesene Betrag lediglich der unpfändbare Teil seines Nettoverdienstes war, kann er beim Amtsgericht (Vollstreckungsgericht) die Aufhebung einer Pfändung seines Kontos erreichen. **253**

bb) Rechtsgeschäftliche Verfügungen

Rechtsgeschäftliche Verfügungen über einen Lohnanspruch sind nichtig, soweit dieser der Pfändung nicht unterliegt. Er kann also im Rahmen der Pfändungsfreigrenze weder abgetreten noch verpfändet werden (§§ 400, 1274 Abs. 2 BGB). Beispiel: Arbeitnehmer kauft Fernsehapparat und tritt seinen gesamten Lohnanspruch, den er gegen den Arbeitgeber hat, an den Kaufmann ab. Diese Abtretung ist nichtig. **254**

cc) Sicherung in der Insolvenz **255**

Nach der am 1. 1. 1999 vollständig in Kraft getretenen Insolvenzordnung gelten im Falle der Insolvenz des Arbeitgebers einheitlich in der Bundesrepublik folgende Regelungen:

Mit Eröffnung des Insolvenzverfahrens rückt der **Insolvenzverwalter** automatisch in die Stellung des Arbeitgebers. Ihn treffen im Grundsatz demgemäß alle Rechte und Pflichten aus den Arbeitsverhältnissen. Diese bestehen fort, sofern der Insolvenzverwalter sie nicht unter Beachtung der gesetzlichen Bestimmungen kündigt. **256**

Dabei hat er den allgemeinen und besonderen Kündigungsschutz zu beachten. Gemäß § 113 Abs. 1 Satz 2 InsO gilt eine Kündigungsfrist von 3 Monaten zum Monatsende, wenn nicht eine kürzere Frist für das Arbeitsverhältnis maßgeblich ist. Das **Sonderkündigungsrecht** gilt auch bei vertraglich vereinbarter Unkündbarkeit und für befristete Arbeitsverhältnisse. Will sich der Arbeitnehmer gegen die Kündigung des Insolvenzverwalters zur Wehr setzen, so muß er in jedem Falle innerhalb von 3 Wochen seit Zugang der Kündigung Klage zum Arbeitsgericht erheben. Versäumt er die **Klagefrist**, ist die Kündigung insgesamt endgültig wirksam (§ 113 Abs. 3 InsO). Für die Durchführung einer Betriebsänderung durch den In- **257** solvenzverwalter, also etwa einer Betriebsstillegung oder Massenentlassung, gelten besondere Bestimmungen (§§ 121–128 InsO).

258 Rückständige **Vergütungsansprüche** der Arbeitnehmer, die **vor Insolvenzeröffnung** entstanden sind, sind beim Insolvenzverwalter anzumelden. Regelmäßig entfällt auf solche Forderungen nur eine Quote (Insolvenzgläubiger, § 38 InsO). Ansprüche für den Zeitraum **nach Insolvenzeröffnung** stellen Masseforderungen gemäß §§ 55 Abs. 1 Ziff. 2, 53 InsO dar und sind vom Verwalter vorab aus der Insolvenzmasse zu begleichen, unabhängig davon, ob der Arbeitnehmer freigestellt war oder nicht (Masseverbindlichkeit). Das ist von besonderem Interesse, wenn der Verwalter den Betrieb fortführt.

259 Haben Arbeitnehmer bei Eröffnung des Insolvenzverfahrens über das Vermögen ihres Arbeitgebers für die vorausgegangenen 3 Monate des Arbeitsverhältnisses noch rückständige Ansprüche auf Arbeitsentgelt, so steht ihnen ein Anspruch auf sogenanntes **Insolvenzgeld** in Höhe des Nettoarbeitsentgeltes aus diesem Zeitraum gemäß §§ 183 f. SGB III zu (früher: Konkursausfallgeld). Der Anspruch ist beim Arbeitsamt rechtzeitig geltend zu machen.

3. Nebenpflichten des Arbeitnehmers

260 Auch das Arbeitsverhältnis ist wie jedes Rechtsverhältnis vom Grundsatz von **Treu und Glauben** (§ 242 BGB) beherrscht, wegen seiner typischerweise langen Dauer und der persönlichen Einbeziehung der Vertragspartner sogar in besonderem Maße. Daraus ergeben sich eine Vielzahl vertraglicher Nebenpflichten von Arbeitgeber wie Arbeitnehmer, die neben die wechselseitigen Hauptpflichten aus dem Arbeitsverhältnis (Arbeitsleistung und Lohnzahlung) treten. Vielfach sind die Pflichten gesetzlich geregelt, überwiegend aber sind sie durch die Rechtssprechung aus dem Grundsatz von Treu und Glauben entwickelt worden.

261 Allgemein hat der **Arbeitnehmer** die berechtigten Interessen des Arbeitgebers so zu wahren, wie dies von ihm unter Berücksichtigung seiner Stellung im Betrieb, seiner eigenen Interessen und der Interessen der anderen Arbeitnehmer des Betriebes nach Treu und Glauben billigerweise verlangt werden kann.

Der Arbeitnehmer ist verpflichtet, **Betriebs- und Geschäftsgeheimnisse** zu wahren, an deren Geheimhaltung ein berechtigtes betriebliches Interesse besteht. Hierzu können auch strafbare Handlungen des Arbeitgebers gehören. Ihre Anzeige wird – abgesehen von schweren Straftaten – nur bei berechtigtem eigenen Interesse des Arbeitnehmers zulässig sein. **262**

Die Verletzung echter Geschäfts- oder Betriebsgeheimnisse ist gemäß § 17 des Gesetzes gegen den unlauteren Wettbewerb (UWG) unter Strafe gestellt. Auch nach Beendigung des Arbeitsverhältnisses kann unter besonderen, engen Voraussetzungen die Verpflichtung fortbestehen, Kenntnisse aus einem gesteigerten Vertrauensverhältnis weiterhin vertraulich zu behandeln. **263**

Geschäftsschädigende, insbesondere kreditgefährdende **Äußerungen,** die ohne berechtigtes Eigeninteresse oder gar wahrheitswidrig in Schädigungsabsicht gegenüber Dritten getätigt werden, stellen eine schwere Pflichtverletzung dar. **264**

Während des Arbeitsverhältnisses ist der Arbeitnehmer verpflichtet, jeglichen **Wettbewerb** zu Lasten seines Arbeitgebers zu unterlassen. Die einschlägige Regelung aus den §§ 60, 61 HGB gilt für alle Arbeitsverhältnisse (zum sog. nachvertraglichen Wettbewerbsverbot s. o. Rz. 140ff.). **265**

Die Annahme von **Schmiergeld** ist gemäß § 12 UWG verboten. Auch sie stellt eine schwere Vertragspflichtverletzung dar, zerstört sie doch das Vertrauen in die Zuverlässigkeit und Redlichkeit des Arbeitnehmers. Das Gleiche gilt für den umgekehrten Fall der aktiven Bestechung eines Vertragspartners des Arbeitgebers. Allerdings handelt hier der Arbeitnehmer regelmäßig nicht zum eigenen Vorteil, sondern zum Vorteil des Arbeitgebers. Es ist daher sorgfältig zu prüfen, ob nicht der Arbeitgeber das Handeln des Arbeitnehmers gekannt und geduldet hat. **266**

Sonstige Nebenpflichten können den Arbeitnehmer treffen etwa im Hinblick auf die **Anzeige von drohenden Schädigungen** des Arbeitgebers im betrieblichen Bereich, sowie unter Umständen auch **außerdienstlich:** Zwar ist der Arbeitnehmer grundsätzlich in der Gestaltung seiner privaten Lebensführung frei. Die Freiheit endet jedoch dort, wo sich sein privates Verhalten störend auf den Betriebsablauf auswirkt. **267**

Hier kann der Arbeitnehmer nach Treu und Glauben zur Zurückhaltung und Mäßigung verpflichtet sein (z. B. politische **268**

Meinungsäußerung eines Bankangestellten, mit der er zum Boykott von Banken aufruft, unter denen sich auch seine Arbeitgeberin befindet).

269 Allgemein läßt sich sagen, daß die Interessenwahrungspflicht bei leitenden Angestellten stärker ausgeprägt ist als bei einfachen Arbeitsverhältnissen.

4. Nebenpflichten des Arbeitgebers; Urlaubsrecht

270 Auch den **Arbeitgeber** treffen eine Vielzahl von Nebenpflichten aus dem Gesichtspunkt von Treu und Glauben (§ 242 BGB) sowie aus einer Vielzahl gesetzlicher Einzelregelungen. Ist der Arbeitnehmer verpflichtet, die Interessen des Arbeitgebers und des Betriebes nach besten Kräften zu seinen eigenen zu machen und jede Schädigung zu unterlassen, so verpflichtet dies den Arbeitgeber seinerseits, im Rahmen des Arbeitsverhältnisses sich für den Arbeitnehmer einzusetzen, ihm Schutz und Fürsorge zuteil werden zu lassen und alles zu unterlassen, was die Interessen des Arbeitnehmers schädigen kann. Diese Verpflichtung des Arbeitgebers zur Treue dem Arbeitnehmer gegenüber wird **Fürsorgepflicht** genannt. Ihre Grenzen ergeben sich aus den Grundsätzen von Treu und Glauben und der Verkehrssitte.

271 In erster Linie betrifft die Fürsorgepflicht die Sorge für **Leben und Gesundheit des Arbeitnehmers** (§§ 617, 618 BGB; 62 HGB).

Der Arbeitgeber hat Betriebsräume, Vorrichtungen und Gerätschaften im betriebssicheren Zustand zu halten. Daneben hat er die unter seiner Anordnung und Leitung stehenden Arbeitsleistungen unter Berücksichtigung der Gesundheit des Arbeitnehmers durchführen zu lassen.

Eine besondere Verpflichtung trifft ihn hierbei, wenn der Arbeitnehmer seiner eigenen Hausgemeinschaft angehört (z. B. im Handwerk bei Gesellen und Auszubildenden).

272 Stößt dem Arbeitnehmer ein Schaden während der Arbeitsdauer zu, so ist der Arbeitgeber bei schuldhafter Fürsorgepflichtverletzung unter Berücksichtigung eines etwa bestehenden Mitverschuldens des Arbeitnehmers grundsätzlich schadensersatzpflichtig (§§ 618 Abs. 3 BGB; 62 Abs. 3 HGB; 842–846; 249 BGB). Doch ist diese Schadensersatzpflicht

angesichts der gesetzlichen Zwangsversicherung des Arbeitnehmers weitgehend eingeschränkt. Der Arbeitgeber ist dem Arbeitnehmer, dessen Angehörigen und Hinterbliebenen gegenüber zum Ersatz eines Personenschadens bei einem **Arbeitsunfall** nur dann verpflichtet, wenn er diesen vorsätzlich herbeigeführt hat oder wenn dieser bei der Teilnahme am allgemeinen Verkehr eingetreten ist (§§ 103, 104 SGB VII). Für gesundheitliche Schäden, die nicht durch die Unfallversicherung gedeckt sind (z.B. Nierenleiden durch feuchten Arbeitsplatz), hat er gleichfalls einzustehen.

Der Arbeitgeber schuldet dem Arbeitnehmer darüber hinaus **273**
auch aus dem Gesichtspunkt der Fürsorge die Einhaltung einer Vielzahl von **Arbeitsschutzbestimmungen** aus den unterschiedlichsten Schutzgesetzen (z.B. Arbeitsschutzgesetz, Gerätesicherheitsgesetz, vgl. im übrigen unten Rz. 447f.).

So trifft den Arbeitgeber eine Pflicht zur **Fürsorge für das Eigentum des Arbeitnehmers**. Verletzt er diese Pflicht schuldhaft, macht er sich schadensersatzpflichtig. Bei dem Umfang seiner Haftung ist ein mitwirkendes Verschulden des Arbeitnehmers zu berücksichtigen.

Aus der Fürsorgepflicht des Arbeitgebers wurde ursprünglich **274**
auch der dem Arbeitnehmer zu gewährende **Urlaub** abgeleitet.

Sein Sinn ist es, dem Arbeitnehmer zum Zwecke der Erholung für eine bestimmte Zeit unter Fortzahlung des Durchschnittslohnes Befreiung von der Arbeit zu gewähren (Erholungsurlaub).

Der Urlaub regelt sich in erster Linie nach den für die verschiedenen Wirtschaftszweige bestehenden Tarifverträgen. Insoweit wird auf diese bestehenden Einzelregelungen Bezug genommen

Soweit der Urlaub nicht tarifvertraglich (günstiger) geregelt **275**
ist, gilt das sogenannte Mindesturlaubsgesetz für Arbeitnehmer (BUrlG). Ergänzende Sonderregelungen treffen für Schwerbehinderte § 47 SchwbG, für Jugendliche § 19 JArbSchG und für Seeleute §§ 53–60 SeemG.

Für jedes Kalenderjahr hat der Arbeitnehmer ohne Nachweis **276**
eines konkreten Erholungsbedürfnisses einen Anspruch auf bezahlten Erholungsurlaub von **mindestens 24 Werktagen** (§ 3 Abs. 1 BUrlG), also 4 Wochen. Das gilt auch dann, wenn er in

dem Kalenderjahr ansonsten nicht gearbeitet hat, etwa aufgrund längerer Erkrankung.
Als Werk- und damit Urlaubstage gelten alle Kalendertage, die nicht Sonn- und Feiertage sind. Arbeitsfreie Wochentage, vor allem Samstage, sind also auch Urlaubstage (§ 3 Abs. 2 BUrlG). Erstmals 6 Monate nach Beginn des Arbeitsverhältnisses wird der volle Urlaubsanspruch erworben (§ 4 BUrlG). Doch hat der Arbeitnehmer vor Erfüllung dieser Wartezeit in drei Fällen einen Anspruch auf **Teilurlaub:** wenn er diese nicht mehr im Kalenderjahr erfüllt (z. B. er wird am 1. 9. eingestellt), wenn er während der ersten 6 Monate oder vor oder mit dem 30. 6. sein Arbeitsverhältnis beendet. Der Teilurlaubsanspruch beläuft sich auf ein Zwölftel des Jahresurlaubs für jeden vollen Monat des Bestehens des Arbeitsverhältnisses.

277 Bruchteile von mindestens einem halben Urlaubstag sind auf volle Tage aufzurunden. Hat der vor dem 30. 6. ausgeschiedene Arbeitnehmer bereits seinen vollen Urlaub erhalten, kann das gezahlte Urlaubsentgelt nicht zurückgefordert werden (§ 5 BUrlG). Endet das Arbeitsverhältnis nach dem 30. 6., hat der Arbeitnehmer gegenüber seinem alten Arbeitgeber den vollen Urlaubsanspruch. Seinem neuen Arbeitgeber gegenüber erwirbt der Arbeitnehmer jedoch für das laufende Kalenderjahr keinen weiteren Urlaubsanspruch (§ 6 BUrlG).

278 Bei der zeitlichen Festlegung des Urlaubs sind die Wünsche des Arbeitnehmers zu berücksichtigen, soweit nicht dringende betriebliche Belange oder soziale Erfordernisse anderer Arbeitnehmer vorgehen. Grundsätzlich fällt die Erteilung des Urlaubs in das Weisungsrecht des Arbeitgebers. Besteht jedoch in einem Betrieb ein Betriebsrat, so hat dieser bei der Aufstellung **allgemeiner Urlaubsgrundsätze** und des **Urlaubsplans** ein echtes **Mitbestimmungsrecht** (§ 87 Abs. 1 Nr. 5 BetrVG). Dieses erstreckt sich sogar auch auf die Festsetzung der zeitlichen Lage des Urlaubs für einzelne Arbeitnehmer, wenn zwischen dem Arbeitgeber und den beteiligten Arbeitnehmern kein Einverständnis erzielt wird. Sind demnach in der Form einer Betriebsvereinbarung allgemeine Urlaubsgrundsätze, ein Urlaubsplan oder die zeitliche Festlegung des Urlaubs eines einzelnen Arbeitnehmers zustande gekommen, so sind sowohl der Arbeitgeber als auch die Arbeitnehmer, die eine solche Regelung angeht, an diese Betriebsvereinbarungen gebunden. Eine Abweichung ohne Zustimmung des Betriebsrates ist unzulässig. Für eine Ausübung des Weisungsrechtes des Arbeitgebers besteht kein Raum mehr. Nur in besonders dringenden Notfällen (z.B. Katastropheneinsätze) ist es dem Arbeitgeber ausnahmsweise gestattet, abweichende Anordnungen zu treffen.

Der Urlaub ist grundsätzlich im laufenden Kalenderjahr zu- 279
sammenhängend zu gewähren. Eine Teilung oder Übertragung auf das nächste Jahr muß durch dringende betriebliche oder persönliche Gründe beim Arbeitnehmer gerechtfertigt sein (vgl. § 7 Abs. 2 und 3 BUrlG). Der Urlaub muß dann innerhalb der ersten 3 Monate des Folgejahres (= Übertragungszeitraum) gewährt und genommen werden, danach erlischt der Anspruch. Das gilt auch, wenn der Arbeitnehmer erkrankt ist und den Urlaub deshalb nicht nehmen kann. Kann er wegen der Beendigung des Arbeitsverhältnisses ganz oder teilweise nicht mehr gewährt werden, darf er ohne Freizeitgewährung **in Geld abgegolten** werden. Voraussetzung ist allerdings, daß der Urlaubsanspruch bei fortbestehendem Arbeitsverhältnis bis zum Ablauf des Übertragungszeitraums noch hätte verwirklicht werden können. Das ist nicht der Fall, wenn der Arbeitnehmer von seinem Ausscheiden bis zum Ablauf des Zeitraums durchgehend krank ist. Ein Verlust des Anspruchs auf die Urlaubsabgeltung bei fristloser Entlassung oder Arbeitsvertragsbruch, die zugleich eine grobe Verletzung der Treuepflicht durch den Arbeitnehmer darstellen, tritt nicht ein. Entsprechende Regelungen, die insoweit in Tarifverträgen bestehen, sind nichtig, soweit sie den gesetzlichen Mindesturlaubsanspruch betreffen (so die Rechtsprechung des BAG).

Erkrankungen während des Urlaubs werden ebensowenig auf 280
den Jahresurlaub angerechnet wie Kuren und Heilverfahren, wenn der Arbeitnehmer einen Anspruch auf Fortzahlung des Arbeitsentgelts nach dem Entgeltfortzahlungsgesetz hat (§§ 9, 10 BUrlG). Dies setzt also zwangsläufig die Arbeitsunfähigkeit des Arbeiters voraus. Für eine im Anschluß an eine solche Kur verordnete weitere Schonzeit besteht der Anspruch auf Lohnfortzahlung nur, soweit der Arbeiter während der Schonzeit tatsächlich arbeitsunfähig ist. Bei Durchführung solcher

Kuren besteht für den Arbeitnehmer die gleiche Mitteilungs- und Nachweispflicht samt Folgen wie bei Erkrankungen.

281 **Urlaubsentgelt** ist das während der Urlaubsdauer fortgezahlte Arbeitsentgelt. Es ist vom sog. **»Urlaubsgeld«** zu unterscheiden. Dieses stellt eine zusätzliche auf Tarif- oder Arbeitsvertrag beruhende Vergütung dar. Das Urlaubsentgelt bemißt sich nach dem durchschnittlichen Arbeitsverdienst der letzten 13 Wochen vor Beginn des Urlaubs mit Ausnahme des zusätzlich für Überstunden gezahlten Arbeitsverdienstes. Es ist vor Urlaubsantritt auszuzahlen (vgl. § 11 BUrlG).

282 Der Urlaubsanspruch nach dem BUrlG und dessen Höhe sind unabdingbar, d.h., in einem Tarifvertrag können nur für den Arbeitnehmer günstigere Regelungen vereinbart werden. Im übrigen hat ein Tarifvertrag gegenüber dem BUrlG unbedingten Vorrang, auch wenn er im einzelnen eine ungünstigere Bestimmung enthält. Auch für nichttarifgebundene Arbeitnehmer und Arbeitgeber (vgl. Rz. 51ff.) gilt die einschlägige tarifliche Regelung, wenn sie ausdrücklich vereinbart ist (§ 13 Abs. 1 BUrlG).

283 Der Urlaubsanspruch ist seinem Charakter nach **höchstpersönlicher Natur**. Folgerichtig ist er daher in seiner Gesamtheit nicht übertragbar (§§ 851 Abs. 1 ZPO; 1274 Abs. 2 BGB). Er ist daher auch weder abtretbar noch vererblich. In einer Ausgleichsquittung (vgl. Rz. 219) kann auf ihn nicht wirksam verzichtet werden.

284 Ob dagegen **urlaubsrechtliche Zahlungsansprüche** für sich allein **pfändbar** und **abtretbar** sind, kann nicht einheitlich beantwortet werden. § 850a Ziff. 2 ZPO schützt lediglich für die Dauer des Urlaubs über das Arbeitseinkommen hinaus gewährte Bezüge, also z.B. ein vom Arbeitgeber **zusätzlich gewährtes Urlaubsgeld,** vor der Pfändung. Daraus folgt, daß der Gesetzgeber das dem Arbeitnehmer im übrigen während des Urlaubs gezahlte **Urlaubsentgelt** wie Lohn ansehen wollte. Es unterliegt mithin auch der Pfändung. Davon werden Rechtsnatur und Erholungszweck nicht berührt. Denn der Arbeitnehmer erhält während des Urlaubs den gleichen Lohn wie während der Zeit der Arbeitsleistung. Dagegen ist der Anspruch auf Urlaubsabgeltung (s.o. Rz. 279) nach der Rechtsprechung höchstpersönlicher Natur und daher nicht abtretbar (§ 399 BGB), weshalb auch Pfändung und Auf-

rechnung ausscheiden (BAG Urt. v. 21. 1. 1988 = BB 88, 1533).

Der Anspruch auf Urlaubsentgelt unterliegt ohne Rücksicht auf Pfändungsfreigrenzen der Pfändung oder Aufrechung durch den Arbeitgeber, wenn dessen Gegenansprüche auf einer vorsätzlichen Vertragsverletzung oder einer vorsätzlichen unerlaubten Handlung des Arbeitnehmers beruhen (vgl. Rz. 205 u. 246 ff.) **285**

5. Besondere Arbeitsverhältnisse: Arbeitnehmerüberlassung und Telearbeit

a) Arbeitnehmerüberlassung

Bei **Arbeitnehmerüberlassung** oder Leiharbeit stellt der Ar- **286**
beitgeber seinen Arbeitnehmer einem Dritten, dem Entleiher, dafür zur Verfügung, für dessen Betrieb nach dessen Weisungen zu arbeiten. Die Arbeitnehmerüberlassung ist daher abzugrenzen von der Ausführung von Werkverträgen für andere Unternehmer; diese führt der Arbeitgeber mit seinem Personal in eigener Regie und Aufsicht durch, wenn auch u. U. in einem fremden Betrieb. Das gelegentliche, nicht gewerbsmäßige Ausleihen von Arbeitnehmern zur Deckung eines kurzfristigen Personalmehrbedarfs ist ohne besondere Erlaubnis zulässig. Das Gleiche gilt zwischen Betrieben, die wirtschaftlich unter einer Leitung stehen oder sich vorübergehend zusammengeschlossen haben, wie etwa Bauarbeitsgemeinschaften. Haben in solchen Fällen die drei beteiligten Vertragsparteien nichts abweichendes vereinbart, kann eine Ausleihe grundsätzlich nur mit Zustimmung des Leiharbeitnehmers stattfinden. Sein Arbeitsverhältnis, insbesondere sein Lohnanspruch, bleibt zum verleihenden Arbeitgeber bestehen. Das Weisungsrecht wird allerdings auf den Entleiher übertragen.

Eine besondere gesetzliche Regelung hat demgegenüber die **287**
gewerbsmäßige Arbeitnehmerüberlassung durch das **Arbeitnehmerüberlassungsgesetz** (AÜG) erfahren. Zur gewerbsmäßigen Arbeitnehmerüberlassung bedarf der Verleiher grundsätzlich einer Erlaubnis durch die Bundesanstalt für Arbeit. Im Baugewerbe ist gewerbsmäßige Arbeitnehmerüberlassung unzulässig. Das AÜG unterwirft die gewerbsmäßige Leiharbeit

einer Reihe von Einschränkungen: Insbesondere sind danach die mit dem Verleiher geschlossenen Verträge unwirksam, wenn dieser nicht über die erforderliche Erlaubnis verfügt.

288 Weiter sind unwirksam – von Ausnahmen abgesehen – wiederholte Befristungen des Leiharbeitsverhältnisses, Kündigungen des Leiharbeitsverhältnisses durch den Verleiher, wenn dieser den Leiharbeitnehmer wiederholt innerhalb von 3 Monaten nach Beendigung des Arbeitsverhältnisses erneut einstellt sowie Vereinbarungen, die es dem Leiharbeiternehmer oder dem Entleiher untersagen, ein Arbeitsverhältnis für die Zeit nach der Beendigung des Arbeitsverhältnisses zum Verleiher einzugehen.

289 Ist der Vertrag zwischen Verleiher und Leiharbeiter unwirksam, so gilt unter bestimmten Voraussetzungen ein Arbeitsverhältnis zwischen dem Entleiher und dem Leiharbeitnehmer als zustandegekommen (§ 10 AÜG).

290 Der wesentliche Inhalt des Arbeitsverhältnisses zwischen Verleiher und Leiharbeitnehmer ist in einer vom Verleiher zu unterzeichnenden Urkunde aufzunehmen (§ 11 AÜG). Verstöße gegen das AÜG sind mit hohen Geldbußen bewehrt (§ 16 AÜG).

b) Telearbeit

291 Der Fortschritt in der Informations- und Kommunikationstechnik hat in den letzten Jahren zu einer starken Zunahme solcher Arbeitsplätze geführt, die aus dem Betrieb heraus in die Wohnung des Arbeitnehmers oder an einen anderen Ort ausgelagert sind, wobei die Arbeit an elektronischen Informations- und Kommunikationsgeräten erbracht wird, die mit der zentralen Betriebsstätte verbunden sind. Für diese **Telearbeit** besteht bislang keine besondere gesetzliche Regelung. Handelt es sich bei den Telearbeitern um Arbeitnehmer, findet das gesamte Arbeitsrecht ohne Einschränkung auf sie Anwendung. Handelt es sich hingegen um Selbständige, kann das Heimarbeitsgesetz mit seinen nur eingeschränkten Schutzregelungen für Heimarbeiter Anwendung finden. Die Unterscheidung zwischen Selbständigkeit und Arbeitnehmereigenschaft dürfte nach bisheriger Rechtssprechung danach zu treffen sein, in welchem Ausmaß der Telearbeiter den Weisungen des Arbeitgebers unterliegt (vgl. oben Rz. 92f.).

6. Altersteilzeit

Einen gleitenden Übergang vom Erwerbsleben in die Altersrente ermöglicht das Altersteilzeitgesetz v. 23. 7. 1996. Danach fördert die Bundesanstalt für Arbeit einen Wechsel in Teilzeitarbeit von älteren Arbeitnehmern, die mindestens 55 Jahre alt sind und ihre Arbeitszeit um 50% vermindern, wenn damit die Einstellung eines neuen Arbeitslosen oder Auszubildenden ermöglicht wird. Die Verminderung der Arbeitszeit muß spätestens ab dem 31. 7. 2004 eintreten. Sie kann auch blockweise erfolgen, also z. B. ein Jahr Vollarbeit, ein Jahr keine Arbeit. Der Arbeitgeber hat das Teilzeitentgelt um mindestens 20% aufzustocken und zusätzlich einen erhöhten Rentenversicherungsbeitrag für den Arbeitnehmer abzuführen. Beides erstattet die Bundesanstalt für Arbeit für längstens 5 Jahre. **292**

7. Betriebliche Altersversorgung (Überblick)

Zur Aufbesserung der Sozialversicherungsrente im Alter sowie bei Erwerbs- oder Berufsunfähigkeit gewähren viele Arbeitgeber eine zusätzliche betriebliche Altersversorgung (Betriebsrente, Ruhegehalt, Pension). Dies geschieht in Form einer direkten Zusage, einer Lebensversicherung oder über eine Pensions- oder Unterstützungskasse. Rechtsgrundlage ist häufig eine allgemeine vertragliche Zusage des Arbeitgebers an die Arbeitnehmer, aber auch eine Betriebsvereinbarung, Haustarifvertrag oder der Einzelvertrag. Auch aus dem Gleichbehandlungsgrundsatz (Rz. 83) kann der Anspruch erwachsen. Ohne eine solche besondere Rechtsgrundlage besteht kein Anspruch. **293**

Die so begründeten Ansprüche auf betriebliche Altersversorgung haben wegen ihrer zeitlich und wirtschaftlich weitreichenden Bedeutung eine gesetzliche Regelung im **Gesetz zur Verbesserung der betrieblichen Altersversorgung** v. 19. 12. 1974 **(BetrAVG)** gefunden. U. a. sichert das Gesetz den Anspruch des Arbeitnehmers auf vierfache Weise: **294**

- Bei vorzeitigem Ausscheiden aus dem Arbeitsverhältnis bleiben die Ansprüche dennoch erhalten, wenn der Arbeitnehmer in diesem Zeitpunkt 35 Jahre alt ist und entweder die Zusage für ihn 10 Jahre besteht oder der Arbeitnehmer dem Unternehmen 12 Jahre angehört und die Zusage für ihn 3 Jahre bestanden hat (§ 1 Abs. 1 BetrAVG).

- Der Arbeitgeber hat alle 3 Jahre eine Anpassung der laufenden Ruhegeldleistungen zu prüfen und hierüber nach billigem Ermessen zu entscheiden (§ 16 BetrAVG).
- Die Leistungen der betrieblichen Altersversorgung dürfen nach Eintritt des Versorgungsfalles nicht dadurch gemindert oder entzogen werden, daß andere Versorgungsleistungen an die wirtschaftliche Entwicklung angepaßt und angerechnet werden (sog. Auszehrungsverbot, § 5 BetrAVG).
- Bei Insolvenz des Arbeitgebers hat der Arbeitnehmer einen Anspruch gegen den »Pensions-Sicherungs-Verein« mit Sitz in Köln (§ 7 BetrAVG).

D. Wie endet ein Arbeitsverhältnis?

I. Vier normale Gründe

1. Kündigung

295 Sie stellt den Regelfall der Beendigung des Arbeitsverhältnisses dar und soll im nächsten Abschnitt (E.) dieses Kapitels im einzelnen dargestellt werden.

2. Vertragliche Vereinbarung (Aufhebungsvertrag)

296 Es handelt sich – im Gegensatz zur Kündigung, die eine **einseitige Erklärung** ist –, um einen **zweiseitigen,** zwischen Arbeitgeber und Arbeitnehmer geschlossenen sog. **Aufhebungsvertrag** in bezug auf das Arbeitsverhältnis (auch »einverständliche Auflösung« oder »Beendigung im gegenseitigen Einvernehmen« genannt). Sie setzt also übereinstimmende Erklärungen oder ein entsprechendes Verhalten beider Vertragsparteien des Arbeitsverhältnisses voraus. Da sie an keine Frist gebunden ist, kann sie jederzeit erfolgen. Entsprechend dem das Arbeitsrecht weitgehend beherrschenden Grundsatz der Vertragsfreiheit stehen einer einverständlichen Beendigung des Arbeitsverhältnisses durch Arbeitgeber und Arbeitnehmer

keinerlei gesetzliche Hinderungsgründe entgegen, auch wenn das Arbeitsverhältnis einem besonderen Schutzgesetz (z.B. Mutterschutzgesetz, Schwerbehindertengesetz usw.) untersteht. Die Zustimmung einer Vertragspartei zur Auflösung eines Arbeitsverhältnisses kann auch **stillschweigend** erfolgen, also in der Form, daß durch unmißverständliches Verhalten zum Ausdruck gebracht wird, man wolle das Arbeitsverhältnis beenden. Das ist allerdings noch nicht anzunehmen, wenn der Arbeitnehmer auf die fristlose Entlassung durch den Arbeitgeber hin seine Sachen packt, wortlos Arbeitspapiere und Restlohn in Empfang nimmt, sich verabschiedet und den Betrieb verläßt; denn dieses Verhalten ist schlüssige Folge der fristlosen Entlassung und nicht Ausdruck eines Einverständnisses. Doch kommt es auf alle Umstände des Einzelfalles an.
Oft wird die Form des Aufhebungsvertrages im Verlauf eines Rechtsstreits vor dem Arbeitsgericht nachträglich von den Parteien als Beendigungsart gewählt, wenn ein Prozeßvergleich zwischen ihnen abgeschlossen wird (vgl. Rz. 691).

Wer einen Aufhebungsvertrag schließt, hat keinen Anspruch **297**
auf Zahlung einer Abfindung, wenn dies nicht im Aufhebungsvertrag ausdrücklich vereinbart wird. Zur **steuerlichen Behandlung der Abfindung** sowie zu einer etwaigen **Anrechnung auf Arbeitslosengeld** s. u. Rz. 414–419. Ein Abfindungsanspruch ist sonst nur gegeben, wenn das Arbeitsgericht das Arbeitsverhältnis durch Urteil gegen Zahlung einer Abfindung auflöst (§§ 9, 14 KSchG; Rz. 405), ein Sozialplan die Zahlung einer Abfindung vorsieht oder im Falle des § 113 BetrVG (vgl. Rz. 625).

3. Zeitablauf oder Zweckerreichung

Hier wird das Arbeitsverhältnis von vornherein in seiner zeit- **298**
lichen Dauer begrenzt (§ 620 Abs. 1 BGB). In diesem Fall ist keine Kündigung erforderlich. Das Arbeitsverhältnis endet automatisch mit dem letzten Tag seiner Befristung. Kündigungsschutzbestimmungen (KSchG, MuSchG usw.) finden keine Anwendung.

Die **Befristung** kann zeitlicher, aber auch sachlicher Natur **299**
sein. Doch muß dies bei Abschluß des Arbeitsvertrages unter Zustimmung beider Parteien eindeutig zum Ausdruck kom-

men – z. B. »Einstellung für drei Monate, ... bis zum 31. Dezember 1984« oder auch z. B. »für den Bau des Hauses Bachstraße 11«; »für die Saison«. Im letzteren Fall wird sich das Ende der Saison jedoch genau bestimmbar aus der Verkehrssitte oder anderen Umständen ergeben müssen. Immer ist also erforderlich, daß das Ende des Arbeitsverhältnisses für beide Teile erkennbar objektiv festliegt. Die Vereinbarung: »Sie sind vorübergehend zur Aushilfe eingestellt« genügt in ihrer Allgemeinheit nicht. Zumindest muß hinzukommen: »für 4 Wochen«; »für den Weihnachtsverkauf«; »bis zum Ende der Krankheit von Frau Meier«. Die Bestimmung des Endigungstermins darf also nicht in das Ermessen des Arbeitgebers gestellt sein. Nach Ablauf der für das Arbeitsverhältnis festgesetzten Zeit endet dies. Setzt der Arbeitnehmer mit Wissen des Arbeitgebers seine Arbeit fort, so gilt es als auf unbestimmte Zeit verlängert, sofern nicht der Arbeitgeber unverzüglich – d. h. ohne schuldhaftes Zögern – widerspricht (§ 625 BGB). Es kann jetzt nur noch mit der tariflichen oder gesetzlichen Kündigungsfrist von beiden Teilen beendet werden (z. B. X ist für 4 Wochen zur Aushilfe eingestellt. Der Arbeitgeber läßt ihn zwei Tage über diese Befristung weiterarbeiten.).

300 Die Vereinbarung einer **Probezeit** hat für sich genommen nicht zur Folge, daß das Arbeitsverhältnis nach Ablauf der Probezeit automatisch endet. Sie besagt lediglich, daß das Arbeitsverhältnis während der Probezeit mit einer Frist von 2 Wochen gekündigt werden kann. Dabei darf die Probezeit nicht länger als 6 Monate dauern (§ 622 Abs. 3 BGB). Die Vertragsparteien können aber auch ein befristetes Probearbeitsverhältnis vereinbaren. Dies muß hinreichend deutlich werden. In diesem Fall endet das Arbeitsverhältnis mit Ablauf der Probezeit, ohne daß es einer Kündigung bedarf.

301 Befristete Arbeitsverhältnisse können grundsätzlich vor Ablauf der vereinbarten Befristungsdauer nur durch **ordentliche Kündigung** beendet werden, wenn dies vertraglich besonders vereinbart ist. Das Recht zur außerordentlichen Kündigung aus wichtigem Grund gemäß § 626 BGB bleibt – wie stets – unberührt.

302 Mit dem Befristungsablauf endet das Arbeitsverhältnis grundsätzlich, ohne daß Kündigungsschutzbestimmungen eingreifen (vgl. oben Rz. 298). Daraus erwächst die Gefahr, daß mit Hilfe von Befristungsabreden zwingende Kündigungsschutzbestimmungen umgangen werden können. Nach der Rechtsprechung des Bundesarbeitsgerichts sind deshalb nur solche Befristungsabreden wirksam, für deren Abschluß im Zeitpunkt der Vereinbarung ein **sachlicher Grund** vorliegt. Fehlt es daran, kann der Arbeitnehmer grundsätzlich geltend machen, daß das Arbeitsverhältnis unbefristet fortbesteht.

Ein sachlicher Grund ist nur erforderlich, sofern zwingende **303** Kündigungsschutzbestimmungen berührt sind: Arbeitsverhältnis für die Dauer von weniger als 6 Monaten sowie in Kleinbetrieben mit nicht mehr als 5 Beschäftigten dürfen keines sachlichen Grundes (es sei denn es besteht bei Vertragsschluß bereits ein besonderer Kündigungsschutz, etwa Schwangerschaft).

Als sachliche Gründe hat die Rechtsprechung Anstellung zur **304** Vertretung und Aushilfe sowie zur Abdeckung eines vorübergehenden Beschäftigungsbedarfs anerkannt. Unzureichend ist jedoch allein die Ungewißheit, ob auf Dauer Beschäftigungsbedarf besteht. Der Wegfall des Beschäftigungsbedarfs muß vielmehr im Zeitpunkt des Vertragsschlusses anhand konkreter Anhaltspunkte absehbar sein. Besondere gesetzliche Regelungen gelten für Ärzte in der Weiterbildung und wissenschaftliche Mitarbeiter an Hochschulen (vgl. Gesetz über befristete Arbeitsverträge mit Ärzten in der Weiterbildung v. 15. 5. 1986 sowie §§ 57a ff. Hochschulrahmengesetz). Will der Arbeitnehmer geltend machen, daß für die Befristungsabrede ein sachlicher Grund nicht besteht und das Arbeitsverhältnis auf unbestimmte Zeit fortbesteht, so muß er gemäß § 1 Abs. 5 BeschFG **innerhalb von 3 Wochen** nach dem vereinbarten Ende des befristeten Vertrages entsprechende **Klage** beim Arbeitsgericht erheben. Anderenfalls gilt die Befristung als wirksam. Bei Versäumung der Klagefrist ist eine nachträgliche Zulassung der Klage nur unter engen Voraussetzungen möglich.

Nach dem **Beschäftigungsbeförderungsgesetz** ist in der Zeit **305** bis zum 31. 12. 2000 die Befristung eines Arbeitsverhältnisses bis zur Dauer von 2 Jahren **auch ohne sachlichen Grund** zulässig. Innerhalb dieser Gesamtdauer kann die Befristung dreimal verlängert werden (§ 1 Abs. 1 BeschFG). Hat ein Arbeitnehmer das 60. Lebensjahr vollendet, können befristete Arbeitsverträge auch darüber hinaus ohne Einschränkung abgeschlossen werden.

306 Unzulässig sind die genannten Befristungen jedoch, wenn sie zu einem vorhergehenden unbefristeten Arbeitsvertrag oder zu einem vorhergehenden Arbeitsvertrag gemäß § 1 Abs. 1 BeschFG in einem engen sachlichen Zusammenhang stehen. Dieser wird vermutet, wenn zwischen den Arbeitsverträgen ein Zeitraum von weniger als 4 Monaten liegt (§ 1 Abs. 3 BeschFG). Wichtig ist, daß die Zulässigkeit der Befristung des Arbeitsvertrages aus anderen Gründen unberührt bleibt. Deshalb kann sich beispielsweise eine Befristung nach dem § 1 BeschFG unmittelbar an ein Berufsausbildungsverhältnis anschließen. Weiterhin folgt daraus, daß Arbeitsverhältnisse, die mit sachlichem Grund befristet sind, und Arbeitsverhältnisse, die gemäß § 1 BeschFG befristet sind, theoretisch unbegrenzt abwechselnd aufeinander folgen können.

307 Will der Arbeitnehmer geltend machen, daß die Befristungsabrede unwirksam ist, so hat er auch hier die **dreiwöchige Klagefrist** des § 1 Abs. 5 BeschFG zu beachten.

4. Tod des Arbeitnehmers

308 Aus dem Umstand, daß der Arbeitnehmer im Zweifel seine Arbeit persönlich zu verrichten hat (vgl. Rz. 177), ergibt sich, daß auch mit seinem Tod sein Arbeitsverhältnis endet. Ansprüche, die er aus ihm noch hat (z. B. Lohn, Gratifikationen usw.), gehen auf seine Erben über. Nur höchstpersönliche Ansprüche gehen unter (z. B. Urlaubsansprüche), es sei denn, der Arbeitnehmer hatte sie im Zeitpunkt seines Todes schon eingeklagt.

II. Welchen Einfluß haben die folgenden Sonderfälle auf den Bestand des Arbeitsverhältnisses?

1. Tod des Arbeitgebers

309 Er beendet grundsätzlich ein bestehendes Arbeitsverhältnis **nicht**. Der oder die Erben treten kraft Gesetzes als **Gesamtrechtsnachfolger** als neuer Arbeitgeber an die Stelle des Erb-

lassers in das unverändert gebliebene Arbeitsverhältnis mit allen Rechten und Pflichten ein (§ 1922 Abs. 1 BGB). Doch kann unter ganz besonderen Voraussetzungen der Erbe dem Arbeitnehmer gegenüber ein außerordentliches Kündigungsrecht besitzen (z. B. Die Erben setzen den Haushalt des Erblassers nicht fort.). Dies wird jedoch eine Ausnahme sein. Nur wenn das Arbeitsverhältnis ganz persönlich auf den Erblasser zugeschnitten ist, so daß es seine Befristung in sich trägt, endet es automatisch mit dem Tod des Arbeitgebers (z. B. Pflegerin wird ausschließlich für den kranken Arbeitgeber engagiert.).

2. Verkauf oder sonstiger Übergang des Betriebes

Im Falle der **Rechtsnachfolge** außerhalb der Gesamtrechts- **310**
nachfolge – tritt der Rechtsnachfolger als neuer Arbeitgeber in die im Betrieb bestehenden Arbeitsverhältnisse ein. Hierher gehören die Fälle der Firmenfortführung (§ 25 HGB), der Vermögensübernahme (§ 419 BGB – z. B. Hofübernahme in der Landwirtschaft), der Verschmelzung von Kapitalgesellschaften (§§ 339 ff. AktG) der Umwandlung von Kapitalgesellschaften durch Verschmelzung, Spaltung und Vermögensübertragung nach dem Umwandlungsgesetz (§ 321 f. UmwG), aber auch der sog. Funktionsnachfolge, d. h. Fortführung einer hoheitlichen Aufgabe (z. B. Land Nordrhein-Westfalen ist in seinem Gebietsteil Funktionsnachfolger des ehemaligen Landes Preußen).

Geht der Betrieb oder ein Betriebsteil (vgl. Rz. 129) durch **311**
Rechtsgeschäft auf einen anderen Inhaber über, so tritt dieser in die Rechte und Pflichten aus den im Zeitpunkt des Überganges bestehenden Arbeitsverhältnissen ein (§ 613a BGB). Ein **Betriebsübergang** setzt die **Wahrung der Identität der betreffenden wirtschaftlichen Einheit** voraus, d. h. einer Gesamtheit von Personen und Sachen, die zur Ausübung einer wirtschaftlichen Tätigkeit mit eigener Zielsetzung zusammengefaßt sind; ob die Identität der Einheit gewahrt ist, bestimmt sich aus einer Gesamtbetrachtung aller Umstände, wie etwa der Übernahme des Personals, der Führungskräfte, der Arbeitsorganisation, der Betriebsmethoden, der Kundenbeziehungen und der sächlichen Betriebsmittel (z. B. Verpachtung

einer Maschinenfabrik bei unveränderter Produktion mit der alten Belegschaft = Betriebsübergang; Veräußerung einer gutbürgerlichen Gaststätte zur Eröffnung eines arabischen Spezialitäten-Restaurants = kein Betriebsübergang).
Liegt ein Betriebsübergang vor, gehen die Arbeitsverhältnisse aller bisher im Betrieb beschäftigten Arbeitnehmer kraft Gesetzes auf den neuen Inhaber über.

312 Der bisherige Arbeitgeber haftet neben dem neuen Inhaber für alle Verpflichtungen, soweit sie vor dem Zeitpunkt des Übergangs entstanden sind und vor Ablauf von einem Jahr nach diesem Zeitpunkt fällig werden, als **Gesamtschuldner**. Werden solche Verpflichtungen nach dem Zeitpunkt des Betriebsüberganges fällig, so haftet der bisherige Arbeitgeber für sie jedoch nur beschränkt. Der Umfang seiner Haftung bemißt sich nach dem Zeitraum, der seit dem Zeitpunkt des Übergangs des Betriebes bis zur Fälligkeit abgelaufen ist (§ 613a Abs. 2 BGB).

313 Die Kündigung des Arbeitsverhältnisses eines Arbeitnehmers durch den bisherigen Arbeitgeber oder den neuen Betriebsinhaber wegen des Übergangs eines Betriebs oder eines Betriebsteils ist unwirksam. Das Recht zur Kündigung des Arbeitsverhältnisses aus anderen Gründen bleibt unberührt (§ 613a Abs. 4 BGB).

3. Insolvenz des Arbeitgebers

314 Die Insolvenz des Arbeitgebers gibt i. d. R. keinen Grund zu einer außerordentlichen Kündigung. Gemäß § 113 Abs. 1 InsO besteht jedoch für Insolvenzverwalter und Arbeitnehmer ein besonderes Recht zur Kündigung des Arbeitsverhältnisses. Der Insolvenzverwalter muß dabei den allgemeinen und besonderen Kündigungsschutz beachten. Die Kündigungsfrist beträgt 3 Monate zum Monatsende, sofern nicht eine kürzere Frist für das Arbeitsverhältnis maßgeblich ist (vgl. auch oben Rz. 257 f.).

4. Wehrdienst des Arbeitnehmers

315 Der zum Wehrdienst einberufene Arbeitnehmer genießt einen bedingten Kündigungsschutz. Während des Grundwehrdienstes und bei einer Wehr- oder Eignungsübung ist die ordentliche Kündigung verboten (§§ 2 Abs. 1 Arbeitsplatzschutzgesetz; 2 Abs. 1 Eignungsübungsgesetz). Vor oder nach der Wehrdienstzeit darf der Arbeitgeber nicht aus Anlaß des Wehrdienstes kündigen (§§ 2 Abs. 2 Satz 1 ArbPlSchG; 2 Abs. 2 EigÜbG). Das Recht zur außerordentlichen Kündigung bleibt unberührt (§§ 2 Abs. 3 ArbPlSchG; 2 Abs. 3 EigÜbG). Desgleichen kann bei Vorliegen eines dringenden betrieblichen Erfordernisses fristgerecht unter Beachtung sozialer Gesichtspunkte gekündigt werden, wobei der Einberufene nicht wegen der Einberufung benachteiligt werden darf (vgl. §§ 2 Abs. 2 ArbPlSchG; 3 Abs. 1 EigÜbG; im übrigen vgl. Rz. 391 ff.).

5. Zivildienst des Arbeitnehmers

Anerkannte Kriegsdienstverweigerer leisten statt des Wehr- **316**
dienstes Zivildienst. Das Arbeitsplatzschutzgesetz ist entsprechend anzuwenden (vgl. § 78 ZDG).

III. Welche gegenseitigen Pflichten ergeben sich im Zusammenhang mit der Beendigung des Arbeitsverhältnisses?

1. Pflichten des Arbeitgebers

a) Freizeit zur Arbeitsplatzsuche

Gemäß § 629 BGB kann der Arbeitnehmer, wenn er sein un- **317**
befristetes Arbeitsverhältnis – gleich aus welchen Gründen – beendet, vom Arbeitgeber Freizeit zum Aufsuchen bzw. zur Suche nach einem neuen Arbeitsplatz verlangen. Nach § 616 BGB ist (vgl. Rz. 244 f.) hierfür bei geringfügigem Arbeitsausfall die ausfallende Arbeitszeit zu bezahlen. Doch kann dies durch vertragliche Vereinbarung abbedungen werden.

b) Zeugniserteilung

Der Arbeitnehmer hat bei Beendigung seines Arbeitsverhält- **318**
nisses Anspruch auf Erteilung eines schriftlichen Zeugnisses über Art und Dauer seiner Tätigkeit. Dieses ist auf seinen Wunsch hin auch auf Führung und Leistung zu erstrecken (§§ 630 BGB; 73 HGB; 113 GewO).

319 Das **einfache Zeugnis** darf nur die Art und die Dauer der Tätigkeit des Arbeitnehmers umfassen. Es hat seinem Inhalt nach Ähnlichkeit mit der sog. Arbeitsbescheinigung gemäß § 112 SGB III. Diese ist jedoch für das Arbeitsamt bestimmt (Bezug von Arbeitslosengeld).

320 Das **qualifizierte** (oder besondere) **Zeugnis**, das sich auf die Führung und die Leistung des Arbeitnehmers erstreckt, hat in erster Linie **wahr**, d. h. objektiv richtig zu sein. Es ist sachlich und nach den tatsächlichen Umständen aus der Sicht eines wohlwollenden verständigen Arbeitgebers abzufassen. Es genügt nicht, daß es der wirklichen Überzeugung des Arbeitgebers entspricht und er es nach bestem Wissen ausstellt. Auf der anderen Seite kann der Arbeitnehmer auch nicht die Verwendung eines bestimmten Wortlauts verlangen. Fordert der Arbeitnehmer ein solches Zeugnis, muß er sich auch ein für ihn ungünstiges Werturteil gefallen lassen. Dem Arbeitgeber ist untersagt, das Zeugnis mit Merkmalen zu versehen, die den Zweck haben, den Arbeitnehmer in einer aus dem Wortlaut des Zeugnisses nicht ersichtlichen Weise zu kennzeichnen, wobei es gleichgültig ist, ob die Kennzeichnung für den Arbeitnehmer günstig oder ungünstig ist (§ 113 Abs. 3 GewO).

321 Der Arbeitnehmer kann auch auf Erteilung des Zeugnisses klagen. Bei schuldhafter Verletzung der Zeugnispflicht macht sich der Arbeitgeber sowohl dem Arbeitnehmer als auch Dritten gegenüber schadensersatzpflichtig. Das kann im letzten Fall vor allem dann gegeben sein, wenn er entweder vorsätzlich ein Zeugnis zu günstig ausstellt oder aber in einem Punkt für die Beurteilung des Arbeitnehmers erhebliche Umstände, insbesondere strafbare Handlungen, verschweigt (z. B. es wird bei Entlassung wegen Diebstahls Ehrlichkeit bescheinigt). Erweist sich nachträglich das Zeugnis als falsch (z. B. Entdeckung einer Unterschlagung nach Beendigung des Arbeitsverhältnisses), ist der Arbeitgeber zur Abwendung von Schadensersatzansprüchen zum Widerruf des Zeugnisses im eigenen Interesse verpflichtet. Er kann – notfalls im Klagewege – das gegebene Zeugnis gegen Erteilung eines neuen zurückverlangen.

322 Bei der **Auskunftserteilung** gelten dieselben Grundsätze wie für die Erteilung eines qualifizierten Zeugnisses. Die einem Dritten vom früheren Arbeitgeber erteilte Auskunft muß also

wahr sein. Eine Verpflichtung zu ihr besteht nicht. Ein Anspruch des Arbeitnehmers, den Inhalt einer derartigen Auskunft zu erfahren, ist zu bejahen.

c) Arbeitspapiere

323 Nach Beendigung des Arbeitsverhältnisses hat der Arbeitgeber dem Arbeitnehmer die Arbeitspapiere (vgl. oben Rz. 145) herauszugeben. Zu ihrer Übersendung ist er nur unter ganz besonderen Umständen verpflichtet. Schuldhafte Verzögerungen können Schadensersatzansprüche des Arbeitnehmers begründen. Ein **Zurückbehaltungsrecht** an den Arbeitspapieren – etwa wegen noch offenstehender Forderungen gegen den Arbeitnehmer – steht dem Arbeitgeber **nicht** zu.

2. Pflichten des Arbeitnehmers

324 Der Arbeitnehmer wird nach der Beendigung des Arbeitsverhältnisses von fast allen Pflichten frei. Doch ist er nach wie vor zur **Verschwiegenheit über Geschäfts- und Betriebsgeheimnisse** verpflichtet (vgl. oben Rz. 263). Er setzt sich andernfalls Schadensersatzansprüchen seines alten Arbeitgebers aus.

E. Einzelheiten über die Kündigung eines Arbeitsverhältnisses

I. Wie muß eine Kündigung ausgesprochen werden?

1. Die Kündigungserklärung

325 Eine **Kündigung** ist die **einseitige Erklärung** einer Partei der anderen gegenüber, das auf unbestimmte Zeit geschlossene Arbeitsverhältnis von einem bestimmten Zeitpunkt ab beenden zu wollen. Sie muß ihrem Sinn nach klar und unmißverständlich sein und darf keinerlei Bedingungen enthalten (z. B.: »Ich kündige für den Fall, daß Sie krank werden«). Die Benutzung des Wortes »Kündigung« ist nicht erforderlich. Es genügt eine Formulierung, aus der sich eindeutig und zweifelsfrei der **Kündigungswille** ergibt, also z. B. »Vom 1. April an betrachte ich unsere Zusammenarbeit als beendet.« Immer ist

darauf zu achten, daß derjenige, der eine derartige Erklärung der anderen Seite gegenüber abgibt, auch die Gefahr dafür trägt, daß seine Worte als Kündigung aufgenommen werden. »Machen Sie, daß Sie nach Hause kommen!« kann so je nach den Umständen als Kündigung oder Beurlaubung für einen Tag verstanden werden. Maßgeblich ist die Sicht eines objektiven Empfängers der Erklärung.

»Sie werden nicht mehr lange bei mir bleiben können; suchen Sie sich schon mal eine neue Arbeitsstelle!« enthält nur die **Ankündigung** einer möglicherweise schon bald folgenden Kündigung seitens des Arbeitgebers.

326 Eine Kündigung ist ausgesprochen, wenn sie dem anderen Partner des Arbeitsverhältnisses **zugeht** (§ 130 Abs. 1 Satz 1 BGB).

327 Mit der Niederschrift des Kündigungsschreibens, seiner Datierung oder dessen Aufgabe zur Post wird sie noch nicht wirksam. Der andere Teil muß von ihr Kenntnis genommen oder wenigstens hierzu Gelegenheit gehabt haben. Der nachweisliche Einwurf eines Kündigungsschreibens in den Briefkasten des Arbeitgebers oder Arbeitnehmers, von dem man weiß, daß er anwesend ist, genügt. Doch muß er zur Fristwahrung vor der Zeit eingeworfen werden, in der der Briefkasten üblicherweise geleert wird. Andernfalls gilt die Kündigung erst am nächsten Tag als zugegangen. Ein Einschreibebrief gilt nicht schon dann als zugegangen, wenn der Postbote bei dessen Zustellung niemand antrifft, aber einen Benachrichtigungszettel hinterläßt. Der Kündigungszugang ist erst erfolgt, wenn der Brief dem Empfänger (oder seinem Bevollmächtigten) ausgehändigt wird. Das muß auch bei einem Zugang mittels Fax-Geräts angenommen werden. Wird das Abholen des Einschreibebriefs rechtsmißbräuchlich unterlassen oder dessen Aushändigung vereitelt, gilt dieser als zugegangen.

328 Hat der Empfänger des Kündigungsschreibens den nicht rechtzeitigen Zugang zu vertreten, so muß der Kündigende die Kündigung unverzüglich nach Kenntnisnahme von dem Umstand, der den Zugang vereitelte, wiederholen. Sie gilt dann als rechtzeitig zugegangen (z. B. X gibt als Urlaubsadresse wider besseres Wissen ein bestimmtes Hotel in Bad Reichenhall an, logiert aber tatsächlich in Salzburg. Schickt Y per Einschreiben die Kündigung nach Reichenhall und erfährt erst später davon, daß X in Salzburg wohnt, so gilt die Kündigung als rechtzeitig zugegangen, wenn Y sie sofort an die Salzburger Adresse wiederholt). Ansonsten trägt immer der Kündigende auch die Gefahr für den rechtzeitigen Zugang der Kündigung. Die öffentliche Zustellung einer Kündigung (§ 132 Abs. 2 BGB) kann in den Fällen erfolgen, in denen der Aufenthaltsort des Kündigungsempfängers allgemein unbekannt ist. **Massenkündigungen** können, sofern betrieblich oder tariflich geregelt, »am schwarzen Brett« vorgenommen werden. Der Zugang derartiger Kündigungen gilt in diesem Fall als erfolgt, sobald die Arbeitnehmer Gelegenheit zur Kenntnisnahme haben. Abwesende Arbeitnehmer (erkrankte oder beurlaubte) müssen regelmäßig gesondert benachrichtigt werden.

Die Kündigungserklärung ist **bindend**. Sie kann nicht ohne **329**
Zustimmung des Kündigungsempfängers zurückgenommen werden. Insoweit ist auch keine Verlängerung der Kündigungsfrist ohne Einverständnis des anderen Teils möglich.

Die Kündigung ist grundsätzlich **formfrei**. Die Schriftform ist **330**
immer nur dort zu wahren, wo sie ausdrücklich vereinbart oder tariflich oder ausnahmsweise gesetzlich (§ 15 Abs. 3 BBiG) vorgeschrieben ist. Eine ohne Beachtung der Form ausgesprochene Kündigung ist in diesen Fällen gemäß § 125 BGB unwirksam.

Zur Sicherheit im Rechtsverkehr empfiehlt es sich, eine **331**
mündlich ausgesprochene Kündigung schriftlich zu bestätigen. Desgleichen sollte man einem Abwesenden das Kündigungsschreiben durch Postzustellungsurkunde bzw. gegen Rückschein oder mindestens per Einschreiben zugehen lassen. Das sichert den Nachweis des Kündigungsausspruchs, sofern das Kündigungsschreiben dem Empfänger ausgehändigt wird (vgl. oben Rz. 327). Erforderlich ist beides rechtlich nicht.

2. Betriebsrat und Kündigung

Besteht im Betrieb ein **Betriebsrat,** ist er **vor** jeder Kündigung **332**
eines Arbeitnehmers zu hören. Der Arbeitgeber hat dem Betriebsrat die Gründe für die Kündigung mitzuteilen. Dies hat ausführlich und unter Angabe konkreter Fakten zu geschehen. Nur die im Rahmen der Anhörung angegebenen

Gründe können zum Gegenstand einer Kündigung gemacht werden. Eine **ohne Anhörung** des Betriebsrates ausgesprochene Kündigung ist **unwirksam** (§ 102 Abs. 1 BetrVG). Für die Kündigungserklärung ist also die Anhörung des Betriebsrats **Wirksamkeitsvoraussetzung**.

333 »Der Betriebsrat ist zu hören« heißt, daß der Betriebsrat vor Ausspruch einer beabsichtigten Kündigung über deren Gründe sowie die Personaldaten der betroffenen Arbeitnehmer zu **unterrichten** und ihm die vom BetrVG vorgesehene Zeit zur Stellungnahme nach vorheriger Betriebsratssitzung einzuräumen ist. Die Anhörung nur eines Mitglieds des Betriebsrates – etwa des Vorsitzenden – genügt grundsätzlich nicht. Hat der Betriebsrat 9 oder mehr Mitglieder, so kann er mit der Mehrheit ihrer Stimmen sein Mitwirkungsrecht bei Kündigungen auf den Betriebsausschuß übertragen. Die Übertragung bedarf der Schriftform (§ 27 Abs. 3 BetrVG). Betriebsräte mit weniger als 9 Mitgliedern können das Mitwirkungsrecht nicht übertragen, auch nicht auf den Vorsitzenden.

334 Hat der Betriebsrat gegen eine **ordentliche Kündigung** Bedenken, so hat er diese unter Angabe der Gründe dem Arbeitgeber spätestens innerhalb einer Woche schriftlich mitzuteilen. Äußert sich der Betriebsrat innerhalb dieser Frist nicht, gilt seine Zustimmung zur Kündigung als erteilt (§ 102 Abs. 2 Sätze 1 und 2 BetrVG).

335 Die Gründe, die den Betriebsrat innerhalb dieser einwöchigen Frist bei einer ordentlichen Kündigung zum **Widerspruch** berechtigen, sind folgende (§ 102 Abs. 3 BetrVG):

- Der Arbeitgeber hat bei der Auswahl des zu kündigenden Arbeitnehmers soziale Gesichtspunkte nicht oder nicht ausreichend berücksichtigt;
- die Kündigung verstößt gegen eine mit dem Betriebsrat vereinbarte personelle Auswahlrichtlinie (§ 95 BetrVG, vgl. Rz. 609);
- der zu kündigende Arbeitnehmer kann an einem anderen Arbeitsplatz im selben Betrieb oder in einem anderen Betrieb des Unternehmens weiterbeschäftigt werden (z.B. durch Versetzung eines an sich zur Kündigung anstehenden Arbeiters vom Betrieb A in den Betrieb B, die beide demselben Unternehmen angehören);

– die Weiterbeschäftigung des Arbeitnehmers ist nach einer zumutbaren Umschulung und Fortbildung möglich;
– die Weiterbeschäftigung des Arbeitnehmers ist unter geänderten Vertragsbedingungen möglich, und der Arbeitnehmer hat hierzu sein Einverständnis erklärt.

Hat der Betriebsrat der Kündigung widersprochen und kündigt der Arbeitgeber trotzdem, so ist die Kündigung wirksam. **336**
Der Betriebsrat hat hier eben **nur ein Anhörungsrecht**. Der Arbeitgeber ist allerdings verpflichtet, dem Arbeitnehmer zugleich mit der Kündigung eine Abschrift des Widerspruchs des Betriebsrates zuzuleiten.

Wenn der Betriebsrat gegen eine **außerordentliche Kündigung** **337**
Bedenken hat, so muß er diese unter Angabe der Gründe dem Arbeitgeber unverzüglich, spätestens jedoch innerhalb von drei Tagen, schriftlich mitteilen.

Im Falle einer außerordentlichen, meist also fristlosen, Kündi- **338**
gung (vgl. Rz. 359ff.) besteht für den Arbeitgeber – im Gegensatz zur ordentlichen Kündigung – keine Weiterbeschäftigungspflicht, wenn der Betriebsrat ihr widerspricht.

Vor seiner Stellungnahme zu einer ordentlichen oder außer- **339**
ordentlichen Kündigung soll der Betriebsrat den betroffenen Arbeitnehmer selbst hören, soweit dies erforderlich erscheint.

Durch Betriebsvereinbarung können Arbeitgeber und Be- **340**
triebsrat bestimmen, daß alle Kündigungen der Zustimmung des Betriebsrates bedürfen und daß bei Meinungsverschiedenheiten die Einigungsstelle (vgl. Rz. 598ff.) zu entscheiden hat. Deren Spruch ersetzt dann die fehlende Zustimmung, wenn der Betriebsrat diese unberechtigt verweigert hat (§ 102 Abs. 6 BetrVG).

Neben diesen Rechten nach dem BetrVG hat der Betriebsrat **341**
noch Beteiligungsrechte nach dem KSchG (§§ 3, 17).

3. Weiterbeschäftigungsanspruch nach Widerspruch des Betriebsrates

Hat der Betriebsrat einer ordentlichen Kündigung widerspro- **342**
chen (Rz. 334f.) und der Arbeitnehmer gegen die Kündigung **Klage auf Feststellung** nach dem KSchG erhoben (vgl. Rz. 399ff.), so muß ihn der Arbeitgeber auf sein Verlangen auch

noch nach Ablauf der Kündigungsfrist bis zum rechtskräftigen Abschluß des Kündigungsschutzprozesses bei unveränderten Arbeitsbedingungen weiterbeschäftigen (§ 102 Abs. 5 BetrVG).

343 Von dieser **Verpflichtung zur Weiterbeschäftigung** kann das Arbeitsgericht den Arbeitgeber auf dessen Antrag durch **einstweilige Verfügung** (vgl. §§ 935, 940, 945 ZPO) aus folgenden Gründen entbinden:

- Die Klage des Arbeitnehmers bietet keine hinreichende Aussicht auf Erfolg oder erscheint mutwillig;
- die Weiterbeschäftigung des Arbeitnehmers würde zu einer unzumutbaren wirtschaftlichen Belastung des Arbeitgebers führen;
- der Widerspruch des Betriebsrates war offensichtlich unbegründet.

4. Allgemeiner Weiterbeschäftigungsanspruch

344 Heftig umstritten war lange die Frage, ob der Arbeitnehmer über den in § 102 Abs. 5 BetrVG geregelten Weiterbeschäftigungsanspruch hinaus einen Anspruch auf Weiterbeschäftigung während des Kündigungsschutzprozesses hat (**sog. allgemeiner Weiterbeschäftigungsanspruch**). Hierzu hat der Große Senat des Bundesarbeitsgerichts entschieden, daß der gekündigte Arbeitnehmer einen arbeitsvertraglichen Anspruch auf vertragsgemäße Beschäftigung über den Ablauf der Kündigungsfrist oder bei einer fristlosen Kündigung über deren Zugang hinaus bis zum rechtskräftigen Abschluß des Kündigungsprozesses hat, wenn die Kündigung unwirksam ist und überwiegende schutzwerte Interessen des Arbeitgebers dem nicht entgegenstehen. Außer im Falle einer offensichtlich unwirksamen Kündigung überwiegt in der Regel das Interesse des Arbeitgebers an der Nichtbeschäftigung. Dies gilt allerdings nur bis zu dem Zeitpunkt, in dem das Arbeitsgericht durch Urteil die Unwirksamkeit der Kündigung feststellt. Ab diesem Zeitpunkt ist das Beschäftigungsinteresse des Arbeitnehmers höher zu bewerten, wenn dem nicht im Einzelfall schutzwerte Interessen des Arbeitgebers (z. B. Vorliegen von Suspendierungsgründen, vgl. Rz. 81) entgegenstehen (*BAG* Beschl. v. 27. 2. 1985, EzA § 611 BGB Beschäftigungspflicht Nr. 9 = NZA 1985, S. 702). Dies gilt entsprechend auch bei

einem Rechtsstreit über die Wirksamkeit einer Befristung (*BAG* Urt. v. 13. 6. 1985, DB 1986, S. 1827).

II. Die ordentliche Kündigung

Die Kündigung des Arbeitsverhältnisses erfolgt entweder als **345** ordentliche oder als außerordentliche. Die ordentliche Kündigung kommt bei den Arbeitsverhältnissen in Frage, die auf unbestimmte Zeit bestehen, bei befristeten Arbeitsverhältnissen nur, wenn das Recht zur ordentlichen Kündigung besonders vereinbart wurde (vgl. oben Rz. 301 f.). Sie stellt den Normalfall der Beendigung eines Arbeitsverhältnisses dar.

Bei dem Ausspruch einer ordentlichen Kündigung haben sich **346** beide Partner des Arbeitsverhältnisses – Arbeitgeber und Arbeitnehmer – an eine bestimmte **Kündigungsfrist** zu halten. Kündigungsfrist ist hierbei die Zeitspanne zwischen dem Zugang der Kündigung und dem Tag der Beendigung des Arbeitsverhältnisses (z.B. Monatsende). Ist der letzte Tag, an dem eine Kündigung ausgesprochen werden kann, ein Sonntag oder staatlich anerkannter Feiertag, muß die Kündigung auch an diesem Tag zugehen. § 193 BGB, wonach eine Frist erst am nächstfolgenden Werktag endet, kommt hier nicht zur Anwendung (so die Rechtsprechung des BAG). In vielen Fällen ist die Kündigungsfrist an einen bestimmten Endtermin gebunden. Dies ist der Tag, zu dem allein die Beendigung des Arbeitsverhältnisses zulässig ist (z.B. »zum Fünfzehnten« – »zum Ende eines Kalendermonats«).

Wie bei seinen Rechtsquellen unterscheidet man im Arbeits- **347** recht **gesetzliche und vertraglich vereinbarte Kündigungsfristen**. Die gesetzlichen Kündigungsfristen kommen nur dann zur Anwendung, wenn für die Partner des Arbeitsverhältnisses weder ein Tarifvertrag maßgebend ist noch von ihnen, soweit gesetzlich zulässig, besondere Kündigungsfristen im Einzelarbeitsvertrag vereinbart wurden.

Hinsichtlich der Kündigungsfristen genießen also – der Rei- **348** henfolge nach – Tarifvertrag und Einzelarbeitsvertrag Vorrang. Erst wenn beide nicht Platz greifen, kommt die gesetzliche Kündigungsfrist zum Zuge.

349 Einheitlich für Arbeiter und Angestellte sind die Kündigungsfristen in § 622 BGB geregelt. Die **Grundkündigungsfrist** beträgt 4 Wochen entweder zum 15. eines Monats oder zum Ende des Kalendermonats (§ 622 Abs. 1 BGB).

350 Auch für länger beschäftigte Arbeitnehmer bestehen gemäß § 622 Abs. 2 BGB einheitlich für Arbeiter und Angestellte gestaffelte Fristen. Diese **verlängerten Fristen** gelten zunächst nur für die Kündigung durch den Arbeitgeber. Sie setzen eine genau festgelegte Beschäftigungsdauer im Betrieb oder Unternehmen (vgl. Rz. 125–131) voraus. Bei deren Berechnung werden die Zeiten, die vor der Vollendung des fünfundzwanzigsten Lebensjahres des Arbeitnehmers liegen, nicht berücksichtigt (§ 622 Abs. 2 Satz 2 BGB).

351 Die verlängerten Kündigungsfristen betragen
- nach zweijähriger Betriebszugehörigkeit einen Monat zum Monatsende,
- nach fünfjähriger Betriebszugehörigkeit zwei Monate zum Monatsende,
- nach achtjähriger Betriebszugehörigkeit drei Monate zum Monatsende,
- nach zehnjähriger Betriebszugehörigkeit vier Monate zum Monatsende,
- nach zwölfjähriger Betriebszugehörigkeit fünf Monate zum Monatsende,
- nach fünfzehnjähriger Betriebszugehörigkeit sechs Monate zum Monatsende,
- nach zwanzigjähriger Betriebszugehörigkeit sieben Monate zum Monatsende.

352 Klargestellt durch den Wortlaut des Gesetzes ist, daß diese längeren Kündigungsfristen bei einer Kündigung des Arbeitnehmers nicht gelten. Hier ist grundsätzlich die Vierwochenfrist des § 622 Abs. 1 BGB maßgebend.

353 Gemäß § 622 Abs. 4 BGB können die Kündigungsfristen **tarifvertraglich** abgekürzt oder verlängert werden. Die Möglichkeit trägt den Besonderheiten einzelner Wirtschaftszweige Rechnung. Auch Arbeitgeber und Arbeitnehmer, die **nicht tarifgebunden** sind (vgl. Rz. 51–53), können diese abweichenden tarifvertraglichen Bestimmungen durch Vereinbarung zum Inhalt ihres Arbeitsverhältnisses machen, wenn sie im Geltungsbereich eines solchen Tarifvertrages arbeiten.

Durch Einzelarbeitsvertrag können Kündigungsfristen nur eingeschränkt verlängert und verkürzt werden: 354

Bei einer **Verlängerung** der Kündigungsfristen darf für die Kündigung durch den Arbeitnehmer keine längere Frist vereinbart werden als für die Kündigung durch den Arbeitgeber (§ 622 Abs. 6 BGB). Eine umgekehrte arbeitsvertragliche Regelung – längere Kündigungsfrist für die Kündigung durch den Arbeitgeber – ist demgegenüber zulässig (sog. Günstigkeitsprinzip). 355

Eine **Verkürzung** der ordentlichen Kündigungsfristen durch Arbeitsvertrag ist nur in zwei Fällen vom Gesetz erlaubt (§ 622 Abs. 5 BGB): 356

1. wenn der Arbeitnehmer zur vorübergehenden Aushilfe eingestellt worden ist.
   Wird das Arbeitsverhältnis über die Zeit von drei Monaten hinaus fortgesetzt, gilt die gesetzliche Mindestkündigungsfrist des § 622 Abs. 1 BGB.
2. In Betrieben, in denen in der Regel nicht mehr als zwanzig Arbeitnehmer ausschließlich der zu ihrer Berufsausbildung Beschäftigten arbeiten, kann der Arbeitgeber mit den Arbeitnehmern eine Grundkündigungsfrist von vier Wochen ohne festen Termin vereinbaren. Die ordentliche Kündigung ist also nicht nur zum 15. oder zum Ende des Kalendermonats, sondern zu jedem Kalendertag zulässig.

Bei der Feststellung der Zahl der beschäftigten Arbeitnehmer sind teilzeitbeschäftigte Arbeitnehmer mit einer regelmäßigen wöchentlichen Arbeitszeit von nicht mehr als 20 Stunden mit 0,5 und nicht mehr als 30 Stunden mit 0,75 zu berücksichtigen. Für länger beschäftigte Arbeitnehmer gelten allerdings auch in Kleinbetrieben die verlängerten Fristen des § 622 Abs. 2 BGB (vgl. oben Rz. 350ff.).

Arbeitsvertraglich vereinbarte Kündigungsfristen, die unzulässigerweise kürzer sind, werden durch die gesetzlichen Vorschriften ersetzt. 357

Für Dienstverhältnisse, die keine Arbeitsverhältnisse sind, gelten gemäß § 621 BGB besondere Kündigungsfristen, die sich nach dem jeweiligen Entgeltbemessungszeitraum richten. 358

III. Die außerordentliche Kündigung

359 Jedes Arbeitsverhältnis, ganz gleich, ob es in seiner Dauer befristet, auf Probe, zur Aushilfe oder auf unbestimmte Zeit eingegangen wurde, ja auch wenn ausdrücklich vereinbart wurde, daß es »unkündbar« sei, kann durch eine außerordentliche Kündigung beendet werden. Diese ist – im Gegensatz zur ordentlichen Kündigung, wie unschwer aus ihrer Bezeichnung zu erkennen – nicht an eine Frist gebunden. Sie erfolgt daher auch in der Regel **fristlos**.

360 Doch kann bei dem Ausspruch einer außerordentlichen Kündigung auch **befristet** gekündigt werden. In diesem Fall muß der Kündigende zum Ausdruck bringen, daß er freiwillig von seinem Recht zur fristlosen Kündigung keinen Gebrauch machen will, z. B. weil er dem anderen Teil die Härte einer sofortigen Beendigung des Arbeitsverhältnisses ersparen möchte (z. B. Der Arbeitgeber entdeckt einen durch den Arbeitnehmer verübten Diebstahl. Mit Rücksicht auf sein langes Arbeitsverhältnis kündigt er aber nicht fristlos, sondern zum Wochenschluß, ohne daß hier aber eine fristgerechte Kündigung vorliegt.).

361 Das Recht der außerordentlichen Kündigung ist für das gesamte Arbeitsvertragsrecht in § 626 BGB einheitlich für Arbeiter und Angestellte geregelt worden.

Für alle Arbeitnehmer gilt eine Generalklausel. Ein **wichtiger Grund** zur außerordentlichen Kündigung eines Arbeitsverhältnisses ist demnach für Arbeitgeber und Arbeitnehmer dann gegeben, wenn Tatsachen vorliegen, aufgrund derer dem Kündigenden unter Berücksichtigung aller Umstände des Einzelfalles und unter Abwägung der Interessen beider Vertragsteile die Fortsetzung des Dienstverhältnisses bis zum Ablauf der Kündigungsfrist oder bis zu der vereinbarten Beendigung des Arbeitsverhältnisses (befristetes Arbeitsverhältnis) nicht zugemutet werden kann (§ 626 Abs. 1 BGB).

362 Gelegentlich enthalten Tarifverträge, Betriebsvereinbarungen oder auch Arbeitsverträge bestimmte Tatbestände, bei deren Vorliegen eine fristlose Kündigung zulässig sein soll (z. B. Führerscheinentzug). Auch in diesem Fall müssen sich die Tatbestände in dem durch § 626 Abs. 1 BGB abgesteckten Rahmen halten, unterliegen also richterlicher Nachprüfung.

Dem Kündigungsberechtigten wird eine **Frist von 2 Wochen** eingeräumt, innerhalb derer er sich darüber schlüssig werden soll, ob er eine außerordentliche Kündigung aussprechen will oder nicht. Diese Bedenkzeit rechnet von dem Zeitpunkt ab, in dem er Kenntnis von den für die Kündigung maßgebenden Tatsachen erlangt hat. Innerhalb dieses Zeitraums ist auch der Betriebsrat zu beteiligen (vgl. § 102 Abs. 2 BetrVG, Rz. 337f.). Nach Ablauf dieser Frist kann er eine außerordentliche Kündigung nicht mehr auf die ihm bekanntgewordenen Tatsachen stützen. Der Gesetzgeber hat es dem Kündigenden weiter zur Pflicht gemacht, auf Verlangen den Kündigungsgrund dem anderen Teil unverzüglich schriftlich mitzuteilen (§ 626 Abs. 2 BGB). 363

Tauchen nach Ausspruch einer fristlosen Entlassung neue Kündigungsgründe auf, so kann auch mit diesen die außerordentliche Kündigung begründet werden. Dieses sog. **Nachschieben von Kündigungsgründen** hat vor allem bei einem Rechtsstreit vor dem Arbeitsgericht Bedeutung. Die Gründe müssen allerdings zeitlich **vor** dem Ausspruch der außerordentlichen Kündigung liegen. Ist dies nicht der Fall, rechtfertigen sie nur den Ausspruch einer weiteren – etwa vorsorglichen – außerordentlichen Kündigung durch den Arbeitgeber. Zu beachten ist auch noch, daß zu diesen »nachgeschobenen« Kündigungsgründen gleichfalls der Betriebsrat gehört worden sein muß. 364

Ist eine außerordentliche Kündigung unwirksam, weil der Kündigungsgrund kein ausreichendes Gewicht hat oder die zweiwöchige Kündigungserklärungsfrist aus § 626 Abs. 2 BGB nicht eingehalten wurde, kommt regelmäßig eine **Umdeutung** in eine ordentliche Kündigung in Betracht (§ 140 BGB). Diese ist dann an den entsprechend geringeren gesetzlichen Anforderungen für eine ordentliche Kündigung zu messen (z.B. nach dem KSchG). Besteht ein Betriebsrat, müssen allerdings die besonderen Mitwirkungsvoraussetzungen bei ordentlicher Kündigung erfüllt sein (vgl. oben Rz. 332ff.); das ist anzunehmen, wenn der Betriebsrat der außerordentlichen Kündigung vorbehaltlos zugestimmt hatte. 365

IV. Was versteht man unter Kündigungsschutz?

1. Allgemeines

366 Das geltende Arbeitsrecht kennt ein Recht am Arbeitsplatz nicht. Es erscheint jedoch aus sozialen Gründen notwendig, den Arbeitnehmer weitgehend zu sichern. Die Kündigung eines Arbeitnehmers darf also nicht schrankenlos in das alleinige Belieben des Arbeitgebers gestellt werden. Der Gesetzgeber suchte hier eine vernünftige Abwägung zwischen den Interessen der Partner des Arbeitsverhältnisses zu finden. Der Arbeitgeber nimmt auf die Wahrung der wirtschaftlichen Erfordernisse seines Betriebes Bedacht. Der Arbeitnehmer will seinen Arbeitsplatz, der seine Existenz darstellt, gesichert sehen. Vielfach ist hiermit auch die Versorgung einer Familie verbunden. Bei langjährig in demselben Betrieb beschäftigten Arbeitnehmern tritt noch hinzu, daß sie viele Jahre Arbeitskraft und Gesundheit dem Betrieb und Unternehmen geopfert haben.

367 Erwägungen dieser Art liegen auch dem **Kündigungsschutzgesetz** (KSchG) vom 10. 8. 1951 i. d. F. v. 25. 8. 1969 zugrunde. Es stellt die Verwirklichung des **Grundsatzes der Sozialstaatlichkeit** des Art. 20 Abs. 1 GG dar. Mit ihm ist auch das eingangs erwähnte Problem des **Rechtes am Arbeitsplatz** geregelt worden. Das KSchG gibt dem Arbeitnehmer das Recht, durch das Arbeitsgericht nachprüfen zu lassen, ob die ihm gegenüber ausgesprochene Kündigung **sozial gerechtfertigt ist**.

2. Wer genießt Kündigungsschutz?

368 Der Kündigungsschutz ist an zwei Voraussetzungen – eine zeitliche und eine betriebliche – gebunden.

a) Die zeitliche Voraussetzung

369 Das Arbeitsverhältnis muß in demselben Betrieb oder Unternehmen (vgl. Rz. 125–131) ohne Unterbrechung länger als sechs Monate bestanden haben (§ 1 Abs. 1 KSchG).
Für die vorerwähnte sechsmonatige Wartezeit, also die zeitliche Voraussetzung des Kündigungsschutzes, ist nicht die Dauer der tatsächlichen Beschäftigung des Arbeitnehmers

maßgebend, sondern der **rechtliche Bestand** seines Arbeitsverhältnisses.
Soll ein Arbeitnehmer also z. B. ab 1. 6. sein Arbeitsverhältnis beginnen, tritt er jedoch wegen Krankheit erst seine Arbeit am 15. 6. an, läuft die Sechsmonatsfrist des § 1 Abs. 1 KSchG gleichwohl ab 1. 6. Geht dem Arbeitnehmer in diesem Fall eine Kündigung am 1. 12. d. J. zu (vgl. oben Rz. 326f.), hat er die Wartezeit zurückgelegt.

b) Die betriebliche Voraussetzung

Der Betrieb, in dem der Arbeitnehmer tätig ist, muß regelmäßig **mehr als 5 Arbeitnehmer** beschäftigen. Auszubildende, Volontäre und Aushilfskräfte zählen nicht mit. **Teilzeitbeschäftigte** werden entsprechend dem Umfang ihrer Arbeitszeit gerechnet: Arbeitnehmer mit einer regelmäßigen wöchentlichen Arbeitszeit von bis zu 20 Stunden werden einheitlich als 0,5 Arbeitnehmer gezählt, bei einer Arbeitszeit von mehr als 20 bis zu 30 Stunden gilt der Faktor 0,75, bei einer Arbeitszeit von mehr als 30 Stunden gilt der Faktor 1,0. **370**
Maßgeblich ist die Zahl der »in der Regel« Beschäftigten, zu deren Feststellung auch ein Rückblick in die Vergangenheit und ein Ausblick in die Zukunft erforderlich ist. Die »regelmäßige wöchentliche Arbeitszeit« ergibt sich aus dem Vertrag, wobei kurzfristige Arbeitszeitschwankungen und gelegentliche Überstunden außer Betracht bleiben. Maßgeblich ist die Beschäftigtenzahl des Betriebes, nicht des Unternehmens oder Arbeitgebers. Nach einer Entscheidung des Bundesverfassungsgerichts ist das nur gerechtfertigt, soweit der Betrieb durch enge persönliche Zusammenarbeit, insbesondere persönliche Mitarbeit des Arbeitgebers, durch geringe Finanzausstattung und Verwaltungskapazität geprägt ist. Um **echte Kleinbetriebe** in diesem Sinne handelt es sich daher in der Regel nicht, wenn der Arbeitgeber mehrere Betriebe mit insgesamt einer Vielzahl von Arbeitnehmern betreibt (BVerfG, 27. 1. 1998 = NZA 1998, 469).
Auch wenn der Kündigungsschutz nach alledem keine Anwendung findet, verbleibt ein gewisser restlicher Schutz vor ungerechtfertigten Kündigungen (sogenannter **Kündigungsschutz zweiter Klasse**): Willkürliche, auf sachfremden Motiven beruhende oder diskriminierende Kündigungen können sittenwid- **371**

rig (§ 138 BGB) oder treuwidrig (§ 242 BGB) sein oder sich als unzulässige Maßregelung darstellen (§ 612a BGB). Doch kommt dies in der Praxis selten vor.

372 Das KSchG findet auf Hausgehilfen keine Anwendung; für die See- und Binnen-Schiffahrt sowie Luftfahrzeuge gelten gewisse Besonderheiten gemäß §§ 23 Abs. 2, 24 KSchG. Ansonsten gilt das KSchG in allen Betrieben und Verwaltungen des privaten und öffentlichen Rechts.

373 § 14 Abs. 2 KSchG bezieht die **leitenden Angestellten** in den Kündigungsschutz ein. Demnach finden die Vorschriften des ersten Abschnitts des KSchG auch auf Geschäftsführer, Betriebsleiter und ähnliche leitende Angestellte, soweit diese zur selbständigen Einstellung oder Entlassung von Arbeitnehmern berechtigt sind, Anwendung.

374 Nur in einem Punkt sind die leitenden Angestellten gegenüber anderen Arbeitnehmern schlechter gestellt: Im Kündigungsschutzverfahren kann der Arbeitgeber nach Feststellung der Sozialwidrigkeit der Kündigung die Auflösung des Arbeitsverhältnisses beantragen, ohne daß er diesen Antrag – wie bei den übrigen Arbeitnehmern – begründen muß (§ 14 Abs. 2 Satz 2 KSchG). Das Arbeitsgericht muß in einem solchen Fall also das Arbeitsverhältnis auflösen und den Arbeitgeber zur Zahlung einer Abfindung verurteilen.

3. Welche Tatbestände umfaßt der Kündigungsschutz?

375 Die Kündigung eines Arbeitnehmers, der Kündigungsschutz genießt, ist **rechtsunwirksam**, wenn sie nicht **sozial gerechtfertigt** ist.

Das ist der Fall, wenn die Kündigung
- weder durch Gründe in der **Person**
- oder in dem **Verhalten** des Arbeitnehmers noch
- durch ein **dringendes betriebliches Erfordernis**, das der Weiterbeschäftigung des Arbeitnehmers in dem Betrieb entgegensteht, bedingt ist (§ 1 Abs. 2 KSchG).

376 Die Gründe müssen die Kündigung »bedingen«, d. h. notwendig machen. Damit scheiden zunächst solche Gründe aus, die eine Kündigung lediglich opportun, nützlich oder günstig erscheinen lassen. Gemeint ist ein objektiv nachprüfbarer Grund, der einen konkreten Bezug zum Arbeitsverhältnis oder zum Betrieb hat und die **dauerhafte Fortsetzung** des Arbeitsverhältnisses für den Arbeitgeber **unzumutbar** macht.

Die aufgeführten Gründe – personen-, verhaltens- und be- **377**
triebsbedingt – teilen die in Betracht kommenden Kündigungsgründe nach **Verantwortungssphären** ein. Je nach ihrer Einordnung müssen unterschiedliche Maßstäbe an die soziale Rechtfertigung gelegt werden:

- Gründe in der Person des Arbeitnehmers kommen aus sei- **378**
  ner Sphäre, können von ihm aber nicht beeinflußt werden (z.B. krankheitsbedingte Arbeitsunfähigkeit).
- Gründe im Verhalten des Arbeitnehmers stammen ebenfalls aus seiner Sphäre und beruhen zusätzlich auf seinem steuerbaren Verhalten (z.B. unentschuldigtes Fehlen).
- Dringende betriebliche Erfordernisse entstammen schließlich der Sphäre des Arbeitgebers.

Der gleiche Sachverhalt, etwa eine einwöchige Nichtleistung **379**
der Arbeit, ist kündigungsrechtlich völlig unterschiedlich zu beurteilen, je nachdem ob er auf nicht beeinflußbaren Umständen, etwa Inhaftierung infolge politischer Unruhen am Urlaubsort (personenbedingt) oder auf eigenmächtiger Urlaubsverlängerung (verhaltensbedingt) oder schießlich auf fehlendem Materialnachschub (betriebsbedingt) beruht.

Gründe in der Person und in dem Verhalten des Arbeitneh- **380**
mers sowie das Vorliegen eines dringenden betrieblichen Erfordernisses sind **vom Arbeitgeber zu beweisen** (§ 1 Abs. 2 Satz 4 KSchG).

a) Gründe in der Person

Personenbedingt sind Gründe in der Person des Arbeitneh- **381**
mers, die von ihm nicht beeinflußt werden können. Die Gründe müssen solcher Art sein, daß sie zu unzumutbaren betrieblichen Beeinträchtigungen führen. Eine Abmahnung scheidet aus, da es gerade nicht um ein steuerbares Verhalten des Arbeitnehmers geht. Kennzeichnend für die personenbedingte Kündigung ist eine besonders sorgfältige Abwägung der beiderseitigen Interessen.

In Betracht kommen beispielsweise **Eignungsmängel** fachli- **382**
cher oder persönlicher Art, etwa mangelnde Anpassungsfähigkeit an neue Anforderungen, die beispielsweise durch neue

Technologien gestellt werden. Stets bedarf es hier sorgfältiger Prüfung, ob es sich tatsächlich um unabänderbare Eigenschaften der Person handelt und die betrieblichen Auswirkungen tatsächlich unzumutbar sind. Allein altersbedingt nachlassende Leistungsfähigkeit, soweit sie das normale Maß nicht beträchtlich übersteigt, kann eine Kündigung nicht rechtfertigen.

383 Häufigster Fall der personenbedingten Kündigung ist die Kündigung wegen **Krankheit**. Entgegen einer weit verbreiteten Ansicht kann nicht nur während einer Krankheit gekündigt werden, sondern im Grundsatz auch wegen einer Krankheit. In diesem Fall hat der Arbeitnehmer allerdings auch über die rechtliche Beendigung des Arbeitsverhältnisses hinaus für die Dauer seiner Erkrankung, längstens aber 6 Wochen, Anspruch auf Fortzahlung des Arbeitsentgelts (§ 8 Abs. 1 EFZG, vgl. oben Rz. 240).

384 Unter der Geltung des KSchG sind an die soziale Rechtfertigung einer krankheitsbedingten Kündigung allerdings strenge Anforderungen zu stellen. Eine Kündigung wegen **häufig wiederkehrender Erkrankungen** erfordert

385
- die auf objektiven Tatsachen beruhende Besorgnis weiterer zukünftiger Erkrankungen,
- eine aus diesen zu erwartenden Fehlzeiten folgende erhebliche Beeinträchtigung der betrieblichen Interessen und
- die Feststellung, daß bei Abwägung der betrieblichen Interessen mit den persönlichen Belangen des Arbeitnehmers eine Fortsetzung des Arbeitsverhältnisses für den Arbeitgeber unzumutbar ist.

386 Bei mehrjährigen Fehlquoten von 25% dürfte – je nach den Umständen – eine krankheitsbedingte Kündigung in Betracht kommen. Beruht die Erkrankung auf einem Betriebsunfall, ist das in der Interessenabwägung zugunsten des Arbeitnehmers zu berücksichtigen.

387 Bei **Dauererkrankungen** ist der Arbeitgeber aus dem Grundsatz der Verhältnismäßigkeit zunächst gehalten, zumutbare Überbrückungsmaßnahmen zu ergreifen. Eine Kündigung ist erst gerechtfertigt, wenn die Fehlzeit zu unzumutbaren betrieblichen Auswirkungen führt. Bestehen nach längerer Erkrankung keine Anhaltspunkte für eine Genesung in der Zukunft, kommt eine Kündigung in Betracht (BAG Urteil vom 9. 4. 1987, BB 1987 Seite 2156).

b) Gründe im Verhalten

Die Kündigung aus Gründen im **Verhalten** des Arbeitnehmers erfordert i. d. R. eine **schuldhafte Vertragspflichtverletzung.** In Betracht kommen alle Pflichten aus dem Arbeitsverhältnis, die sogenannten Hauptpflichten wie auch die Nebenpflichten. Auch außerdienstliches Verhalten kann, soweit es ausnahmsweise direkt oder indirekt auf das Arbeitsverhältnis zurückwirkt, zu einer verhaltensbedingten Kündigung führen. 388

Nach dem Grundsatz der Verhältnismäßigkeit ist vor Ausspruch der Kündigung stets zu prüfen, ob ein milderes Mittel geeignet und zumutbar ist, dem Mißstand abzuhelfen. Dies ist das Feld der **Abmahnung,** die regelmäßig einer verhaltensbedingten Kündigung vorauszugehen hat. Zu prüfen ist aber auch die Möglichkeit einer Änderungskündigung als milderes Mittel. Eine Kündigung ohne vorausgegangene Abmahnung ist zulässig, wenn sie nach Abwägung aller Umstände angesichts der Art und Schwere sowie der Folgen der Pflichtverletzung billigenswert und angemessen erscheint. Häufig handelt es sich dabei um Fälle, in denen bereits eine außerordentliche Kündigung in Betracht kommt. Dies ist insbesondere der Fall, wo ein Fehlverhalten das erforderliche Vertrauensverhältnis zerstört (Vortäuschen einer Krankheit; Manipulation bei der Arbeitszeiterfassung). 389

Typische verhaltensbedingte Kündigungsgründe sind etwa wiederholte Verletzung eines Alkoholverbotes nach Abmahnung, ständige Unpünktlichkeit nach Abmahnung und dauernde Schlechtleistung nach Abmahnung. 390

c) Dringende betriebliche Erfordernisse

Sie können in zweifacher Form auftreten: 391

- Einmal kann ihr Eintritt von der Entscheidung des Arbeitgebers weitgehend unabhängig sein, z. B. allgemeiner Konjunkturrückgang in dem betreffenden Wirtschaftszweig, Auftragsmangel, Absatzrückgang, Materialmangel usw. (sogenannte außerbetriebliche Ursachen).
- Zum anderen kann aber auch die zur Kündigung führende Situation selbst vom Arbeitgeber herbeigeführt worden sein, z. B. Rationalisierung, Automatisierung, Betriebsverlagerung, Betriebsumstellung, Betriebsverpachtung, Be-

triebsveräußerung usw. (sogenannte innerbetriebliche Ursachen oder unternehmerische Entscheidung).

Häufig bestehen dringende betriebliche Erfordernisse in einer Kombination von außerbetrieblichen Ursachen und unternehmerischen Entscheidungen des Arbeitgebers.

392 Maßgebend für das Vorliegen eines dringenden betrieblichen Erfordernisses ist immer der **Zeitpunkt des Ausspruchs** der Kündigung. Bei dem vom Arbeitgeber selbst herbeigeführten Erfordernis muß dieses zumindest greifbare Gestalt angenommen haben. Das Arbeitsgericht hat lediglich zu prüfen und festzustellen, ob das vom Arbeitgeber behauptete dringende betriebliche Erfordernis (z. B. die Rationalisierung) gegeben ist und zum Wegfall des Beschäftigungsbedarfs führt. Eine unternehmerische Entscheidung selbst ist nur darauf zu untersuchen, ob sie offenbar unsachlich, unvernünftig oder willkürlich ist. Eine weitergehende Kontrolle ist dem Gericht verwehrt, da der Arbeitgeber das wirtschaftliche Risiko allein trägt.

393 Außerdem darf die Weiterbeschäftigung des gekündigten Arbeitnehmers nicht an einem anderen freien Arbeitsplatz in demselben oder in einem anderen Betrieb des Unternehmens möglich sein. Hierzu hat der Arbeitnehmer entsprechendes vorzutragen.

394 Im öffentlichen Dienst steht die Streichung einer genau bezeichneten Planstelle durch den zuständigen Haushaltsausschuß oder das legislative Gremium dann einer innerbetrieblichen unternehmerischen Entscheidung, die zum Wegfall des Arbeitsplatzes führt, gleich, wenn sich der Haushaltsgesetzgeber mit den konkreten Verhältnissen der Dienststelle befaßt hat. Allgemeine Haushaltsplankürzungen (Stellenreduzierung um 10%) genügen für sich genommen nicht.

395 Ist die Kündigung durch ein dringendes betriebliches Erfordernis gerechtfertigt, ist sie gleichwohl sozial ungerechtfertigt und damit rechtsunwirksam, wenn der Arbeitgeber bei der **Auswahl** des gekündigten Arbeitnehmers **soziale Gesichtspunkte** nicht oder nicht ausreichend berücksichtigt hat (§ 1 Abs. 3 Satz 1 KSchG). Dies ist **vom Arbeitnehmer zu beweisen** (§ 1 Abs. 3 Satz 3 KSchG).

396 Bei einer betriebsbedingten Kündigung (vgl. § 1 Abs. 3 KSchG) hat der Arbeitgeber auf Verlangen des Arbeitnehmers die Gründe anzugeben, die zu der getroffenen sozialen

Auswahl geführt haben (§ 1 Abs. 3 Satz 1 KSchG). Diese Bestimmung ändert nicht die bisherige Beweislastregelung, wonach der Arbeitnehmer einen von ihm behaupteten Mangel der sozialen Auswahl beweisen muß. Sie gibt dem von einer betriebsbedingten Kündigung betroffenen Arbeitnehmer aber in der Regel erst die Möglichkeit zu prüfen, ob die vom Arbeitgeber getroffene soziale Auswahl dem Gesetz entspricht.

Derjenige Arbeitnehmer genießt Vorrang, für dessen Weiter- 397
beschäftigung bei Berücksichtigung aller einzelnen Aspekte die stärkeren sozialen Gründe sprechen. Zu den sozialen Gesichtspunkten, die auf jeden Fall in die Bewertung einfließen müssen, gehören die **Betriebszugehörigkeit**, das **Lebensalter** und die **Unterhaltspflichten.**

In den Vergleich einzubeziehen sind die Arbeitnehmer, die vom Wegfall des Beschäftigungsbedürfnisses selbst unmittelbar betroffen sind oder aber mit solchen Arbeitnehmern von ihrer betrieblichen Tätigkeit her **vergleichbar** sind. Hat der Arbeitgeber die Auswahl des gekündigten Arbeitnehmers nach Maßgabe einer tariflichen oder mit dem Betriebsrat vereinbarten Auswahlrichtlinie getroffen, prüft das Arbeitsgericht die soziale Auswahl nur auf grobe Fehlerhaftigkeit (§ 1 Abs. 4 KSchG).

Soziale Gesichtspunkte sind dann nicht zu beachten, wenn be- 398
triebstechnische, wirtschaftliche oder sonstige berechtigte **betriebliche Bedürfnisse** die Weiterbeschäftigung eines oder mehrerer Arbeitnehmer, die an und für sich »an der Reihe gewesen wären«, notwendig machen (§ 1 Abs. 3 Satz 2 KSchG). Z. B. Mehrere kürzer beschäftigte, unentbehrliche Facharbeiter würden den Betrieb im Falle ihrer Entlassung zur Ausführung eines bestimmten Auftrages unfähig machen und seine Fortführung gefährden. In diesem Fall sind ausnahmsweise die länger beschäftigten entbehrlichen Arbeiter mit ähnlicher Tätigkeit zu entlassen. Für diese Umstände trifft den Arbeitgeber die Beweislast.

4. Wann und wie ist die sog. Kündigungsschutzklage zu erheben?

Sie ist spätestens **drei Wochen nach Zugang** der Kündigung 399
(vgl. Rz. 327 ff.) zu erheben, d. h. entweder bei der Geschäfts-

stelle des Arbeitsgerichts einzureichen oder zu Protokoll zu geben (§ 4 KSchG). Der Arbeitnehmer hat dabei zu beantragen: »Es wird festgestellt, daß die Kündigung vom ... zum ... Arbeitsverhältnis des Klägers (der Klägerin) ... nicht aufgelöst hat (auflöst).«

400 Auch mittels außerordentlicher Kündigung (fristlos oder befristet – vgl. Rz. 360f.) entlassene Arbeitnehmer haben die Dreiwochenfrist einzuhalten, wenn sie Kündigungsschutz genießen (§ 13 Abs. 1 Satz 2 KSchG).

401 Findet das KSchG keine Anwendung, weil ein Arbeitnehmer z.B. erst 5 Monate im Betrieb beschäftigt ist oder der Betrieb nicht mehr als 5 Arbeitnehmer umfaßt, so braucht der gekündigte Arbeitnehmer weder bei der ordentlichen noch bei der außerordentlichen Kündigung die Frist des § 4 KSchG einzuhalten. Bei einer nichtigen Kündigung (z.B. bei einer schwangeren Arbeitnehmerin – vgl. Rz. 467) oder wenn der Arbeitnehmer sich nur gegen die Nichteinhaltung der tariflichen, gesetzlichen oder vereinbarten Kündigungsfrist wehren will, ist gleichfalls die Wahrung der Dreiwochenfrist nicht notwendig (§ 13 Abs. 3 KSchG). Der Arbeitnehmer kann aber auch in diesen Fällen nicht unbegrenzt zuwarten: Wer mehrere Monate lang gegenüber einer Kündigung keinerlei Einwände erhebt und den Arbeitgeber in der Vorstellung läßt, daß er die Kündigung hinnehme, kann nach Treu und Glauben (§ 242 BGB) sein Recht verwirken, sich auf die Unwirksamkeit der Kündigung zu berufen.

402 Bei einer **verspätet erhobenen Kündigungsschutzklage** kann – was in der Praxis selten Erfolg hat – auf besonderen Antrag des Arbeitnehmers, den er mit der Klage zu verbinden hat, deren **nachträgliche Zulassung** erfolgen. Voraussetzung ist jedoch, daß der Arbeitnehmer nach erfolgter Kündigung trotz Anwendung aller ihm nach Lage der Umstände zuzumutenden Sorgfalt verhindert war, die Klage innerhalb von drei Wochen nach Zugang der Kündigung zu erheben (§ 5 Abs. 1 KSchG).

> Z.B. Motorradfahrer fährt während des Laufes der Dreiwochenfrist gegen einen Baum und ist über den 21. Tag der Frist besinnungslos – die Zulassung muß erfolgen. Er hat bei dem Unfall lediglich ein Bein gebrochen – kein Grund zur nachträglichen Zulassung.

Der Antrag ist binnen zwei Wochen nach Behebung des Hindernisses zu stellen und sechs Monate nach Ablauf der Dreiwochenfrist ausgeschlossen. Die Entscheidung erfolgt durch die Kammer des Arbeitsgerichts durch besonderen Beschluß. Gegen diesen können – je nach dem Ergebnis – Arbeitnehmer und Arbeitgeber binnen 2 Wochen nach seiner Zustellung sofortige Beschwerde beim Landesarbeitsgericht einlegen. Dieses entscheidet endgültig (§ 5 Abs. 3 und 4 KSchG). **403**

Wird die Rechtsunwirksamkeit einer sozial ungerechtfertigten Kündigung nicht rechtzeitig geltend gemacht oder der entsprechende Antrag auf nachträgliche Zulassung rechtskräftig zurückgewiesen, so gilt die Kündigung als von Anfang an rechtswirksam, wenn sie nicht aus einem anderen Grunde rechtsunwirksam ist (§ 7 KSchG). **404**

5. Die Auflösung des Arbeitsverhältnisses

Stellt das Arbeitsgericht fest, daß eine Kündigung sozial ungerechtfertigt und damit rechtsunwirksam ist, so kann es gleichwohl das Arbeitsverhältnis auflösen. Der Antrag hierzu ist vom Arbeitnehmer oder vom Arbeitgeber oder auch von beiden zu stellen. **405**

Der **Auflösungsantrag** kann von beiden Parteien auch noch im zweiten Rechtszug vor dem Landesarbeitsgericht bis zum Zeitpunkt der letzten mündlichen Verhandlung gestellt werden. **406**

Der **Arbeitnehmer** kann den Antrag stellen, wenn ihm die Fortsetzung des Arbeitsverhältnisses nicht zuzumuten ist (§ 9 Abs. 1 Satz 1 KSchG). Z. B. Arbeitnehmer wird wegen Diebstahlsverdacht entlassen; dieser erweist sich als unbegründet.

Der **Arbeitgeber** kann den Auflösungsantrag stellen, wenn eine den Betriebszwecken dienliche weitere Zusammenarbeit zwischen Arbeitgeber und Arbeitnehmer nicht zu erwarten ist (§ 9 Abs. 1 Satz 2 KSchG).

Soll eine derartige Entscheidung nach Feststellung der Sozialwidrigkeit einer Kündigung auf Antrag des Arbeitgebers ergehen, so hat dieser die Gründe zu beweisen, die eine den Betriebszwecken dienliche weitere Zusammenarbeit zwischen ihm und dem Arbeitnehmer nicht erwarten lassen (§ 9 Abs. 1 Satz 2 KSchG). **407**

408 Gibt das Gericht einem Auflösungsantrag statt, ist der Zeitpunkt der Auflösung derjenige, bei dem das Arbeitsverhältnis bei sozial gerechtfertigter Kündigung geendet hätte (§ 9 Abs. 2 KSchG).

409 Zwingende Rechtsfolge bei der Auflösung eines Arbeitsverhältnisses ist die Verurteilung des Arbeitgebers zur Zahlung einer **Abfindung** (§ 9 Abs. 1 Satz 1 in Verbindung mit § 10 KSchG).

Sinn dieser Abfindungszahlung ist, den Arbeitnehmer für den Schaden zu **entschädigen**, der ihm im Zusammenhang mit dem Verlust seines Arbeitsplatzes entsteht (z. B. Ausscheiden aus der betrieblichen Pensionskasse; Verlust einer echten Leistungszulage oder einer laufenden Gratifikation). Daneben soll er bis zur Erlangung eines entsprechenden neuen Arbeitsplatzes ein Übergangsgeld haben.

410 Die **Höhe der Abfindung** beträgt in der Regel höchstens 12 Monatsverdienste (§ 10 Abs. 1 KSchG).

§ 9 Abs. 1 KSchG schreibt lediglich vor, daß die Abfindung »angemessen« sein soll. Das gibt dem Arbeitsgericht einen großen Ermessensspielraum. Die wirtschaftliche Lage des Arbeitnehmers scheidet bei der Bemessung der Abfindung grundsätzlich ebenso aus wie die Leistungsfähigkeit des Betriebes. Entscheidend dürfte in erster Linie die Dauer der Betriebszugehörigkeit des Arbeitnehmers sein.

411 § 10 Abs. 2 KSchG enthält eine erweiterte Abfindungsregelung. Die Grundabfindung von zwölf Monatsverdiensten hat der Gesetzgeber für bestimmte Härtefälle um eine nach Betriebszugehörigkeit und Lebensalter gestaffelte Erhöhung der Abfindung ergänzt:

412 Nach Vollendung des 50. Lebensjahres und einer Betriebszugehörigkeit von 15 Jahren kann eine Abfindung bis zu 15 Monatsverdiensten, nach vollendetem 55. Lebensjahr und einer Betriebszugehörigkeit von 20 Jahren eine Abfindung bis zu 18 Monatsverdiensten festgesetzt werden. Diese erhöhten Abfindungen stehen jedoch den Arbeitnehmern nicht zu, die in dem Zeitpunkt, den das Arbeitsgericht für die Auflösung des Arbeitsverhältnisses festsetzt, das 65. Lebensjahr vollendet haben (§ 10 Abs. 2 Satz 2 KSchG).

413 Als Monatsverdienst gilt, was dem Arbeitnehmer bei der für ihn maßgebenden regelmäßigen Arbeitszeit in dem Monat, in

dem das Arbeitsverhältnis endet, an Geld und Sachbezügen zusteht (§§ 10 Abs. 3 i. V. m. § 9 Abs. 2 KSchG).

414 Die Abfindung ist, wenn die Auflösung des Arbeitsverhältnisses vom Arbeitgeber veranlaßt und vom Arbeitsgericht ausgesprochen worden ist, bis zu einem Betrag von **DM 16.000,00 lohnsteuerfrei** (§ 3 Ziff. 9 Einkommensteuergesetz 1999). Bei einem über 50 Jahre alten Arbeitnehmer mit mindestens 15jähriger Betriebszugehörigkeit erhöht sich die Steuerfreiheit auf DM 20.000,00, bei einem über 55 Jahre alten Arbeitnehmer mit 20jähriger Betriebszugehörigkeit auf DM 24.000,00. Übersteigende Abfindungsbeträge sind voll zu versteuern, wobei allerdings eine gesetzliche Abschwächung der Steuerprogression eingreift. Im übrigen ist die Abfindung frei von Abgaben zur Sozialversicherung.

415 Ist das Arbeitsverhältnis durch ordentliche Kündigung beendet worden, **ruht** während des Laufes der Kündigungsfrist der **Anspruch auf Arbeitslosengeld**. (§ 143 Abs. 1 SGB III i. d. F. vom 1. 4. 1999). Das gilt auch dann, wenn der Arbeitnehmer wegen der Beendigung des Arbeitsverhältnisses eine **Urlaubsabgeltung** erhalten oder zu beanspruchen hat. Liegt diese außerhalb der Kündigungsfrist, beginnt der Anspruch auf Arbeitslosenentgelt erst mit dem fiktiven Ende der Urlaubszeit (§ 143 Abs. 2 SGB III).

416 Ist das Arbeitsverhältnis ohne Einhaltung der ordentlichen **Kündigungsfrist,** also in der Regel fristlos, beendet worden, ruht der Anspruch auf Arbeitslosengeld bis zu dem Tag, an dem es bei einer ordentlichen Kündigung geendet hätte. Eine Abfindung, eine Entschädigung oder eine ähnliche Leistung werden angerechnet (§ 143 Abs. 1 SGB III). Ist eine ordentliche Kündigung des Arbeitsverhältnisses ausgeschlossen, kann dieses also nur durch außerordentliche Kündigung beendet werden, gilt eine Kündigungsfrist von 18 Monaten für die Zeit des Ruhens des Anspruchs auf Arbeitslosenentgelt. Diese Frist vermindert sich auf ein Jahr, wenn dem Arbeitnehmer nur bei Zahlung einer Abfindung, Entschädigung oder einer ähnlichen Leistung gekündigt werden kann.

417 Gemäß § 143a Abs. 2 SGB III ruht der Anspruch jedoch längstens für die Dauer eines Jahres. Außerdem ruht er nicht über den Tag hinaus, bis zu dem der Arbeitslose – wenn er weitergearbeitet hätte – einen bestimmten anzurechnenden Teil sei-

ner Abfindung als Arbeitsentgelt verdient hätte. Höchstens angerechnet werden 60% der Abfindung. Der Anteil vermindert sich zusätzlich für je 5 Lebensjahre nach Vollendung des 35. Lebensjahres und für je 5 Jahre Betriebszugehörigkeit um jeweils 5%, jedoch nicht unter mindestens 25%. Der anzurechnende Anteil der Abfindung errechnet sich daher nach folgender Tabelle:

Betriebszugehörigkeit	Lebensalter am Ende des Arbeitsverhältnisses					
	unter 40 Jahre	ab 40 Jahre	ab 45 Jahre	ab 50 Jahre	ab 55 Jahre	ab 60 Jahre
weniger als 5 Jahre	60%	55%	50%	45%	40%	35%
5 und mehr Jahre	55%	50%	45%	40%	35%	30%
10 und mehr Jahre	50%	45%	40%	35%	30%	25%
15 und mehr Jahre	45%	40%	35%	30%	25%	25%
20 und mehr Jahre	40%	35%	30%	25%	25%	25%
25 und mehr Jahre	35%	30%	25%	25%	25%	25%
30 und mehr Jahre		25%	25%	25%	25%	25%
35 und mehr Jahre			25%	25%	25%	25%

Beispiel:
Ein 54jähriger, tarifvertraglich unkündbarer Arbeitnehmer (Monatsverdienst: 6.000,00 DM) einigt sich nach 24jähriger Betriebszugehörigkeit mit dem Arbeitgeber am 30. 6. 1999 über eine Aufhebung des Arbeitsverhältnisses zum 30. 9. 1999. Er erhält eine Abfindung in Höhe von 80.000,00 DM.
Berechnung des Ruhenszeitraums:
Wegen der Unkündbarkeit gilt eine fiktive Kündigungsfrist von 18 Monaten, also vom 30. 6. 1999 bis zum 31. 12. 2000. Der Anspruch auf Arbeitslosengeld ruht jedoch längstens für 1 Jahr. Da der Leistungsbeginn frühestens am 1. 10. 1999 erfolgt, ruht der Anspruch maximal bis zum 30. 9. 2000. Der Anspruch ruht jedoch nicht über den Tag hinaus, bis zu dem der Arbeitslose – wenn er weitergearbeitet hätte – den anzurechnenden Anteil seiner Abfindung verdient hätte. Bei einem Lebensalter von 54 Jahren und 24jähriger Betriebszugehörigkeit sind nur 25% der Abfindung in Höhe von 80.000,00 DM, also 20.000,00 DM anzurechnen. 20.000,00 DM hätte der Arbeitnehmer in 100 Kalendertagen verdient: 6.000,00 DM Monatsgehalt geteilt durch 30 Kalen-

dertage = 200,00 DM kalendertägliches Entgelt. 20.000,00 DM anzurechnender Anteil der Abfindung geteilt durch 200,00 DM kalendertägliches Entgelt = 100,00 Kalendertage Ruhenszeitraum.
Ergebnis: Der Arbeitslosengeldanspruch ruht in der Zeit vom 1. 10. 1999 bis 8. 1. 2000. Er ist für diesen Zeitraum hinausgeschoben und kann nach Zahlungsbeginn am 9. 1. 2000 für seine volle Dauer geltend gemacht werden.

Diese Grundsätze sollten unbedingt beim Abschluß eines Auf- **418**
hebungsvertrages (vgl. Rz. 296) berücksichtigt werden.

Bei **älteren Arbeitnehmern (56–60 Jahren)** ist zudem § 147a **419**
SGB III n. F. zu beachten. Danach kann die Beendigung derartiger Arbeitsverhältnisse, auch im Wege eines Aufhebungvertrages oder durch Prozeßvergleich nicht mehr »zu Lasten« der Arbeitsverwaltung erfolgen. Das von dem ausgeschiedenen Arbeitnehmer bezogene Arbeitslosenentgelt ist bis zu 624 Tagen vom Arbeitgeber zurückzuerstatten. Für Betriebe bis zu 20 Arbeitnehmern gelten Ausnahmen.

Obsiegt der **Arbeitnehmer** in einem **Kündigungsschutzpro- 420**
zeß, ist der Arbeitgeber verpflichtet, ihm den entgangenen Zwischenverdienst zu zahlen. Der Arbeitnehmer hat sich aber nach § 11 KSchG alles anrechnen zu lassen, was er in der Zwischenzeit verdient, was er zu verdienen böswillig unterlassen und was er an öffentlich-rechtlichen Leistungen erhalten hat (z. B. Arbeitslosengeld, Leistungen nach dem BSHG, Krankengeld usw.).

Will ein obsiegender Arbeitnehmer, der im Verlauf des Pro- **421**
zesses ein neues Arbeitsverhältnis angetreten hat, nicht in den Betrieb zurückkehren, hat er dies binnen einer Woche nach Rechtskraft des Urteils, das die Feststellung der Rechtsunwirksamkeit der Kündigung enthält, dem Arbeitgeber mitzuteilen. Mit dem Zugang der Erklärung des Arbeitnehmers erlischt das Arbeitsverhältnis. Für die Wahrung der Frist genügt die Aufgabe einer schriftlichen Erklärung zur Post.

In diesem Fall hat der Arbeitgeber dem Arbeitnehmer den entgangenen Verdienst für die Zeit zwischen der Entlassung und dem Tage des Eintritts in das neue Arbeitsverhältnis zu zahlen (§ 12 KSchG).

6. Der Kündigungsschutz im Rahmen der Betriebsverfassung

422 Die **fristgerechte Kündigung** eines **Betriebsratsmitgliedes** ist grundsätzlich unzulässig. Dies gilt auch für ein Mitglied einer Jugend- und Auszubildendenvertretung, einer Bordvertretung oder eines Seebetriebsrates. Auch eine Änderungskündigung (vgl. § 2 KSchG, vgl. Rz. 429ff.) ist – von gewissen Ausnahmen abgesehen – grundsätzlich nichtig.

423 Ein Betriebsratsmitglied sowie die Mitglieder der anderen Arbeitnehmervertretungen des BetrVG können nur durch Ausspruch einer **außerordentlichen Kündigung** entlassen werden (§ 15 Abs. 1 KSchG). Diese bedarf jedoch der **Zustimmung des Betriebsrates** bzw. der entsprechenden Arbeitnehmervertretung (§ 103 Abs. 1 BetrVG). Wird diese gesetzlich erforderliche Zustimmung verweigert, so kann sie das Arbeitsgericht auf Antrag des Arbeitgebers ersetzen. Voraussetzung ist jedoch auch hier, daß die außerordentliche Kündigung unter Berücksichtigung aller Umstände gerechtfertigt ist. Es muß demnach ein wichtiger Grund im Sinne von § 626 Abs. 1 BGB vorliegen (vgl. Rz. 361). In diesem vom Arbeitgeber einzuleitenden **Beschlußverfahren** vor dem Arbeitsgericht ist der betroffene Arbeitnehmer Beteiligter (§ 103 Abs. 2 BetrVG).

424 Für Betriebsratsmitglieder und die anderen Mitglieder der Arbeitnehmervertretungen endet dieser besondere Kündigungsschutz nicht mit dem Ablauf ihrer Amtszeit (vgl. Rz. 552), wenn sie der neugewählten Vertretungskörperschaft nicht mehr angehören. Er verlängert sich vielmehr für Mitglieder eines Betriebsrates, einer Jugend- und Auszubildendenvertretung oder eines Seebetriebsrates um ein weiteres Jahr, für Mitglieder einer Bordvertretung um sechs Monate, jeweils gerechnet vom Zeitpunkt der Beendigung der Amtszeit. Während dieses **verlängerten Kündigungsschutzes** kann der Arbeitgeber jedoch eine außerordentliche Kündigung aus wichtigem Grund aussprechen, ohne daß es hierzu der ausdrücklichen Zustimmung des Betriebsrates bedarf. Dies gilt dann nicht, wenn der Arbeitnehmer seine Mitgliedschaft zu einer Vertretungskörperschaft durch eine gerichtliche Entscheidung verloren hat (z.B. durch Ausschluß – vgl. § 23 Abs. 1; 24 Abs. 1 Ziff. 4–6 BetrVG). Hier kann der Arbeitgeber unter Beachtung des KSchG auch fristgerecht kündigen.

Auch die Mitglieder des Wahlvorstandes (vgl. Rz. 522ff.) sowie die Kandidaten bei einer Betriebsratswahl (Wahlbewerber – vgl. Rz. 534ff.) sind innerhalb eines bestimmten Zeitraumes unkündbar. 425

Bei einem Mitglied des Wahlvorstandes beginnt dieser besondere Kündigungsschutz vom Zeitpunkt seiner Bestellung, bei einem Wahlbewerber von der Aufstellung des Wahlvorschlages an. Auch hier verlängert sich die Unkündbarkeit bis auf sechs Monate nach Bekanntgabe des Wahlergebnisses.

Eine außerordentliche Kündigung eines Mitglieds des Wahlvorstandes oder eines Wahlbewerbers vor diesem Zeitpunkt ist nur unter Zustimmung des Betriebsrates möglich. Auch hier kann dies allerdings im Beschlußverfahren durch eine Entscheidung des Arbeitsgerichtes ersetzt werden (§ 103 Abs. 2 BetrVG). 426

Nach Bekanntgabe des Wahlergebnisses bedarf es für die innerhalb von sechs Monaten nur zulässige außerordentliche Kündigung der Zustimmung des Betriebsrates nicht mehr. Dieser besondere Kündigungsschutz entfällt bei den Mitgliedern des Wahlvorstandes, die durch gerichtliche Entscheidung abgesetzt und durch andere Arbeitnehmer ersetzt worden sind (§ 15 Abs. 3 KSchG). 427

Die ordentliche Kündigung eines Betriebsratsmitgliedes oder des Mitgliedes einer anderen Vertretungskörperschaft nach dem BetrVG ist ausnahmsweise nur im Falle der **Betriebsstilllegung** möglich. Doch ist hier zu versuchen, das Mitglied der Arbeitnehmervertretung bis zum Zeitpunkt der Stillegung zu beschäftigen oder bei Stillegung einer Betriebsabteilung in eine andere zu übernehmen. Nur wenn dies aus zwingenden betrieblichen Erfordernissen nicht möglich ist, kann die Kündigung früher oder überhaupt erfolgen (§ 15 Abs. 4 und 5 KSchG). 428

V. Was ist eine Änderungskündigung?

Die **Teilkündigung** nur einzelner Arbeitsbedingungen des Arbeitsverhältnisses ist grundsätzlich unzulässig. In Betracht kommt allenfalls ihr **Widerruf,** sofern sich eine Vertragspartei den Widerruf einzelner Arbeitsbedingungen vorbehalten hat. 429

430 Will der Arbeitgeber das Arbeitsverhältnis nicht insgesamt beenden, sondern nur einzelne Arbeitsbedingungen ändern, etwa den Lohn kürzen oder eine andere als die vertraglich vorgesehene Tätigkeit vereinbaren, so muß er eine (ordentliche oder außerordentliche) **Änderungskündigung** aussprechen. Hierzu kündigt er das Arbeitsverhältnis und bietet dem Arbeitnehmer im Zusammenhang mit der Kündigung die Fortsetzung zu den geänderten Arbeitsbedingungen an. Oder der Arbeitgeber kündigt das Arbeitsverhältnis unter der (ausnahmsweise) zulässigen Bedingung, daß der Arbeitnehmer der vorgeschlagenen Änderung des Arbeitsvertrages zustimmt (z.B. »Ich werde Sie ab 1.6.1996 als Lagerarbeiter weiterbeschäftigen. Sollten Sie hiermit nicht einverstanden sein, muß ich Sie leider zum 31.5.1996 entlassen«).

431 **Nimmt** der Arbeitnehmer die geänderten Arbeitsbedingungen vorbehaltlos **an,** dann haben sich die Parteien auf die neuen Bedingungen geeinigt und das Arbeitsverhältnis besteht mit dem geänderten Inhalt fort.

432 **Lehnt** der Arbeitnehmer hingegen die geänderten Bedingungen **ab,** dann zielt die Kündigung nur noch auf die Beendigung des Arbeitsverhältnisses. Will der Arbeitnehmer das nicht hinnehmen, so kann er wie bei einer Beendigungskündigung innerhalb von 3 Wochen Kündigungsschutzklage erheben und geltend machen, daß die Kündigung sozial ungerechtfertigt ist und das Arbeitsverhältnis nicht aufgelöst hat.

433 Gemäß § 2 KSchG hat der Arbeitnehmer schließlich noch die zusätzliche Möglichkeit, das Änderungsangebot unter dem **Vorbehalt** anzunehmen, daß die Änderung der Arbeitsbedingungen nicht sozial gerechtfertigt ist. Die Annahme des Änderungsangebotes unter Vorbehalt muß der Arbeitnehmer innerhalb der Kündigungsfrist, spätestens jedoch innerhalb von 3 Wochen nach Zugang der Kündigung **gegenüber dem Arbeitgeber** erklären. Im Falle einer außerordentlichen Änderungskündigung ist der Vorbehalt unverzüglich, d.h. ohne schuldhaftes Zögern zu erklären. Außerdem muß der Arbeitnehmer in beiden Fällen innerhalb von 3 Wochen nach Zugang der Änderungskündigung Klage vor dem Arbeitsgericht erheben. Versäumt er die Frist, erlischt der Vorbehalt und die neuen Bedingungen gelten verbindlich. In dem Rechtsstreit vor dem Arbeitsgericht geht es um die Feststellung, ob die

Änderung der Arbeitsbedingungen durch die Änderungskündigung sozial ungerechtfertigt ist. Das Arbeitsverhältnis besteht in jedem Fall fort, je nach Ausgang des Rechtsstreits zu den geänderten oder zu den bisherigen Bedingungen. Bis zur Beendigung des Rechtsstreits gelten allerdings vorläufig die geänderten Arbeitsbedingungen.

Die ordentliche **Änderungskündigung von Betriebsratsmitgliedern** ist grundsätzlich unzulässig. Eine Ausnahme gilt nur dann, wenn der Arbeitgeber einer Gruppe von Arbeitnehmern kündigt, der das Betriebsratsmitglied angehört (z. B. der Arbeitgeber kündigt wegen Auftragsmangel sämtlichen Angestellten das bisher übertariflich gezahlte Gehalt). Eine außerordentliche Änderungskündigung von Betriebsratsmitgliedern richtet sich in ihrer Wirksamkeit nach § 626 BGB. Sie bedarf der Zustimmung des Betriebsrats (vgl. §§ 15 KSchG; 103 BetrVG). 434

F. Das Berufsausbildungsverhältnis

I. Was versteht man darunter?

Das Berufsausbildungsverhältnis ist ein besonders ausgestaltetes Arbeitsverhältnis. Es hat in erster Linie die Berufsausbildung zum Inhalt. 435

Die Arbeitsleistung ist diesem Ziel untergeordnet. Insofern wird der Arbeitgeber als Ausbildender hier stärker belastet. Er verzichtet nämlich im Interesse des Auszubildenden – mindestens in der ersten Ausbildungszeit – auf dessen vollwertige Arbeitskraft.

Der **Volontär** wird hauptsächlich zum Zwecke seiner Ausbildung im Dienste des Arbeitgebers beschäftigt. Er soll sich regelmäßig, ohne ein ganzes Ausbildungsverhältnis durchmachen zu müssen, in einem Wirtschaftszweig bestimmte Berufskenntnisse aneignen, sich also »umsehen«. 436

Der **Anlernling** steht in einem Rechtsverhältnis, das sich vom Ausbildungsverhältnis durch seinen beschränkteren Zweck unterscheidet. Auf einem bestimmten, engeren Fachgebiet soll der Anlernling zum angelernten Arbeiter (Spezialarbeiter) geschult werden. 437

II. Die Rechtsquellen des Berufsausbildungsrechtes

438 Wegen der außerordentlichen Bedeutung der beruflichen Aus- und Fortbildung für unsere gesamte Wirtschaft hat der Gesetzgeber eine weitgehend einheitliche Regelung durch das Berufsbildungsgesetz vom 14. 8. 1969 geschaffen. Durch sie wird nicht allein die Berufsausbildung, sondern auch die berufliche Fortbildung sowie die berufliche Umschulung erfaßt. § 1 Abs. 2–4 BBiG enthält genaue Begriffsbestimmungen dieser drei Zweige beruflicher Bildung.

Vom Geltungsbereich des Gesetzes sind der öffentliche Dienst sowie bestimmte Fälle der Seeschiffahrt ausgenommen (§ 2 Abs. 2 BBiG).

439 Für die übrigen Ausbildungsverhältnisse gilt einheitlich das Berufsbildungsgesetz, wobei die § 73ff. BBiG besondere Vorschriften für einzelne Wirtschafts- und Berufszweige enthalten.

III. Formvorschriften

Auf den Berufsausbildungsvertrag zwischen Auszubildendem und Ausbildendem sind die für den Arbeitsvertrag geltenden Rechtsvorschriften anzuwenden, soweit sich aus dem Wesen und Zweck des Berufsausbildungsvertrages sowie aus dem BBiG nichts anderes ergibt (§ 3 BBiG).

440 Der Berufsausbildungsvertrag kann mündlich geschlossen werden, ist aber gemäß § 4 BBiG in seinem wesentlichen Inhalt unverzüglich nach Abschluß, spätestens vor Beginn des Berufsausbildungsverhältnisses **schriftlich niederzulegen.** Der Vertrag ist bei Minderjährigen auch von deren gesetzlichen Vertretern zu unterzeichnen. Bestimmte Vereinbarungen, die den Auszubildenden z. B. zur Zahlung einer Entschädigung für die Berufsausbildung oder von vornherein zur Fortsetzung seiner Tätigkeit in einem Arbeitsverhältnis aus beendeter Ausbildung verpflichtet, sind nichtig (vgl. im einzelnen § 5 BBiG).

IV. Pflichten der Partner des Berufsausbildungsvertrages

Die Pflichten des Ausbildenden und des Auszubildenden, insbesondere den Gegensatz zum Arbeitsvertrag, stellt das BBiG klar heraus (vgl. §§ 6–9). Der Auszubildende ist zum Berufsschulunterricht freizustellen und hat nach Beendigung des Berufsausbildungsverhältnisses Anspruch auf ein Zeugnis (§ 8 BBiG). 441

Der Ausbildende schuldet dem Auszubildenden gemäß § 10 Abs. 1 BBiG eine **angemessene Vergütung.** Diese ist nach dem Lebensalter des Auszubildenden so zu bemessen, daß sie mit fortschreitender Berufsausbildung mindestens jährlich ansteigt (§ 10 Abs. 2 BBiG). Die über die vereinbarte regelmäßige tägliche Ausbildungszeit hinausgehende Beschäftigung ist besonders zu vergüten (§ 10 Abs. 3 BBiG). Die Vergütung ist nach Monaten zu bemessen und während der Berufsschulzeit sowie auf die Dauer von sechs Wochen bei ausfallender Berufsausbildung (z. B. durch Annahmeverzug des Ausbildenden), unverschuldeter Krankheit und sonstiger unverschuldeter Verhinderung des Auszubildenden weiterzuzahlen. Sachbezüge (z. B. freie Unterkunft und Verpflegung bei Haushaltsanlernlingen) sind dabei in bar abzugelten (§§ 11 und 12 BBiG). 442

Fehlt eine tarifliche Regelung, kann zur Ermittlung der angemessenen Ausbildungsvergütung auf **Empfehlungen von Kammern und Innungen** zurückgegriffen werden. Liegt die Ausbildungsvergütung um mehr als 20% unter den Empfehlungen der zuständigen Kammer, so ist zu vermuten, daß sie nicht mehr angemessen i. S. v. § 10 Abs. 1 BBiG ist (BAG Urteil vom 30. 9. 1998 JR 1999, 176).

Das BBiG regelt dann eingehend, wer zum Einstellen und Ausbilden von Auszubildenden berechtigt ist (§§ 20 ff. BBiG). Für die Einstellung ist persönliche, für die Ausbildung **persönliche und fachliche Eignung** Voraussetzung. Persönlich nicht geeignet ist, wer aufgrund strafrechtlicher Verurteilung Kinder und Jugendliche nicht beschäftigen darf oder wiederholt oder schwer gegen das BBiG verstoßen hat. Die fachliche Eignung setzt die zur Ausbildung erforderlichen beruflichen Fertigkeiten und Kenntnisse oder berufs- und arbeitspädagogische Kenntnisse voraus (§ 20 BBiG). Im Handwerk ist zur 443

Ausbildungsbefugnis auch nach Inkrafttreten des BBiG weiterhin der Große Befähigungsnachweis (Meisterprüfung) sowie die Vollendung des 24. Lebensjahres zwingend vorgeschrieben (§ 21 Abs. 3 HwO).

444 Berufsausbildungsverhältnisse sind in ein **Verzeichnis,** das von der für die Ausbildungsberufe zuständigen Stelle einzurichten und zu führen ist (z. B. Industrie- und Handelskammer, Handwerkskammer), einzutragen (§ 31 BBiG). Der Antrag hierzu ist von dem Ausbildenden unverzüglich nach Abschluß des Berufsausbildungsvertrages zu stellen (§ 33 BBiG).

445 Verstöße gegen die zwingenden Vorschriften des BBiG werden als Ordnungswidrigkeiten geahndet (§ 99 BBiG).

V. Wie endet der Berufsausbildungsvertrag?

446 Die Probezeit muß bei einem Berufsausbildungsverhältnis mindestens einen Monat, darf jedoch höchstens drei Monate betragen (§ 13 BBiG). Das Berufsausbildungsverhältnis endet mit Ablauf der vertraglich festgesetzten Zeit, bei früherem Bestehen der Abschlußprüfung zu diesem Zeitpunkt. Besteht der Auszubildende die Abschlußprüfung nicht, verlängert sich auf dessen Verlangen das Ausbildungsverhältnis, jedoch höchstens um ein Jahr (§ 14 BBiG). Während der Probezeit kann das Berufsausbildungsverhältnis jederzeit ohne Begründung fristlos, danach nur aus wichtigem Grunde gekündigt werden. Will der Auszubildende die Berufsausbildung aufgeben oder wechseln, kann er mit einer Kündigungsfrist von vier Wochen kündigen. In allen Fällen muß die Kündigung schriftlich unter Angabe des Kündigungsgrundes erfolgen (§ 15 BBiG). Bei vorzeitiger Beendigung des Berufsausbildungsverhältnisses kann der betroffene Teil von dem anderen, der den wichtigen Grund zu vertreten hat, Schadensersatz verlangen, der binnen einer Frist von drei Monaten nach Beendigung des Berufsausbildungsverhältnisses geltend zu machen ist (§ 16 BBiG). Wird der Auszubildende nach beendetem Berufsausbildungsverhältnis ohne besondere Vereinbarung weiterbeschäftigt, gilt ein Arbeitsverhältnis auf unbestimmte Zeit als begründet (§ 17 BBiG). Eine Vereinbarung abweichender Berufsausbildungsbedingungen zuungunsten des Auszubildenden ist nichtig (§ 18 BBiG).

Drittes Kapitel
Was versteht man unter Arbeitsschutz?

A. Begriff und Allgemeines

I. Begriff und Aufgabe des Arbeitsschutzes

Der Arbeitsschutz soll den Arbeitnehmer vor den Gefahren 447
bewahren, die seiner **Gesundheit** und seinem **Leben** aus seiner besonderen Situation im Betriebe drohen. Hier schaltet sich der Staat ein: Der Arbeitnehmer soll vor Ausbeutung, Gefahr für Leben und Gesundheit und seine Familie vor dem Verlust ihres Ernährers geschützt werden. Dies liegt auch im öffentlichen Interesse. Denn der soziale Friede soll erhalten und die öffentlichen Sozialeinrichtungen nur dann belastet werden, wenn dies nicht anderweitig verhindert werden kann. Der Staat hat hier den richtigen Mittelweg zwischen sittlicher und sozialer Verantwortung und der Respektierung der persönlichen Freiheit zu beschreiten. Demnach übt der Staat im Betrieb des Arbeitgebers eine gewisse Kontrolle zum Schutze des Arbeitnehmers aus. Das Arbeitsschutzrecht regelt daher die Verpflichtung des Arbeitgebers zugunsten des Arbeitnehmers dem Staat gegenüber.

Diesen öffentlich rechtlichen Pflichten entsprechen in der Re- 448
gel auch vertragliche Ansprüche des Arbeitnehmers gegen den Arbeitgeber auf Einhaltung der Arbeitsschutzbestimmungen, soweit diese ihrer Art nach von einem Einzelnen eingefordert werden können. Das Ziel des Arbeitsschutzes und der Fürsorgepflicht ist jedoch dasselbe: das **Wohl des Arbeitnehmers**.

II. Durchführung des Arbeitschutzes

Auf betrieblicher Ebene sollen ihn – neben dem Arbeitgeber 449
und den unmittelbar betroffenen Arbeitnehmern – der Sicherheitsbeauftragte und der Betriebsrat (Personalrat) sicherstellen. Daneben werden auch hier die Betriebsärzte und die Fachkräfte für Arbeitssicherheit tätig.

450 Überbetrieblich wird der Arbeitsschutz durch die **staatlichen Aufsichtsorgane** kontrolliert. Zu ihnen zählen die Gewerbeaufsicht, die staatlichen Gewerbeärzte, die Ordnungs- und Polizeibehörden sowie die Sonderaufsichtsbehörden (Bergämter, Seemannsämter, Hauptfürsorgestellen für Schwerbehinderte und die Bundesanstalt für Arbeit). Hinzu tritt – wichtig – die berufsgenossenschaftliche Aufsicht, die ebenfalls hoheitliche Befugnisse hat.

451 **Rechtsgrundlage** sind neben der Gewerbeordnung (§ 139b) und dem SGB VII vor allem das Arbeitsschutzgesetz vom 7. 8. 1996 und das Arbeitssicherheitsgesetz (Gesetz über Betriebsärzte, Sicherheitsingenieure und andere Fachkräfte für Arbeitssicherheit) vom 12. 12. 1973. Besondere Bedeutung hat auch die Arbeitsstättenverordnung vom 20. 3. 1975. Sie regelt ausführlich, wie Arbeitsplätze in Gewerbebetrieben vor allem bezüglich der Lüftung, der Beleuchtung und der Raumtemperatur sowie der Verkehrswege beschaffen sein müssen.

Zu erwähnen sind schießlich die Ausführungsverordnungen zum Arbeitsschutzgesetz wie die Bildschirmverordnung, aber auch allgemeine Gesundheits- bzw. Verbraucherschutzgesetze wie das Gerätesicherheitsgesetz, das Chemikaliengesetz sowie die Gefahrstoffverordnung und die Vielzahl von Unfallverhütungsvorschriften der Berufsgenossenschaften.

452 Zur Durchsetzung der von ihnen getroffenen Anordnungen können sich die Gewerbeaufsichtsbeamten aller im öffentlichen Recht üblichen **Zwangsmittel** gegen den Betriebsinhaber bedienen. Sie können Zwangsgelder festsetzen, die Anordnungen auf Kosten des Arbeitgebers durchführen lassen und notfalls auch Gewalt anwenden (z. B. Entfernung eines Schornsteins, Betriebsschließung). Im übrigen enthalten die einzelnen Arbeitsschutzgesetze selbst besondere Strafbestimmungen.

III. Gegenstand des Arbeitsschutzes

453 Geschützt wird einmal jeder Arbeitnehmer. Hier bestehen neben den für alle Arbeitnehmer maßgebenden gesetzlichen Regelungen für eine Reihe von Berufsgruppen zahlreiche Sondervorschriften. Aber auch für einzelne ihrer Situation

nach verschiedenartige Gruppen von Arbeitnehmern gibt es Sondergesetze: für Frauen, Jugendliche, Schwerbehinderte und Heimarbeiter.

B. Einzelheiten des Arbeitsschutzes

I. Betrieblicher Arbeitsschutz

Er umfaßt die **Unfallverhütung,** die **Betriebshygiene** und den **Schutz der guten Sitten**. 454
Der Arbeitgeber hat Betriebsräume, Maschinen usw. mit den notwendigen Schutzvorrichtungen zu versehen, sie also »betriebs- und unfallsicher« zu machen. Das Gewerbeaufsichtsamt, in manchen Fällen auch das Ordnungsamt, haben durch Besichtigungen regelmäßig die Betriebe zu kontrollieren.
Gleiches gilt für die Betriebshygiene. Hier ist die Gesundheit des Arbeitnehmers vor allgemeinen und beruflich bedingten Krankheiten durch entsprechende Einrichtungen zu schützen. 455
Den Geboten der Sittlichkeit ist durch getrennte Wasch- und Umkleideräume Rechnung zu tragen. Für einzelne Berufsgruppen gelten Sondervorschriften.

II. Schutz der Arbeitszeit

Der Staat hat ein öffentliches Interesse daran, daß die Arbeitskraft des Arbeitnehmers täglich nicht überbeansprucht wird. Die Höchstdauer der Arbeitszeit wurde daher vom Gesetzgeber einheitlich mit den wirtschaftlich notwendigen Ausnahmen durch das **Arbeitszeitgesetz** (ArbZG) vom 6. Juni 1994 festgesetzt. Zweck des Gesetzes ist es, 456

1. die Sicherheit und den Gesundheitsschutz der Arbeitnehmer bei der Arbeitszeitgestaltung zu gewährleisten und die Rahmenbedingungen für flexible Arbeitszeiten zu verbessern;
2. den Sonntag und die staatlich anerkannten Feiertage als Tage der Arbeitsruhe und der seelischen Erhebung der Arbeitnehmer zu schützen (§ 1).

Das Gesetz gilt gemäß § 18 nicht für 457

1. leitende Angestellte i.S.d. § 5 Abs. 3 BetrVG sowie Chefärzte,
2. Leiter von öffentlichen Dienststellen, deren Vertreter sowie Arbeitnehmer im öffentlichen Dienst, die zu selbständigen Entscheidungen in Personalangelegenheiten befugt sind,
3. Arbeitnehmer in häuslicher Gemeinschaft mit erzieherischen, pflegerischen und betreuenden Aufgaben,
4. den liturgischen Bereich der Kirchen und der Religionsgemeinschaften.

Für Arbeitnehmer in der Luftfahrt und in der Binnenschiffahrt gelten besondere gesetzliche Regelungen (§§ 20, 21 ArbZG). Für Arbeitnehmer im öffentlichen Dienst können, soweit keine tarifvertragliche Regelung besteht, die beamtenrechtlichen Bestimmungen zur Anwendung gebracht werden (§ 19 ArbZG).

458 Arbeitszeit im Sinne des ArbZG ist die Zeit vom Beginn bis zum Ende der Arbeit ohne Ruhepausen (§ 2 ArbZG, der auch weitere Begriffsbestimmungen enthält).

459 Die **tägliche Arbeitszeit** darf an Werktagen 8 Stunden nicht überschreiten. Sie darf – ohne Genehmigung des Gewerbeaufsichtsamtes – auf bis zu 10 Stunden verlängert werden. Voraussetzung ist jedoch, daß dabei die werktägliche Arbeitszeit von 8 Stunden (also 48 Std. pro Woche) innerhalb von 6 Kalendermonaten oder innerhalb von 24 Wochen im Durchschnitt nicht überschritten wird (§ 3 ArbZG). Die Arbeit ist durch im voraus feststehende **Ruhepausen** zu unterbrechen. Diese betragen bei einer 6–9stündigen Arbeitszeit 30 Minuten, und bei einer längeren Arbeitszeit von mehr als 9 Stunden 45 Minuten. Ruhepausen können auf Zeitabschnitte von jeweils 15 Minuten aufgeteilt werden (§ 4 ArbZG).

Nach Beendigung der täglichen Arbeitszeit steht dem Arbeitnehmer eine ununterbrochene **Ruhezeit** von mindestens 11 Stunden zu (§ 5 Abs. 1 ArbZG). Für Krankenhäuser, Pflegeeinrichtungen, Gaststätten usw. können Sonderregelungen getroffen werden (§ 5 Abs. 2–4 ArbZG).

460 Für **Nacht- und Schichtarbeit** gelten gleichfalls der Arbeitssituation angepaßte Bestimmungen (§ 6 ArbZG). Insgesamt können abweichende Regelungen durch Tarifvertrag oder auf Grund eines Tarifvertrages in einer Betriebsvereinbarung zwischen Betriebsrat und Arbeitgeber getroffen werden. So kann z.B. ohne Ausgleich die Arbeitszeit auf bis zu 10 Stunden werktäglich an höchstens 60 Tagen im Jahr verlängert werden (§ 7 Abs. 1c ArbZG). Dabei sind jedoch die zwingenden Bestimmungen des ArbZG einzuhalten.

An **Sonn- und gesetzlichen Feiertagen** dürfen Arbeitnehmer von 0.00–24.00 Uhr grundsätzlich nicht beschäftigt werden. Bei mehrschichtigen Betrieben kann die Arbeitszeit vor- oder zurückverlegt werden, wenn für die auf dem Beginn der Arbeitszeit folgenden 24 Stunden der Betrieb ruht (§ 9 ArbZG). Ausnahmsweise dürfen Arbeitnehmer an Sonn- und Feiertagen in 16 vom ArbZG aufgezählten Fällen beschäftigt werden. (Z.B. in Not- und Rettungsdiensten, sowie die Feuerwehr, zur Aufrechterhaltung der öffentlichen Sicherheit und Ordnung, in Krankenhäusern, Gaststätten und Hotelbetrieben, bei Musikaufführungen, im Sport, Bewachungsgewerbe, usw. – § 10 ArbZG). Zwingend ist jedoch vorgeschrieben, daß mindestens 15 Sonntage im Jahr beschäftigungsfrei bleiben müssen (§ 11 ArbZG). Aus Platzgründen kann hier eine Einzeldarstellung nicht erfolgen. Es wird im Einzelnen auf die gesetzlichen Bestimmungen Bezug genommen.

III. Schutz der Frau im Arbeitsleben

1. Allgemeine Bemerkungen

Der Schutz der Frau im Arbeitsleben beschränkt sich heute im **461**
wesentlichen auf die Abwehr geschlechtsspezifischer Gefährdungen der Arbeitnehmerinnen und möglicher Schädigungen des werdenden Lebens. Ein generelles Beschäftigungsverbot gilt nur noch für die Tätigkeit im Bergbau unter Tage, geregelt im Bergbaugesetz. Früher bestehende Einschränkungen für Nachtarbeit, Arbeit auf Fahrzeugen und in besonderen Industriezweigen bestehen nicht mehr. Sie sind einem individuellen, für Männer und Frauen gleichermaßen geltenden Gesundheitsschutz gewichen. Dies geht einher mit dem zunehmenden Vordringen von Frauen in typischen Männerberufen.

2. Mutterschutzgesetz und Bundeserziehungsgeldgesetz

a) Mutterschutz

462 Für die werdende Mutter hat das Mutterschutzgesetz (MuSchG) besondere Vorsorge getroffen.

463 In den **letzten 6 Wochen vor der Entbindung** darf die werdende Mutter nur weiterbeschäftigt werden, wenn sie sich ausdrücklich freiwillig dazu bereit erklärt (§ 3 Abs. 2 MuSchG). Diese Zustimmung kann sie jederzeit widerrufen.

464 **Nach der Entbindung** dürfen Wöchnerinnen bis zum Ablauf von **8 Wochen,** bei Früh- und Mehrlingsgeburten von 12 Wochen generell nicht beschäftigt werden. Dieser Zeitraum verlängert sich bei Frühgeburten um den Teil der Schutzfrist gemäß § 3 Abs. 2 MuSchG, der vor der Geburt nicht in Anspruch genommen werden konnte.

465 Das Beschäftigungsverbot für werdende Mütter hinsichtlich **anstrengender** und **gefährlicher Arbeiten** gilt weitgehend auch für Stillende (§§ 3 Abs. 1, 4 u. 6 Abs. 3 MuSchG).

466 Während der genannten Schutzfristen gewährt die Krankenkasse (AOK, LKK) **Mutterschaftsgeld** (vgl. § 13 MuschG); der Arbeitgeber hat die Differenz bis zur Höhe des Nettoentgelts zuzuschießen (§ 14 MuSchG). Im übrigen hat der Arbeitgeber gemäß § 11 MuSchG das **Entgelt vollständig fortzuzahlen,** soweit schwangerschafts- oder mutterschaftsbedingt nach dem MuSchG die Arbeit verboten oder beschränkt ist. Im Krankheitsfalle ist der Fortzahlungszeitraum allerdings nach dem Entgeltfortzahlungsgesetz auf 6 Wochen beschränkt.

467 Die **Kündigung** einer Schwangeren gegenüber ist absolut nichtig. Voraussetzung hierbei ist allerdings, daß der Arbeitgeber die Schwangerschaft bei Ausspruch der Kündigung kannte oder aber innerhalb zweier Wochen nach Zugang der Kündigung von ihr Kenntnis erhält (§ 9 Abs. 1 Satz 1 MuSchG). Versäumt die Arbeitnehmerin die Zweiwochenfrist unverschuldet, behält sie den Kündigungsschutz gleichwohl, wenn sie die Mitteilung der Schwangerschaft an den Arbeitgeber unverzüglich nachholt. Dieser totale Kündigungsschutz der werdenden und entbundenen Mütter wirkt bis zum Ende des 4. Monats nach erfolgter Entbindung. Im Falle des Rechtsstreits trifft die Arbeitnehmerin die Beweislast dafür, daß der Arbeit-

geber (oder sein Stellvertreter) von der Schwangerschaft Kenntnis hatte.

Für die Feststellung des **Beginns der Schwangerschaft** und damit des Kündigungsschutzes ist das Zeugnis eines Arztes oder einer Hebamme maßgeblich. In der Regel werden vom ärztlich bescheinigten voraussichtlichen Tag der Niederkunft 280 Tage zurückgerechnet. 468

Die für den Arbeitsschutz oberste Landesbehörde (in Nordrhein-Westfalen der Regierungspräsident) kann eine beabsichtigte Kündigung in **besonderen Ausnahmefällen für zulässig erklären** (§ 9 Abs. 3 MuSchG). Die Arbeitnehmerin selbst kann während der Schwangerschaft und der Schutzfrist nach der Entbindung ihr Arbeitsverhältnis fristlos kündigen. Bei Wiedereinstellung innerhalb eines Jahres nach der Entbindung im selben Betrieb gilt ihr Arbeitsverhältnis als nicht unterbrochen (§ 10 MuSchG). 469

Die schwangere Arbeitnehmerin kann im Wege der Auflösung ihres Arbeitsverhältnisses im gegenseitigen Einvernehmen freiwillig auf den Mutterschutz verzichten. Sie verliert dadurch allerdings, vor allem in sozialrechtlicher Hinsicht, viele Rechte und Sonderleistungen. 470

Verschweigt eine Arbeitnehmerin bei ihrer Einstellung eine bestehende **Schwangerschaft,** obwohl der Arbeitgeber ausdrücklich danach fragte, kann dieser das Arbeitsverhältnis nicht wegen arglistiger Täuschung anfechten. Nach der Rechtsprechung des BAG enthält die Frage nach der Schwangerschaft vor Einstellung einer Arbeitnehmerin in der Regel eine unzulässige Benachteiligung wegen des Geschlechts und damit gegen das Diskriminierungsverbot des § 611a BGB (*BAG* Urt. v. 15. 10. 1992 – AP Nr. 8 zu § 611a BGB). Die Frage ist daher unzulässig und darf falsch beantwortet werden, es sei denn, die Frage dient objektiv dem Schutz der Bewerberin oder des ungeborenen Kindes, z. B. bei Einstellung als Arzthelferin in einem Labor mit Infektionsgefahr (*BAG* Urt. v. 1. 7. 1993 – NZA 93, 933). 471

b) Erziehungsurlaub

Im Anschluß an die Schutzfrist von 8 bzw. 12 Wochen (vgl. Rz. 463f.) haben **Mütter oder Väter** nach dem Bundeserziehungsgeldgesetz Anspruch auf Erziehungsgeld und – so- 472 fern sie in einem Arbeitsverhältnis stehen – auf Erziehungsurlaub.

473 Das **Erziehungsgeld** in Höhe von 600,00 DM monatlich wird für die Zeit bis maximal zur Vollendung des 24. Lebensmonates des Kindes auf Antrag bei den Versorgungsämtern oder den anderen landesrechtlich bestimmten Stellen an solche Väter oder Mütter gezahlt, denen die Personensorge für das Kind zusteht und die mit dem Kind in einem Haushalt leben, es selbst betreuen und erziehen und keine oder keine volle Erwerbstätigkeit ausüben. Das Geld soll die Entscheidung der Betroffenen unterstützen, sich der Erziehung des Kindes zu widmen. Voraussetzung für die Zahlung ist weiterhin, daß bestimmte Einkommensgrenzen nicht überschritten werden.

474 Da es sich nicht um einen arbeitsrechtlichen Anspruch handelt, wird von der Darstellung der Einzelheiten abgesehen.

475 Arbeitsrechtlicher Natur ist jedoch der ebenfalls im Bundeserziehungsgeldgesetz geregelte Anspruch auf **Erziehungsurlaub** für Arbeitnehmer (§§ 15–21 BErzGG). Gemäß § 15 Abs. 1 BErzGG haben Arbeitnehmer Anspruch auf Erziehungsurlaub, wenn sie mit einem Kind, für das ihnen die Personensorge zusteht (in bestimmten Fällen auch ohne Personensorgerecht), in einem Haushalt leben und das Kind selbst betreuen und erziehen. Der Erziehungsurlaub kann vom Ende der Mutterschutzfristen an **bis zur Vollendung des 3. Lebensjahres des Kindes** genommen werden. Bei angenommenen Kindern oder Adoptivkindern gilt ein Zeitraum von bis zu 3 Jahren ab der in Obhutnahme, längstens jedoch bis zur Vollendung des 7. Lebensjahres des Kindes. Der Anspruch kann durch Vertrag nicht ausgeschlossen oder beschränkt werden. Er besteht jedoch dann nicht, wenn der mit dem Erziehungsberechtigten in einem Haushalt lebende andere Elternteil nicht erwerbstätig ist, es sei denn, dieser ist arbeitslos oder befindet sich in der Ausbildung. Es kann immer nur ein Elternteil gleichzeitig Erziehungsurlaub in Anspruch nehmen.

476 Gemäß § 15 Abs. 4 BErzGG darf der Erziehungsurlaubsberechtigte eine **Teilzeittätigkeit** von maximal 19 Wochenstunden ausüben, wenn der Arbeitgeber zustimmt. Soll die Teilzeittätigkeit bei einem anderen Arbeitgeber ausgeübt werden, besteht das alte Arbeitsverhältnis in ruhendem Zustand fort. Der bisherige Arbeitgeber kann seine Zustimmung zu einer

solchen Tätigkeit nur innerhalb von 4 Wochen nach Aufforderung durch den Arbeitnehmer wegen entgegenstehender betrieblicher Interessen schriftlich verweigern.

Den Erziehungsurlaub muß der Arbeitnehmer spätestens vier **477**
Wochen vor dem Zeitpunkt, von dem ab er ihn in Anspruch nehmen will, vom Arbeitgeber verlangen und gleichzeitig erklären, für welchen Zeitraum oder welche Zeiträume er ihn nehmen will. Eine **Inanspruchnahme** von Erziehungsurlaub oder ein Wechsel unter den Berechtigten ist dreimal zulässig (§ 16 Abs. 1 Satz 2 BErzGG). Eine Verlängerung kann nur gefordert werden, wenn der vorgesehene Wechsel in der Anspruchsberechtigung aus wichtigem Grund nicht erfolgen kann. Wollen Ehegatten von vorneherein den Erziehungsurlaub untereinander aufteilen, so darf der erste Berechtigte den Urlaub nur bis zu einem bestimmten Lebensmonat des Kindes verlangen, der zweite Berechtigte muß den Urlaub spätestens vier Wochen vor Antritt beim Arbeitgeber geltend machen. Der Arbeitnehmer ist an sein Verlangen gebunden.

Kann der Arbeitnehmer aus einem vom ihm nicht zu vertre- **478**
tenden Grund einen sich unmittelbar an die Schonzeit (§ 6 Abs. 1 MuSchG) anschließenden Erziehungsurlaub nicht rechtzeitig geltend machen, kann er dies innerhalb einer Woche nach Wegfall des Grundes nachholen (z. B. im Falle schwerer Erkrankung).

Der Erziehungsurlaub endet nicht deshalb, weil der Anspruch **479**
auf Erziehungsgeld entfällt. Er kann aber vorzeitig beendet werden, wenn der Arbeitgeber zustimmt (§ 16 Abs. 3 BErzGG).

Während des Erziehungsurlaubs kann der Arbeitgeber den **Er- 480**
holungsurlaub des Arbeitnehmers für jeden vollen Kalendermonat um ein Zwölftel **kürzen** (§ 17 BErzGG).

Der Arbeitgeber darf während des Erziehungsurlaubs das Ar- **481**
beitsverhältnis **nicht kündigen** (§ 18 BErzGG). Nur in Ausnahmefällen kann, wie im Falle des § 9 Abs. 3 MuSchG (vgl. Rz. 467), die für den Arbeitsschutz zuständige oberste Landesbehörde die beabsichtigte Kündigung für zulässig erklären.

Der Erziehungsberechtigte selbst kann sein Arbeitsverhältnis **482**
unter Einhaltung einer Kündigungsfrist von 3 Monaten zum Ende des Erziehungsurlaubs kündigen, soweit nicht eine kürzere gesetzliche oder vereinbarte Kündigungsfrist gilt (§ 19 BErzGG).

483 Schließlich enthält das BErzGG noch besondere Vorschriften für den Abschluß von befristeten Arbeitsverträgen. Sie betreffen diejenigen Arbeitnehmer, die für die im Erziehungsurlaub befindlichen Arbeitnehmer vorübergehend eingestellt werden.

484 § 21 Abs. 1 BErzGG stellt klar, daß die Einstellung eines Arbeitnehmers zur **Vertretung** eines Arbeitnehmers für Zeiten der Beschäftigungsverbote nach dem MuSchG und oder des Erziehungsurlaubs oder einer auf Vereinbarung beruhenden Arbeitsfreistellung zur Betreuung eines Kindes ein sachlicher Grund für die **Befristung** eines Arbeitsvertrages ist. Dazu sind auch die Zeiten für die Einarbeitung zu rechnen. Die Dauer der Befristung muß kalendermäßig bestimmt oder bestimmbar oder den zugrunde liegenden Vertretungszwecken entnehmbar sein. Bei vorzeitiger Beendigung des Erziehungsurlaubs kann das befristete Arbeitsverhältnis mit einer Frist von drei Wochen gekündigt werden. Das KSchG gilt in diesem Fall nicht. Dies kann aber vor Beginn des befristeten Arbeitsverhältnisses ausgeschlossen werden.

IV. Schutz der Jugendlichen

485 Genau wie Frauen bedürfen auch Kinder und Jugendliche eines besonderen Schutzes. Hier greift das **Jugendarbeitsschutzgesetz** (JArbSchG) vom 12. 4. 1976 ein.

486 Gemäß § 5 Abs. 1 JArbSchG ist die Beschäftigung von **Kindern** grundsätzlich verboten. Kind i. S. d. JArbSchG ist, wer noch nicht 15 Jahre alt ist (§ 2 Abs. 1 JArbSchG). Auf Jugendliche, also Personen die das 15., aber noch nicht das 18. Lebensjahr vollendet haben, finden die für Kinder geltenden Vorschriften dann Anwendung, wenn sie noch der Vollzeitschulpflicht unterliegen. Diese beträgt, je nach Bundesland, 9 bis 10 Schuljahre.

487 Eine **Ausnahme** von dem **Verbot der Kinderarbeit** gilt gemäß § 5 Abs. 3 JArbSchG für die Beschäftigung von Kindern über 13 Jahren mit leichten und geeigneten Arbeiten, die die Sicherheit, Gesundheit und Entwicklung der Kinder sowie das schulische Lernen nicht beeinträchtigen. Solche Tätigkeiten dürfen jeweils nur für 2 bzw. 3 Stunden täglich, nicht zwischen 18.00 Uhr und 8.00 Uhr, nicht vor und nicht während des

Schulunterrichts ausgeführt werden. Einen Vollzeitferienjob dürfen Kinder nicht ausüben. Er steht aber Jugendlichen, die noch der Vollzeitschulpflicht unterliegen, bis zu vier Wochen während der Ferien offen, wobei die besonderen Vorschriften für die Beschäftigung Jugendlicher selbstverständlich gelten.

Die Beschäftigung **Jugendlicher** (vgl. oben Rz. 486) ist grund- 488
sätzlich erlaubt; für sie gelten aber eine Reihe von **Beschränkungen,** insbesondere zur Arbeitszeit (§§ 8ff. JArbSchG). Regelmäßig darf die tägliche Arbeitszeit der Jugendlichen 8 Stunden, die wöchentliche 40 nicht überschreiten (§ 8). In der Landwirtschaft dürfen Jugendliche während der Erntezeit nicht mehr als 9 Stunden täglich und 85 Stunden in der Doppelwoche beschäftigt werden. Sonderregelungen bestehen für die Binnenschiffahrt (§ 20). Der Berufsschulunterricht ist grundsätzlich auf die Arbeitszeit anzurechnen (§ 9). Sonntags- und Nachtarbeit (zwischen 20 und 6 Uhr) ist bei Jugendlichen unzulässig (§§ 14, 17). In verschiedenen Wirtschaftszweigen (Gaststätten- und Vergnügungsbetrieben, Krankenpflege usw.) gelten beschränkte Ausnahmen. Akkord- und Fließbandarbeit ist bei Jugendlichen verboten (§ 23). Ausnahmen sind bei Jugendlichen über 16 Jahren mit Genehmigung der Aufsichtsbehörde möglich (§ 27 Abs. 3). Die Züchtigung von Kindern und Jugendlichen ist, auch wenn es der Erziehungsberechtigte gestattet hat, untersagt (§ 31).

Wegen der besonderen gesundheitlichen Betreuung von Jugendlichen vgl. §§ 32–46. Auch durch besondere Ruhepausen wird auf die Gesundheit der Jugendlichen Rücksicht genommen (vgl. § 11). Diesem Ziel dient auch ein längerer Urlaub (§ 19): Jugendliche Arbeitnehmer haben einen Mindesturlaubsanspruch von 30 Werktagen, wenn sie zu Beginn des Kalenderjahres noch nicht 16 Jahre alt sind. Bei noch nicht 17 Jahre alten Jugendlichen vermindert sich dieser Urlaubsanspruch auf 27, bei noch nicht 18 Jahre alten auf 25 Werktage. Bei unter Tage im Bergbau beschäftigten Jugendlichen erhöht sich dieser Urlaubsanspruch in allen Altersklassen um 3 Tage. Maßgebend ist demnach für die Höhe des Urlaubsanspruchs des Jugendlichen sein Lebensalter zu Beginn des Kalenderjahres.

V. Schutz der Schwerbehinderten

489 Das »Gesetz zur Sicherung der Eingliederung Schwerbehinderter in Arbeit, Beruf und Gesellschaft« (**Schwerbehindertengesetz** – SchwbG) i. d. F. vom 26. 8. 1986 sichert den Schutz der Schwerbehinderten u. a. auch im Arbeitsleben.

490 Schwerbehinderte im Sinne von § 1 sind Personen mit einem **Grad der Behinderung** (GdB) von wenigstens **50,** wenn sie im Geltungsbereich des SchwbG wohnen, sich aufhalten oder rechtmäßig ihren Arbeitsplatz haben. Auf die Ursache der Behinderung kommt es nicht an.
Auch ausländische Arbeitnehmer genießen den Schutz des SchwbG.

491 Personen mit einem GdB von weniger als 50, aber wenigstens 30 können auf Antrag den Schwerbehinderten **gleichgestellt** werden. Voraussetzung ist, daß sie infolge ihrer Behinderung ohne die Gleichstellung einen geeigneten Arbeitsplatz nicht erlangen oder behalten können. Die Gleichstellung wird mit dem Tag des Eingangs des Antrags, also rückwirkend, wirksam. Sie kann auch zeitlich befristet werden (vgl. § 2 SchwbG).

492 Jeder Arbeitgeber ist verpflichtet, bei der Besetzung freier Stellen zu prüfen, ob er Schwerbehinderte einstellen kann. Insbesondere hat er sich beim Arbeitsamt nach geeigneten Schwerbehinderten zu erkundigen. Eine Verpflichtung zur Einstellung eines Schwerbehinderten ist damit allerdings nicht verbunden. Lediglich in Betrieben mit mindestens 16 Arbeitsplätzen werden die Arbeitgeber gem. § 5 SchwbG angehalten, auf wenigstens 6% der Arbeitsplätze Schwerbehinderte zu beschäftigen. Auch hieraus folgt aber kein individueller Einstellungsanspruch: Arbeitgeber, die die geforderte Mindestzahl an Schwerbehinderten nicht beschäftigen, haben vielmehr je Monat und unbesetzten Pflichtplatz eine **Ausgleichsabgabe** i. H. v. 200,00 DM zu zahlen (egal aus welchem Grund die Beschäftigung unterbleibt).

493 Schwerbehinderte und ihnen Gleichgestellte genießen einen **besonderen Kündigungsschutz.** Die **ordentliche Kündigung** ihrer Arbeitsverhältnisse – damit auch eine Änderungskündigung – durch den Arbeitgeber bedarf der vorherigen Zustimmung der Hauptfürsorgestelle (§ 15 SchwbG). Ohne diese ist sie also unwirksam.

Es reicht aus, wenn zum Zeitpunkt der Kündigung ein Antrag auf Feststellung der Schwerbehinderteneigenschaft gestellt war, sofern diese nachträglich mit Rückwirkung festgestellt wird. Um sich den besonderen Kündigungsschutz nach dem SchwbG zu erhalten, muß der Arbeitnehmer dem Arbeitgeber, der von der Schwerbehinderteneigenschaft bzw. von der Antragstellung keine Kenntnis hatte, dies innerhalb angemessener Frist – regelmäßig einen Monat – nach Zugang der Kündigung mitteilen (*BAG* Urt. v. 9. 4. 1979). Die Kündigungsfrist beträgt mindestens vier Wochen. (§ 16 SchwbG). 494

Der Arbeitgeber seinerseits muß die Kündigung innerhalb eines Monats nach Zustellung der Entscheidung aussprechen (§ 18 Abs. 3 SchwbG). 495

Gegen die Entscheidung der Hauptfürsorgestelle kann der jeweils Unterliegende Widerspruch einlegen. Gegen dessen Bescheid ist der Rechtsweg zu den Verwaltungsgerichten gegeben (§ 40 Abs. 1 SchwbG). 496

Hat die Hauptfürsorgestelle der Kündigung zugestimmt, haben jedoch Widerspruch und Anfechtungsklage keine aufschiebende Wirkung (§ 18 Abs. 4 SchwbG). Der Arbeitgeber kann die Kündigung also aussprechen. Er geht dabei aber das Risiko ein, im Widerspruchsverfahren oder Verwaltungsrechtsstreit letztlich zu unterliegen, wodurch auch die Kündigung unwirksam würde. 497

Auch die **außerordentliche** Kündigung der Arbeitsverhältnisse eines Schwerbehinderten durch den Arbeitgeber kann nicht ohne Zustimmung der Hauptfürsorgestelle erfolgen. Diese muß binnen einer Frist von zwei Wochen seit Kenntnis des Kündigungsgrundes schriftlich beantragt werden. Die Entscheidung der Hauptfürsorgestelle muß innerhalb einer Frist von zwei Wochen nach Antragseingang ergehen. Geschieht dies nicht, gilt die Zustimmung als erteilt. Die Zustimmung soll erteilt werden, wenn der Kündigungsgrund nicht mit der Behinderteneigenschaft in Zusammenhang steht (§ 21 Abs. 2–4 SchwbG). 498

Wichtig ist zu wissen, daß der Kündigungsschutz des SchwbG nicht besteht, wenn das Arbeitsverhältnis im Zeitpunkt des Zugangs der Kündigung ohne Unterbrechung noch nicht länger als sechs Monate bestanden hat. Er setzt damit erst mit 499

Beginn des siebten Monats des Arbeitsverhältnisses ein (§ 20 Abs. 1 Nr. 1 SchwbG).

Der Kündigungsschutz für Schwerbehinderte tritt somit zeitgleich mit dem allgemeinen Kündigungsschutz nach dem KSchG ein (vgl. Rz. 369). Dieser steht dem Schwerbehinderten gleichfalls zu, sofern die Voraussetzungen des KSchG erfüllt sind (vgl. Rz. 369 ff.).

500 Es ist daher nur folgerichtig, daß die Einstellung eines Schwerbehinderten zur Probe und bis zur Dauer von sechs Monaten auch befristet zulässig ist.

501 In all diesen Fällen muß der Arbeitgeber der Hauptfürsorgestelle sowohl die vorübergehende Einstellung als auch die Beendigung des Arbeitsverhältnisses innerhalb von 4 Tagen anzeigen (§ 20 Abs. 3 SchwbG).

502 Sind in einem Betrieb oder einer Dienststelle 5 Schwerbehinderte ständig beschäftigt, haben diese einen Vertrauensmann oder eine Vertrauensfrau und eine(n) Stellvertreter(in) zu wählen (§ 24 Abs. 1 SchwbG). Die Vertrauensleute haben die gleiche Rechtsstellung wie ein Betriebsrats- bzw. Personalratsmitglied (vgl. § 26 Abs. 3 SchwbG i. V. m. § 15 KSchG und Rz. 422 ff.).

VI. Schutz der Heimarbeiter

503 Durch das Heimarbeitsgesetz (HAG) i. d. F. vom 29. 10. 1974 ist der besondere Schutz für Heimarbeiter, Hausgewerbetreibende und ihnen Gleichgestellte erheblich erweitert worden. Es hat eine weitgehende Anpassung an arbeitsrechtliche Schutzbestimmungen stattgefunden.

Viertes Kapitel
Der Betrieb und seine Verfassung

A. Einleitung

Der Betrieb als selbständige Erscheinungsform des Arbeitslebens, wie er bereits eingangs dieses Buches im einzelnen dargestellt wurde (vgl. Rz. 125–130), bedarf einer bestimmten Ordnung. Hier stehen sich gegenüber: Arbeitgeber und Belegschaft. Es stellt sich die Frage, ob der Arbeitgeber in seinem Betrieb unumschränkter »Herr im Hause ist«, oder ob der Belegschaft an bestimmten Entscheidungsprozessen ein Beteiligungsrecht zusteht. Die Bundesrepublik als demokratischer und sozialer Rechtsstaat hat sich für die zweite Alternative entschieden. 504

Das »Grundgesetz« dieser betrieblichen Ordnung ist das **Betriebsverfassungsgesetz** (BetrVG) vom 15. 1. 1972. Es gilt für alle Betriebe der Privatwirtschaft. Hierzu rechnen auch die Betriebe der Seeschiffahrtsunternehmen (§§ 114 bis 116 BetrVG) und die Landbetriebe von Luftfahrtunternehmen (§ 117 BetrVG). 505

Das BetrVG gilt für sog. »Tendenzbetriebe« nur, soweit es deren Eigenart zuläßt. Dies sind Unternehmen und Betriebe, die unmittelbar oder überwiegend 506

- politischen, koalitionspolitischen, konfessionellen, karitativen, erzieherischen, wissenschaftlichen oder künstlerischen Bestimmungen dienen (z.B. Einrichtungen von Vereinen für Behinderte; Betriebe einer Partei).
  Zu diesen Tendenzbetrieben zählen auch
- Unternehmen und Betriebe der Berichterstattung und der Meinungsäußerung (z.B. Zeitungsverlage, Rundfunkanstalten, Werkstätten für Behinderte) – § 118 Abs. 1 BetrVG.

Keine Anwendung findet das BetrVG auf Religionsgemeinschaften und ihre karitativen und erzieherischen Einrichtungen, gleichgültig welche Rechtsform sie haben (z.B. ein konfessionelles Krankenhaus wird als GmbH betrieben – § 118 Abs. 2 BetrVG). 507

Ob das BetrVG anzuwenden ist, richtet sich nach der Größe des jeweiligen Betriebes. Es kommt auf die Zahl der wahlberechtigten Arbeitnehmer an. Werden in einem Betrieb minde- 508 stens fünf wahlberechtigte Arbeitnehmer ständig beschäftigt, so ist dieser betriebsratsfähig. Voraussetzung ist allerdings, daß drei dieser wahlberechtigten Arbeitnehmer auch wählbar sind (§ 1 BetrVG).

509 Für die Verwaltungen des Bundes und der bundesunmittelbaren Körperschaften, Anstalten und Stiftungen des öffentlichen Rechts sowie die Gerichte des Bundes gilt das **Bundespersonalvertretungsgesetz** vom 15. 3. 1974. Für die einzelnen Bundesländer gelten jeweils besondere Personalvertretungsgesetze.

510 Die Grundbegriffe, wie sie für das BetrVG von Bedeutung sind, sind eingangs dieses Buches bereits behandelt worden (vgl. Rz. 86ff.). Der Begriff des Arbeiters und des Angestellten, wie er im BetrVG verwendet wird, deckt sich mit dem des Arbeitsvertragsrechts. Lediglich der Begriff des leitenden Angestellten ist vom Arbeitsvertragsrecht verschieden (vgl. Rz. 107ff.). Leitende Angestellte sind zwar nach dem BetrVG Arbeitnehmer, können sich aber weder an der Wahl zum Betriebsrat beteiligen noch ein Amt im Betriebsrat ausüben. Der Betriebsrat kann sie jedoch zu Mitgliedern des Wirtschaftsausschusses bestimmen (§ 107 BetrVG). Zu dessen Sitzungen kann sie auch der Arbeitgeber zuziehen (§ 108 BetrVG).

B. Organe des Betriebes

I. Der Arbeitgeber

511 Der Begriff des Arbeitgebers, wie ihn das BetrVG benutzt, ist derselbe wie der des Arbeitsvertragsrechts (vgl. Rz. 86ff.).

II. Der Betriebsrat

1. Größe und Zusammensetzung

512 Die Größe des Betriebsrates richtet sich teilweise nach der Zahl der wahlberechtigten Arbeitnehmer des Betriebes, teilweise nach der Zahl der im Betrieb beschäftigten Arbeitnehmer schlechthin.

In Betrieben, die 5 bis 20 wahlberechtigte Arbeitnehmer umfassen, besteht der Betriebsrat lediglich aus 1 Person. Zwischen 21 und 50 wahlberechtigten Arbeitnehmern sind es drei Betriebsratsmitglieder. 513

Die Zahl der Betriebsratsmitglieder erhöht sich bei 51 wahlberechtigten Arbeitnehmern bis 150 Arbeitnehmer auf fünf Personen. Bei Betrieben von 151 bis 9.000 Arbeitnehmern – hier kommt es nicht mehr auf deren Wahlberechtigung an wie bei kleineren Betrieben – staffelt sich die vorgesehene Größe des Betriebsrates von 5 bis 31 Mitglieder. In Betrieben mit mehr als 9.000 Arbeitnehmern erhöht sich die Zahl der Mitglieder des Betriebsrates für je angefangene weitere 3.000 Arbeitnehmer um zwei Mitglieder (§ 9 BetrVG). 514

Besteht der Betriebsrat aus mindestens drei Mitgliedern, so müssen beide Gruppen der Arbeitnehmer – also Arbeiter und Angestellte – entsprechend ihrem zahlenmäßigen Verhältnis vertreten sein (§ 10 Abs. 1 BetrVG). Ist eine der beiden Gruppen eine Minderheitsgruppe, so billigt ihr das BetrVG entsprechend der Zahl der Gruppenangehörigen jeweils eine bestimmte Zahl von Betriebsratsmitgliedern zu (vgl. im einzelnen § 10 Abs. 2 BetrVG). Nur dann erhält eine Minderheitsgruppe keine Vertretung, wenn ihr nicht mehr als 5 Arbeitnehmer angehören und diese wiederum nicht mindestens 1/20 der Arbeitnehmer des Betriebes darstellen (§ 10 Abs. 3 BetrVG). Beide Gruppen können aber auch vor der Betriebsratswahl in getrennten und geheimen Abstimmungen eine von der gesetzlichen Regelung abweichende Verteilung der Mitglieder des Betriebsrates auf die Gruppen beschließen (§ 12 Abs. 1 BetrVG). Daneben kann jede Gruppe auch Angehörige der anderen Gruppe wählen. In diesem Fall gelten die Gewählten insoweit als Angehörige derjenigen Gruppe, die sie gewählt hat. Dies gilt auch für Ersatzmitglieder (§ 12 Abs. 2 BetrVG). 515

2. Das aktive und passive Wahlrecht zum Betriebsrat

Wahlberechtigt zum Betriebsrat **(aktives Wahlrecht)** ist jeder Arbeitnehmer, der das 18. Lebensjahr vollendet hat (§ 7 BetrVG). Voraussetzung ist lediglich, daß er in einem Arbeitsverhältnis steht (vgl. Rz. 92ff.). Sein Geschlecht, seine 516

Nationalität, die Dauer der tatsächlichen oder voraussichtlichen Betriebszugehörigkeit spielen keine Rolle.

517 Die Wählbarkeit zum Betriebsrat **(passives Wahlrecht)** besitzt jeder wahlberechtigte Arbeitnehmer, der das 18. Lebensjahr vollendet hat und 6 Monate dem Betrieb angehört. In der Heimarbeit Beschäftigte müssen in diesem Zeitraum in der Hauptsache für den Betrieb gearbeitet haben. Auf diese sechsmonatige Betriebszugehörigkeit werden Zeiten angerechnet, in denen der Arbeitnehmer unmittelbar vorher einem anderen Betrieb desselben Unternehmens oder Konzerns (vgl. § 18 Abs. 1 AktG) angehört hat. Wer nicht im Besitz der bürgerlichen Ehrenrechte ist, also infolge Richterspruchs die Wählbarkeit oder die Fähigkeit, öffentliche Ämter zu bekleiden, verloren hat, ist nicht wählbar (§ 8 Abs. 1 BetrVG).

518 Besteht der Betrieb weniger als 6 Monate, so sind diejenigen Arbeitnehmer wählbar, die bei der Einleitung der Betriebsratswahl im Betrieb beschäftigt sind und die übrigen Voraussetzungen für die Wählbarkeit erfüllen (§ 8 Abs. 2 BetrVG).

3. Die Durchführung der Betriebsratswahl

519 Für sie sind nicht nur die grundsätzlichen Bestimmungen des BetrVG (§§ 13–20) maßgebend, sondern vor allem die Erste Verordnung zur Durchführung des Betriebsverfassungsgesetzes vom 16. 1. 1972 (Wahlordnung – WO).

520 Vorweg ist zu sagen, daß der Betriebsrat **in geheimer und unmittelbarer Wahl** gewählt werden muß (§ 14 Abs. 1 BetrVG). Eine Betriebsratswahl, die nicht diesem demokratischen Grundprinzip entspricht, ist nichtig. Sie bedarf noch nicht einmal der Anfechtung. Wir haben es mit einem »Nichtbetriebsrat« zu tun (Beispiel: Der Betriebsrat wird per Akklamation, also durch Handaufheben, in einer Betriebsversammlung von den Arbeitnehmern gewählt.).

521 Das BetrVG schreibt aus Zweckmäßigkeitsgründen die Durchführung der Betriebsratswahlen in der ganzen Bundesrepublik in einem gleichen Zeitraum vor: sie haben regelmäßig alle vier Jahre in der Zeit vom 1. März bis 31. Mai stattzufinden (§ 13 Abs. 1 BetrVG). Nur in Ausnahmefällen soll zu einer anderen Zeit gewählt werden (z.B. wenn seit der Betriebsratswahl innerhalb von 24 Monaten die Zahl der regel-

mäßig beschäftigten Arbeitnehmer um die Hälfte gestiegen oder gesunken, der Betriebsrat mit Mehrheit zurückgetreten oder die Betriebsratswahl mit Erfolg angefochten worden ist – vgl. im einzelnen § 13 Abs. 2 BetrVG).

a) Vor der Wahl

Die Wahl zum Betriebsrat beginnt mit der **Bestellung des Wahlvorstandes**. Sie hat spätestens 10 Wochen vor Ablauf der Amtszeit des Betriebsrates zu erfolgen (§ 16 Abs. 1 BetrVG). Bestand im Betrieb bisher kein Betriebsrat, so wird der Wahlvorstand in einer Betriebsversammlung von der Mehrheit der anwesenden Arbeitnehmer gewählt (§ 17 Abs. 1 BetrVG). Die Abstimmung braucht nicht geheim zu sein. **522**

Zu einer solchen Betriebsversammlung können drei wahlberechtigte Arbeitnehmer des Betriebes oder eine im Betrieb vertretene Gewerkschaft einladen und Vorschläge für die Zusammensetzung des Wahlvorstandes machen. Findet trotz Einladung keine Betriebsversammlung statt oder wird auf ihr kein Wahlvorstand gebildet, so bestellt ihn das Arbeitsgericht. Antragsberechtigt dazu sind mindestens drei wahlberechtigte Arbeitnehmer oder eine im Betrieb vertretene Gewerkschaft (§ 17 Abs. 2 und 3 BetrVG). Vertreten ist eine Gewerkschaft, wenn wenigstens ein Arbeitnehmer des Betriebes in ihr organisiert ist. **523**

Im Normalfall wählt der alte Betriebsrat spätestens 10 Wochen vor Ablauf seiner Amtszeit den Wahlvorstand durch einfachen Mehrheitsbeschluß. Der Wahlvorstand kann aber auch aus Arbeitnehmern bestehen, die nicht Mitglieder des Betriebsrats sind. Umgekehrt können auch Mitglieder des Wahlvorstandes zum Betriebsrat kandidieren. **524**

Der Wahlvorstand selbst muß aus mindestens drei wahlberechtigten Arbeitnehmern des Betriebes bestehen. Der Betriebsrat kann die Zahl der Wahlvorstandsmitglieder jeweils auf eine ungerade Zahl (5, 7 usw.) erhöhen, wenn dies zur ordnungsgemäßen Durchführung der Wahl erforderlich ist. Die Bestellung von Ersatzmitgliedern für jedes Mitglied des Wahlvorstandes ist zulässig. Werden im Betrieb Arbeiter und Angestellte beschäftigt, so müssen beide Gruppen im Wahlvorstand vertreten sein. Dieser wählt den Vorsitzenden aus seiner Mitte (§ 16 Abs. 1 BetrVG). **525**

526 Besteht 8 Wochen vor Ablauf der Amtszeit des Betriebsrates kein Wahlvorstand, wird dieser gleichfalls auf Antrag durch das Arbeitsgericht bestellt. Auch hier sind mindestens 3 wahlberechtigte Arbeitnehmer oder die im Betrieb vertretene Gewerkschaft antragsberechtigt. Das Arbeitsgericht kann bei Betrieben mit in der Regel mehr als 20 wahlberechtigten Arbeitnehmern auch Gewerkschaftsmitglieder, die nicht dem Betrieb angehören, zu Mitgliedern des Wahlvorstandes bestellen (§ 16 Abs. 2 BetrVG).

527 Bevor der Wahlvorstand die Wahl an sich einleitet, hat er im wesentlichen fünf Punkte zu erledigen; er hat
- die Wählerliste aufzustellen (§ 2 WO),
- die Feststellung zu treffen, ob Gruppen- oder Gemeinschaftswahl stattfindet (§ 14 Abs. 2 BetrVG),
- Zweifel über den Betriebscharakter zu klären (selbständiger Betrieb oder nur Nebenbetrieb – § 18 Abs. 2 BetrVG),
- die Größe des zu wählenden Betriebsrats festzustellen (§ 9 BetrVG) und
- die Verteilung der Betriebsratssitze entsprechend der Zahl jeder Gruppe – Arbeiter oder Angestellte – vorzunehmen (§ 5 WO). Dabei ist die Zahl der Betriebsratsmitglieder für jede Gruppe entsprechend dem Höchstzahlensystem (nach d'Hondt) zu errechnen. Minderheitengruppen sind zu berücksichtigen (§ 10 Abs. 2 und 3 BetrVG).

528 Stehen regelmäßige Wahlen zum Betriebsrat und zum Sprecherausschuß (§ 5 Abs. 1 Satz 1 SprAuG; s. auch Rz. 579ff.) an, so ist ein **Zuordnungsverfahren** durchzuführen (§ 18a BetrVG). Diese Vorschrift ist erstmals im Frühjahr 1990 angewandt worden (§§ 125 Abs. 3 BetrVG; 5 Abs. 1; 37 Abs. 1 SprAuG). Findet aber nur eine dieser beiden Wahlen statt, hat es gleichfalls zu erfolgen.

Das Zuordnungsverfahren ist mehrstufig angelegt: Zunächst haben sich die beiden Wahlvorstände für die Betriebsrats- und die Sprecherausschußwahl unverzüglich nach Aufstellung ihrer Wählerliste, spätestens jedoch zwei Wochen vor Einleitung der Wahlen, gegenseitig darüber zu unterrichten, welche Angestellten sie zu den leitenden Angestellten zugeordnet haben (§ 18a Abs. 1 Satz 1 BetrVG). Wird Einvernehmen darüber erzielt, wer den leitenden Angestellten zuzuordnen ist, bleibt es bei der Eintragung dieser Ange-

stellten in die Wählerliste für die Wahl zum Sprecherausschuß.
Kommt über die Zuordnung keine Übereinstimmung zustande, haben nunmehr die Wahlvorstände in einer gemeinsamen Sitzung eine Einigung zu versuchen. Gelingt diese, ist die Zuordnung in die jeweilige Wählerliste einzutragen (§ 18a Abs. 1 Sätze 2 und 3 BetrVG).
Kommt eine Einigung nicht zustande, so wird in einer dritten Verfahrensstufe spätestens eine Woche vor Einleitung der Wahlen ein Vermittler eingeschaltet (§ 18a Abs. 2 Satz 1 BetrVG).
Auf dessen Person müssen sich die Wahlvorstände zuvor einigen. Als Vermittler kommen nur Beschäftigte des Betriebs oder eines anderen Betriebs des Unternehmens oder des Konzerns oder auch der Arbeitgeber selbst in Betracht. Gelingt eine Einigung über die Person des Vermittlers nicht, so schlagen die Wahlvorstände je eine Person als Vermittler vor. Durch Los wird entschieden, wer als Vermittler tätig wird (§ 18a Abs. 3 BetrVG).

Der nunmehr feststehende Vermittler hat seine Aufgabe wie- **529**
derum in zwei Abschnitten zu erledigen:
Er hat zunächst erneut eine Verständigung der Wahlvorstände über die Zuordnung zu versuchen. Dabei hat ihn der Arbeitgeber auf sein Verlangen durch Auskünfte oder durch Unterlagen zu unterstützen.
Gelingt dem Vermittler eine Verständigung nicht, so hat er sich zunächst mit dem Arbeitgeber zu beraten. Alsdann entscheidet er über die noch offenen Zuordnungen. Diese sind in die jeweilige Wählerliste einzutragen (§ 18a Abs. 2 BetrVG).
In den Fällen, in denen die Wahl zum Betriebsrat und zum Sprecherausschuß nicht gleichzeitig eingeleitet werden, sieht das Gesetz verschiedene Abweichungen vor (vgl. § 18a Abs. 4 BetrVG).

Durch das Zuordnungsverfahren wird der Rechtsweg zu den **530**
Gerichten für Arbeitssachen nicht ausgeschlossen. Eine Anfechtung der Betriebsratswahl oder der Wahl zum Sprecherausschuß ist jedoch ausgeschlossen, soweit sie darauf gestützt wird, daß die Zuordnung fehlerhaft erfolgt sei. Das gilt nur dann nicht, soweit die Zuordnung offensichtlich fehlerhaft war (§ 18a Abs. 5 BetrVG).

Antragsberechtigt zur Anfechtung sind der Betriebsrat, der Sprecherausschuß, der Arbeitgeber und der betroffene Angestellte selbst.

531 Nach Erledigung der vorstehenden Feststellungen hat der Wahlvorstand die Wahl unverzüglich einzuleiten. Kommt er dieser Verpflichtung nicht nach, so ersetzt ihn das Arbeitsgericht wiederum auf Antrag (§ 18 Abs. 1 BetrVG).

532 Spätestens 6 Wochen vor dem ersten Tag der Betriebsratswahl hat der Wahlvorstand ein **Wahlausschreiben** zu erlassen, das von seinen sämtlichen Mitgliedern zu unterschreiben ist (§ 3 Abs. 1 WO).

Wegen der Angaben des Wahlausschreibens im einzelnen wird auf den Katalog des § 3 Abs. 2 Ziff. 1 bis 11 WO Bezug genommen.

533 Die auf das Wahlausschreiben hin eingehenden **Vorschlagslisten** müssen spätestens innerhalb einer Frist von 2 Wochen beim Wahlvorstand eingereicht werden (§ 6 Abs. 1 WO). Jede Vorschlagsliste muß von mindestens 1/20 der wahlberechtigten Gruppenangehörigen, jedoch mindestens von 3 Wahlberechtigten, unterzeichnet sein. Die Unterzeichnung durch 50 Gruppenangehörige genügt (§ 14 Abs. 5 BetrVG). Auch die im Betrieb vertretenen Gewerkschaften können zur Wahl des Betriebsrats Wahlvorschläge machen (§ 14 Abs. 4 BetrVG). Diese bedürfen nicht der Unterzeichnung durch die sonst gesetzlich vorgeschriebene Zahl von wahlberechtigten Arbeitnehmern (§ 14 Abs. 6 BetrVG). Es genügt die Unterzeichnung durch zwei Beauftragte (§ 14 Abs. 8 BetrVG).

534 Die Vorschlagsliste muß die einzelnen **Bewerber** in erkennbarer Reihenfolge unter fortlaufender Nummer und unter Angabe von Familiennamen, Vornamen, Geburtsdatum, Art der Beschäftigung im Betrieb und Arbeitnehmergruppe aufführen. Zudem muß ihr die schriftliche Zustimmung des Bewerbers zur Aufnahme in die Liste beigefügt sein (§ 6 Abs. 4 WO). Jede Vorschlagsliste soll mindestens doppelt soviel Bewerber aufweisen, wie in dem Wahlgang Betriebsratsmitglieder zu wählen sind (§ 6 Abs. 3 WO).

535 Ein Bewerber kann nur auf einer Vorschlagsliste wirksam vorgeschlagen werden. Erscheint er auf 2 Vorschlagslisten gleichzeitig, so ist ihm vom Wahlvorstand eine Frist von 3 Arbeitstagen zu setzen. Innerhalb derselben hat er sich zu entscheiden,

auf welcher Vorschlagsliste er seine Bewerbung aufrechterhalten will. Gibt er innerhalb der Frist dem Wahlvorstand gegenüber keine Erklärung ab, wird er auf sämtlichen Wahlvorschlägen gestrichen (§ 6 Abs. 8 WO).

Hat ein Arbeitnehmer mehrere Wahlvorschläge unterzeichnet, so wird er gleichfalls vom Wahlvorstand aufgefordert, sich zu entscheiden, welche Unterschrift er aufrechterhalten will. Erklärt sich der unterzeichnende Arbeitnehmer nicht innerhalb einer Frist von 3 Arbeitstagen, so gilt die zuerst abgegebene Unterschrift als gültig. Die Unterschriften auf den anderen Vorschlagslisten werden gestrichen (§ 6 Abs. 6 WO). **536**

Dem Überbringer der Vorschlagsliste oder bei deren Übersendung dem Listenvertreter ist der Zeitpunkt der Einreichung vom Wahlvorstand schriftlich zu bestätigen.

Ist die Vorschlagsliste nicht bereits mit einem Kennwort versehen, so muß sie mit Familien- und Vornamen der beiden an erster Stelle stehenden Bewerber bezeichnet werden. Unverzüglich, möglichst binnen 2 Arbeitstagen nach Eingang, hat der Wahlvorstand die Vorschlagsliste zu prüfen und bei Ungültigkeit (vgl. § 8 WO) oder Beanstandung den Listenvertreter sofort schriftlich unter Angabe von Gründen zu unterrichten (§ 7 Abs. 1 und 2 WO). **537**

Ist keine gültige Vorschlagsliste nach Ablauf der zwölftägigen Frist eingegangen, hat der Wahlvorstand unter sofortiger Bekanntmachung eine Nachfrist von einer Woche zu setzen. Dies gilt auch, wenn bei einer Gruppenwahl nur eine Vorschlagsliste für eine Gruppe eingereicht wurde.

Liegen auch nach Ablauf der Nachfrist keine Vorschlagslisten vor, hat der Wahlvorstand sofort bekanntzumachen, daß keine Betriebsratswahl stattfindet (§ 9 WO). Nach Beendigung des Wahlausschreibens werden den gültigen Vorschlagslisten Ordnungsnummern zugeteilt. Die Reihenfolge bestimmt ein Losentscheid, zu dem die Listenvertreter einzuladen sind (§ 10 Abs. 1 WO). Spätestens eine Woche vor Beginn der Betriebsratswahl sind die Vorschlagslisten an geeigneter Stelle im Betrieb bis zum Abschluß der Stimmabgabe auszuhängen (§ 10 Abs. 2 WO). **538**

b) Der Wahlgang

539 Zur **Stimmabgabe** selbst hat der Wahlvorstand geeignete Vorkehrungen zu treffen. Er hat dafür zu sorgen, daß eine geheime Stimmabgabe gewährleistet ist (z.B. Aufstellen einer Wahlkabine usw.). Es muß eine Wahlurne vorhanden sein. Diese soll so beschaffen sein, daß eingeworfene Stimmzettel nicht herausgenommen werden können, ohne daß die Wahlurne geöffnet werden muß (§ 12 Abs. 1 WO). Nach Abschluß der Stimmabgabe ist die Wahlurne zu versiegeln, wenn nicht die Stimmenzählung unmittelbar nach der Wahl durchgeführt wird (§ 12 Abs. 5 WO).

540 Der Wahlvorstand kann zu seiner Unterstützung **Wahlhelfer** zur Durchführung der Stimmabgabe und bei der Stimmenzählung heranziehen (§ 1 Abs. 2 WO). Immer müssen sich im Wahllokal mindestens 1 Mitglied des Wahlvorstandes und 1 Wahlhelfer aufhalten (§ 12 Abs. 2 WO). Sind keine Wahlhelfer bestellt worden, so müssen mindestens 2 Mitglieder des Wahlvorstandes beim Wahlvorgang anwesend sein.

c) Nach der Wahl

541 Der Wahlvorstand hat unverzüglich nach der Wahl öffentlich die Auszählung der Stimmen vorzunehmen. Anschließend hat er das Wahlergebnis bekanntzugeben (§ 13 WO). Von der vom Wahlvorstand zu fertigenden Wahlniederschrift (vgl. § 17 WO) ist dem Arbeitgeber und den im Betrieb vertretenen Gewerkschaften unverzüglich je eine Abschrift zu übersenden (§ 19 Satz 2 WO).

542 Der gewählte Bewerber ist vom Wahlvorstand unverzüglich schriftlich von seiner Wahl zu benachrichtigen. Lehnt er nicht binnen 3 Arbeitstagen nach Zugang der Benachrichtigung seine Wahl ab, so gilt diese als angenommen (§ 18 Abs. 1 WO). Bei Ablehnung tritt an die Stelle des Gewählten der in der Vorschlagsliste nächstfolgende Bewerber. Sobald die Namen der gewählten Betriebsratsmitglieder endgültig feststehen, sind diese vom Wahlvorstand durch zweiwöchigen Aushang bekanntzugeben (§ 19 WO).

543 Die **Errechnung des Wahlergebnisses** richtet sich jeweils danach, ob Gruppenwahl oder gemeinsame Wahl stattgefunden hat und ob nach einer oder nach mehreren Vorschlagsliste(n) gewählt worden ist.

Es hat eine **Gruppenwahl** stattgefunden: 544
Sind **mehrere Vorschlagslisten** eingegangen, so sind die der Gruppe zustehenden Betriebsratssitze nach dem sog. **d'Hondt'schen Höchstzahlensystem** auf die einzelnen Vorschlagslisten zu verteilen.
Beispiel: Einer Gruppe (Arbeiter oder Angestellte) stehen 6 Betriebsratssitze zu. Die Gruppenangehörigen beteiligen sich mit 128 abgegebenen gültigen Stimmen an der Betriebsratswahl.

Es entfielen:
auf die Liste A 72 Stimmen,
auf die Liste B 43 Stimmen,
auf die Liste C 13 Stimmen.

Nach dem Höchstzahlensystem ergibt dies folgende Berechnung:

	Liste A	Liste B	Liste C
: 1	72	43	13
: 2	36	21 1/2	
: 3	26	14 1/3	
: 4	18		

Die sechs Höchstzahlen sind:

bei Liste A 72, 36, 26 und 18;
bei Liste B 43, 21 1/2

Die Liste A erhält somit 4 Sitze im Betriebsrat, die Liste B 2 Sitze. Die Liste C bleibt ohne Vertretung.
Ist nur **eine Vorschlagsliste** eingegangen, so ist der Bewerber gewählt, der die meisten Stimmen auf sich vereinigt hat (Mehrheitswahlsystem).
Es hat eine **gemeinsame Wahl** stattgefunden: 545
Sind **mehrere Vorschlagslisten** eingegangen, so ist gleichfalls das soeben erörterte Höchstzahlensystem anzuwenden. Hier werden auf Grund der den Listen zugefallenen Stimmenzahlen zunächst die Arbeitersitze, alsdann die Angestelltensitze in gesonderter Berechnung auf die Listen verteilt. Es ist also nicht entscheidend, wie viele Arbeiter und wie viele Angestellte jede Liste enthält. Nach dem Höchstzahlensystem werden jeder Vorschlagsliste so viele Betriebsratssitze der Arbei-

ter- und Angestelltengruppe zugeteilt, wie Höchstzahlen auf sie entfallen. Die Gruppenangehörigen gelten für den Betriebsrat in der Reihenfolge als gewählt, in der sie in der Liste aufgeführt sind. Wenn nicht genügend Bewerber einer Gruppe auf der Liste enthalten sind, gehen die Betriebsratssitze auf die Liste über, die die entsprechende nächste Höchstzahl aufweist.
Beispiel: Es sollen vier Arbeiter und drei Angestellte gewählt werden. Die Zahl der insgesamt abgegebenen gültigen Stimmen beträgt 242. Davon entfielen:

auf die Liste A	134 Stimmen;
auf die Liste B	56 Stimmen;
auf die Liste C	52 Stimmen.

Nach dem Höchstzahlensystem ergibt dies folgende Berechnung:

	Liste A	Liste B	Liste C
: 1	134	56	52
: 2	67	28	26
: 3	$44^2/_3$		
: 4	$33^1/_2$		
: 5	$26^4/_5$		

Die Reihenfolge der Höchstzahlen ist also:

bei Liste A	134, 67, $44^2/_3$, $33^1/_2$, $26^4/_5$;
bei Liste B	56, 28;
bei Liste C	52.

Damit entfallen auf die Liste A drei Arbeitervertreter und zwei Angestelltenvertreter, auf die Liste B ein Arbeitervertreter und ein Angestelltenvertreter, auf die Liste C ein Arbeitervertreter. Ist in der Liste A kein Angestellter aufgeführt, so entfallen die Angestelltensitze auf die Listen B und C. Die Liste B würde somit zwei Angestelltenvertreter, die Liste C einen Angestelltenvertreter zusätzlich in den Betriebsrat entsenden.
Ist bei einer gemeinsamen Wahl nur **eine Vorschlagsliste** eingegangen, errechnet sich das Wahlergebnis nach dem Mehrheitswahlsystem. Jedoch ist auch hier der bereits erörterte Minderheitenschutz des BetrVG zu berücksichtigen (vgl.

Rz. 515). Befindet sich unter den gewählten Bewerbern nicht die erforderliche Zahl von Angehörigen beider Gruppen (Arbeiter und Angestellte), so tritt an die Stelle des oder der im Verhältnis zuviel gewählten Angehörigen der Bewerber der anderen Gruppe, der die verhältnismäßig höchste Stimmenzahl in seiner Gruppe erhalten hat (§ 23 Abs. 2 Satz WO).
Beispiel: In den Betriebsrat mit 7 Mitgliedern sind 5 Arbeiter und 2 Angestellte zu wählen. Die abgegebenen Stimmen verteilen sich auf die Bewerber wie folgt:

A:	251 Stimmen – Arbeiter
B:	217 Stimmen – Arbeiter
C:	189 Stimmen – Angestellter
D:	182 Stimmen – Arbeiter
E:	171 Stimmen – Arbeiter
F:	160 Stimmen – Arbeiter
G:	131 Stimmen – Arbeiter
H:	120 Stimmen – Arbeiter
I:	111 Stimmen – Angestellter
J:	91 Stimmen – Angestellter

Ohne den Minderheitenschutz würde der Betriebsrat entsprechend den höchsten Stimmenzahlen aus 6 Arbeitern und 1 Angestellten bestehen. Nach der zwingenden gesetzlichen Regelung müssen ihm jedoch 2 Angestellte angehören. An die Stelle des Bewerbers G mit 131 Stimmen tritt somit der Angestellte I mit 111 Stimmen.
Ist **nur ein Betriebsratsmitglied** zu wählen, findet zwingend immer eine Mehrheitswahl und damit eine gemeinsame Wahl statt. Der Bewerber gilt als gewählt, der die meisten Stimmen auf sich vereinigt (§§ 14 Abs. 3 BetrVG; 25 WO).

Eine **schriftliche Stimmabgabe** ist zulässig, wenn der wahlbe- **546**
rechtigte Arbeitnehmer verhindert ist, im Zeitpunkt der Wahl seine Stimme persönlich im Betrieb abzugeben (Näheres vgl. §§ 26–28 WO). Für Betriebsteile und Nebenbetriebe, die räumlich weit vom Hauptbetrieb entfernt sind, kann der Wahlvorstand die schriftliche Stimmabgabe beschließen (§ 26 Abs. 3 WO).

Vor Ablauf einer Woche nach dem Wahltag hat der Wahlvor- **547**
stand die neugewählten Mitglieder des Betriebsrates zur kon-

stituierenden Sitzung einzuberufen. Der Vorsitzende des Wahlvorstandes leitet die Sitzung, bis der Betriebsrat aus seiner Mitte einen Wahlleiter bestellt hat (§ 29 Abs. 1 BetrVG). Damit endet die Tätigkeit des Wahlvorstandes.

548 Die sächlichen Kosten der Wahl hat der Arbeitgeber zu tragen (z.B. Druck der Wahlscheine, Lohnausfall des Wahlvorstandes usw. – § 20 Abs. 3 BetrVG). In seiner ersten Sitzung hat der Betriebsrat aus seiner Mitte den **Vorsitzenden** und dessen Stellvertreter zu wählen. Besteht der Betriebsrat aus Mitgliedern beider Gruppen, also aus Arbeitern und Angestellten, so sollen der Vorsitzende und sein Stellvertreter nicht der gleichen Gruppe angehören. Nur in ganz seltenen Ausnahmefällen ist ein Abweichen von diesem Grundsatz zulässig (z.B. in einem Betrieb des Bergbaues ist der zum stellvertretenden Vorsitzenden vorgesehene Angestelltenvertreter gesundheitlich nicht in der Lage, sich unter Tage aufzuhalten). Verstößt der Betriebsrat gegen diesen Grundsatz, kann die Wahl des stellvertretenden Betriebsratsvorsitzenden angefochten werden (§§ 26 Abs. 1 Satz 2; 19 BetrVG).

549 Gehört jeder Gruppe im Betriebsrat mehr als 1/3 der Mitglieder an, so steht jeder Gruppe auch ein verbindliches Vorschlagsrecht für den Vorsitz zu (z.B. der Betriebsrat besteht aus 7 Arbeitern und 4 Angestellten). Der Betriebsrat wählt von den beiden vorgeschlagenen Betriebsratsmitgliedern den Vorsitzenden des Betriebsrates und dessen Stellvertreter. Der Betriebsrat ist an die von den Gruppen gemachten Vorschläge gebunden. Andere Vorschläge zu machen, ist also unzulässig (§ 26 Abs. 2 BetrVG).

550 Besteht ein Betriebsrat aus 9 und mehr Mitgliedern, so bildet er einen Betriebsausschuß. Dieser besteht aus dem Vorsitzenden des Betriebsrates, dessen Stellvertreter und weiteren Betriebsratsmitgliedern. Die Größe des Betriebsausschusses hängt von der Zahl der Mitglieder des Betriebsrates ab (§ 27 Abs. 1 BetrVG). Auch bei der Wahl des Betriebsausschusses besteht eine Bindung an die Vorschläge jeder Gruppe, wenn diese mehr als 1/3 der Mitglieder des Betriebsrates ausmacht (§ 27 Abs. 2 BetrVG). Durch einen schriftlich niederzulegenden Beschluß kann der Betriebsrat dem Betriebsausschuß bestimmte Aufgaben zur selbständigen Erledigung übertragen. Bei Betriebsräten mit weniger als 9 Mitgliedern können die laufenden Geschäfte auf den Vorsitzenden des Betriebsrates oder andere Betriebsratsmitglieder delegiert werden (vgl. § 27 Abs. 3 und 4 BetrVG). Die Bildung weiterer Ausschüsse mit bestimmten Aufgaben ist möglich (§ 28 BetrVG). Nur der Abschluß von Betriebsvereinbarungen ist den Ausschüssen verwehrt.

Die Betriebsratswahl selbst kann binnen 2 Wochen nach Be- **551**
kanntgabe des Wahlergebnisses von 3 wahlberechtigten Arbeitnehmern, jeder im Betrieb vertretenen Gewerkschaft und dem Arbeitgeber angefochten werden. Nur wenn das Wahlergebnis bei Verstoß gegen wesentliche Wahlvorschriften nicht geändert oder beeinflußt werden konnte, ist der **Wahlanfechtung** nicht stattzugeben (§ 19 BetrVG).

Die regelmäßige **Amtszeit** des Betriebsrates beträgt vier Jah- **552**
re. Sie beginnt mit der Bekanntgabe des Wahlergebnisses oder, wenn zu diesem Zeitpunkt noch ein Betriebsrat besteht, mit Ablauf von dessen Amtszeit. Wegen der vorzeitigen Neuwahl des Betriebsrates vgl. § 13 Abs. 2 BetrVG. Einzelne Betriebsratsmitglieder können aus dem Betriebsrat ausgeschlossen, dieser in seiner Gesamtheit durch das Arbeitsgericht wegen grober Verletzung gesetzlicher Pflichten aufgelöst werden. Antragsberechtigt sind – neben dem Betriebsrat selbst – mindestens 1/4 der wahlberechtigten Arbeitnehmer, der Arbeitgeber oder eine im Betrieb vertretene Gewerkschaft (§ 23 Abs. 1 BetrVG).

Scheidet ein Mitglied des Betriebsrates aus (vgl. Einzelfälle **553**
§ 24 BetrVG), rückt das Ersatzmitglied, welches auf der Vorschlagsliste in der Reihenfolge das nächste ist, nach. Dies gilt entsprechend auch für die Stellvertretung eines zeitweilig verhinderten Betriebsratsmitgliedes (§ 25 BetrVG).

Auch gegen den Arbeitgeber können Betriebsrat und Ge- **554**
werkschaft bei groben Verstößen gegen das BetrVG Anträge beim Arbeitsgericht stellen. Diese können darauf hinzielen, daß der Arbeitgeber eine Handlung unterläßt (z. B. Torkontrolle ohne Zustimmung des Betriebsrats), eine Handlung duldet (z. B. ungehinderte Telefonbenutzung, soweit zur ordnungsgemäßen Durchführung der Betriebsratstätigkeit erforderlich) oder eine Handlung vornimmt (z. B. Zurverfügungstellung der Kantine für die Betriebsversammlung).

Weitere Zuwiderhandlungen sind auf Antrag mit Geldstrafen **555**
zu belegen (§ 23 Abs. 3 BetrVG).

III. Die Betriebsversammlung

556 Sie besteht aus allen Arbeitnehmern des Betriebes, wird vom Vorsitzenden des Betriebsrates einberufen und geleitet. Sie ist nicht öffentlich.

557 **Teilversammlungen** sind in den Betrieben durchzuführen, die wegen ihrer Eigenart ein gleichzeitiges Zusammenkommen aller Arbeitnehmer nicht zulassen (§ 42 Abs. 1 BetrVG).

558 Daneben sieht das BetrVG auch noch **Abteilungsversammlungen** vor. In ihnen sollen Arbeitnehmer organisatorisch oder räumlich abgegrenzter Betriebsteile vom Betriebsrat zusammengefaßt werden. Voraussetzung ist, daß dies für die Erörterung solcher gemeinsamen Belange dieser Arbeitnehmer notwendig ist, die in der großen Betriebsversammlung häufig nicht angesprochen werden können. Die Abteilungsversammlung wird von einem Mitglied des Betriebsrates geleitet. Dieses soll nach Möglichkeit Arbeitnehmer des beteiligten Betriebsteils sein (§ 42 Abs. 2 BetrVG). Der Betriebsrat kann zwei der vierteljährlich vorgeschriebenen vier Pflicht-Betriebsversammlungen als Abteilungsversammlungen durchführen. Eine weitere Betriebsversammlung und Abteilungsversammlung in jedem Kalenderhalbjahr ist ihm freigestellt, wenn dies aus besonderen Gründen zweckmäßig erscheint (§ 43 Abs. 1 BetrVG).

559 Die Betriebsversammlung selbst ist vom Betriebsrat einmal in jedem Kalendervierteljahr einzuberufen. In ihr ist ein Tätigkeitsbericht zu erstatten. Finden Abteilungsversammlungen statt, so sind neben diesen nur zweimal im Kalenderjahr Betriebsversammlungen durchzuführen (§ 43 Abs. 1 BetrVG).

560 Der Arbeitgeber ist zu den Betriebs- und Abteilungsversammlungen unter rechtzeitiger Mitteilung der genauen Tagesordnung einzuladen. Er hat das Recht, in diesen Versammlungen zu sprechen. Mindestens einmal in jedem Kalenderjahr ist der Arbeitgeber oder sein Vertreter verpflichtet, in einer Betriebsversammlung über das Personal- und Sozialwesen des Betriebes und über dessen wirtschaftliche Lage und Entwicklung zu berichten, soweit dadurch nicht Betriebs- und Geschäftsgeheimnisse gefährdet werden (§ 43 Abs. 2 BetrVG).

561 Auf Wunsch des Arbeitgebers ist darüber hinaus jederzeit eine Betriebsversammlung einzuberufen und ein von diesem beantragter Beratungsgegenstand auf die Tagesordnung zu setzen.

Daneben ist der Arbeitgeber berechtigt, einen Beauftragten seiner Arbeitgebervereinigung, der er angehört, zu den Betriebs- oder Abteilungsversammlungen, an denen er teilnimmt, hinzuzuziehen. Ein selbständiges Teilnahmerecht hat der Vertreter der Arbeitgebervereinigung nicht.

Im Gegensatz dazu können Beauftragte der im Betrieb vertre- **562**
tenen Gewerkschaft von sich aus an Betriebs- oder Abteilungsversammlungen jederzeit beratend teilnehmen. Zeitpunkt und Tagesordnung dieser Versammlungen ist ihnen rechtzeitig schriftlich mitzuteilen. Sie besitzen demnach ein selbständiges Teilnahmerecht, das für die Dauer dieser Versammlungen dem Hausrecht des Arbeitgebers vorgeht (§ 46 Abs. 2 BetrVG). Der Arbeitgeber kann einem Gewerkschaftssekretär den Zutritt zu seinem Betrieb während dieser Versammlungen nur verbieten, wenn nachweisbar ein Mißbrauch des Teilnahmerechts zu befürchten ist. Auf Antrag einer im Betrieb vertretenen Gewerkschaft muß der Betriebsrat vor Ablauf von 2 Wochen nach dessen Eingang eine Betriebsversammlung einberufen. Voraussetzung hierfür ist jedoch, daß im vorhergegangenen Kalenderhalbjahr keine Betriebs- oder Abteilungsversammlungen durchgeführt worden sind (§ 43 Abs. 4 BetrVG).

Die Themen der Betriebs- und Abteilungsversammlungen **563**
sind solche tarifpolitischer, sozialpolitischer und wirtschaftlicher Art. Jede Behandlung parteipolitischer Fragen ist unzulässig (§ 45 i.V.m. § 74 Abs. 2 BetrVG).

Die Betriebsversammlung kann dem Betriebsrat Anträge un- **564**
terbreiten und zu seinen Beschlüssen Stellung nehmen. Einen direkten Einfluß auf die Tätigkeit des Betriebsrates hat sie jedoch nicht. Sie kann diesen also nicht zu irgendwelchen Beschlüssen zwingen.

Die regelmäßig stattfindenden Betriebs- und Abteilungsver- **565**
sammlungen finden grundsätzlich während der Arbeitszeit statt. Ist dies wegen der Eigenart des Betriebes nicht möglich, sind diese Versammlungen außerhalb der Arbeitszeit durchzuführen. In beiden Fällen sind das ausfallende Arbeitsentgelt ohne Überstundenprozente, die zusätzlichen Wegezeiten sowie die Fahrkosten zu erstatten. Sonstige Betriebs- und Abteilungsversammlungen finden, falls mit dem Arbeitgeber nichts anderes vereinbart wird, außerhalb der Arbeitszeit statt (§ 44 BetrVG).

IV. Der Gesamtbetriebsrat

566 Besteht ein Unternehmen (vgl. Rz. 131) aus mehreren Betrieben, so ist ein **Gesamtbetriebsrat** zu errichten. In diesem Fall werden vielfach wichtige Entscheidungen nicht auf betrieblicher Ebene, sondern durch die Unternehmensleitung getroffen. Dieser muß ein für das gesamte Unternehmen zuständiges Vertretungsorgan der Arbeitnehmer gegenüberstehen. Die Bildung eines Gesamtbetriebsrates ist demnach zwingend vorgeschrieben (§ 47 Abs. 1 BetrVG).

567 In den Gesamtbetriebsrat hat jeder Betriebsrat, der aus Arbeitern und Angestellten besteht, je ein Mitglied dieser Gruppen zu entsenden. Besteht der Betriebsrat nur aus Mitgliedern einer Gruppe, also z.B. aus Arbeitern, darf nur ein Mitglied entsandt werden (Näheres vgl. § 47 Abs. 2 BetrVG).

568 Die Zuständigkeit des Gesamtbetriebsrates betrifft Angelegenheiten des gesamten Unternehmens oder mehrerer Betriebe. Der Betriebsrat kann darüber hinaus durch Mehrheitsbeschluß den Gesamtbetriebsrat beauftragen, eine Angelegenheit für ihn zu behandeln und zu entscheiden (§ 50 BetrVG). Der Gesamtbetriebsrat ist den Betriebsräten, aus denen er gebildet worden ist, nicht übergeordnet.

569 Mindestens einmal in jedem Kalenderjahr hat der Gesamtbetriebsrat eine **Betriebsräteversammlung** einzuberufen. Sie besteht aus den Vorsitzenden und den stellvertretenden Vorsitzenden der Betriebsräte sowie den weiteren Mitgliedern der Betriebsausschüsse. Die Entsendung anderer Betriebsratsmitglieder ist zulässig (§ 53 Abs. 1 BetrVG). Diese Versammlung dient dem Zweck, allen Betriebsratsmitgliedern, auch soweit sie dem Gesamtbetriebsrat nicht angehören, Informationen aus erster Hand über die Tätigkeit des Gesamtbetriebsrates sowie über die Lage und Entwicklung des Unternehmens zu geben. Außerdem soll dadurch die Möglichkeit eines persönlichen Gedankenaustausches eröffnet werden.

V. Der Konzernbetriebsrat

570 Gehören mehrere Unternehmen einem Konzern an (vgl. § 18 Abs. 1 AktG), so kann ein Konzernbetriebsrat errichtet wer-

den. Voraussetzung hierzu ist, daß die Gesamtbetriebsräte aus den Konzernunternehmen, in denen insgesamt mindestens 75 % der Arbeitnehmer des Konzerns beschäftigt werden, der Errichtung eines Konzernbetriebsrates zustimmen. Dies ist auch möglich, wenn in einem Konzernunternehmen nur ein Betriebsrat besteht (§ 54 BetrVG). Wegen der Zusammensetzung und der Zuständigkeit des Konzernbetriebsrates vgl. §§ 55–59 BetrVG.

VI. Die Jugend- und Auszubildendenvertretung

Der Schutz gewählter Jugend- und Auszubildendenvertreter, **571** die sich noch in einem Ausbildungsverhältnis befinden, ist erheblich verstärkt worden (vgl. Näheres § 78a BetrVG).

In Betrieben, in denen regelmäßig fünf jugendliche Arbeit- **572** nehmer oder Auszubildende beschäftigt sind, werden Jugend- und Auszubildendenvertretungen gewählt. Diese nehmen die besonderen Belange der jugendlichen Arbeitnehmer und Auszubildenden wahr (§ 60 BetrVG). Jugendlicher ist, wer das 18. Lebensjahr noch nicht vollendet hat.

Wahlberechtigt sind alle jugendlichen Arbeitnehmer des Be- **573** triebes sowie die zu ihrer Berufsausbildung Beschäftigten, die das 25. Lebensjahr noch nicht vollendet haben. Gewählt werden können alle Arbeitnehmer des Betriebes, die das 25. Lebensjahr noch nicht vollendet haben (§ 61 BetrVG). Die Größe der Jugend- und Auszubildendenvertretung richtet sich nach der Zahl der jugendlichen Arbeitnehmer (vgl. im einzelnen § 62 BetrVG). Im Gegensatz zum Betriebsrat beträgt die Amtszeit der Jugend- und Auszubildendenvertretung nur 2 Jahre (§ 64 BetrVG).

Zu Tagesordnungspunkten einer Betriebsratssitzung, die im besonderen Maße die Angelegenheiten jugendlicher Arbeitnehmer betreffen, hat die gesamte Jugend- und Auszubildendenvertretung ein Teilnahme- und Stimmrecht. Zudem kann sie beim Betriebsrat beantragen, die Beratung derartiger Angelegenheiten auf die nächste Tagesordnung zu setzen. Umgekehrt soll der Betriebsrat seinerseits derartige Angelegenheiten der Jugend- und Auszubildendenvertretung zur Beratung zuleiten (§ 67 BetrVG). Darüber hinaus ist der Betriebsrat verpflichtet, die Jugend- und Auszubildendenvertretung zu Besprechungen derartiger Angelegenheiten mit dem Arbeitgeber beizuziehen. Werden in einem Betrieb mehr als 50 jugendliche Arbeitnehmer beschäftigt, kann die Jugend- und Auszubildendenvertretung – wie der Betriebsrat – während der Arbeitszeit Sprechstunden einrichten (§ 69 BetrVG). Schließlich kann die Jugend- und Auszubildendenvertretung vor oder nach jeder Betriebsversammlung im Einvernehmen mit dem Betriebsrat eine betriebliche Jugend- und Auszubildendenversammlung einberufen (§ 71 BetrVG). Im übrigen gelten für die Jugend- und Auszubildendenvertretung, insbesondere für deren Wahl- und Geschäftsführung, dieselben gesetzlichen Vorschriften wie für den Betriebsrat.

574 Entsprechend dem Gesamtbetriebsrat ist für ein Unternehmen mit mehreren Jugend- und Auszubildendenvertretungen eine **Gesamt-Jugend- und Auszubildendenvertretung** zu errichten (vgl. im einzelnen hierzu §§ 72, 73 BetrVG).

VII. Besondere Arbeitnehmervertretungen für einzelne Betriebsarten

575 Für die Seeschiffahrt ermöglicht das BetrVG die Bildung von Bordvertretungen und Seebetriebsräten.

576 Bordvertretungen sind auf Schiffen zu wählen, die regelmäßig mit mindestens 5 wahlberechtigten Besatzungsmitgliedern besetzt sind, von denen 3 wählbar sind (Näheres vgl. § 115 BetrVG).

577 Seebetriebsräte werden bei Seeschiffahrtsunternehmen gebildet (§§ 114, 116 BetrVG).

Für beide Arbeitnehmervertretungen gelten wegen der betrieblichen Besonderheiten die vorzitierten gesetzlichen Sondervorschriften.

578 Auch auf Landbetriebe von Luftfahrtunternehmen ist das BetrVG anzuwenden. Für die Arbeitnehmer, die dort im Flugbetrieb beschäftigt werden, kann durch Tarifvertrag eine Arbeitnehmervertretung errichtet werden (vgl. § 117 BetrVG).

VIII. Die Sprecherausschüsse

Durch das am 1. 1. 1989 in Kraft getretene **Gesetz über Sprecherausschüsse** (SprAuG) ist für **leitende Angestellte** (vgl. Rz. 107ff.) auf Betriebs- oder Unternehmensebene eine eigene Vertretung eingeführt worden. Sie war erstmals in der Zeit vom 1. 3. bis 31. 5. 1990 zu wählen (§ 37 Abs. 1 Satz 1 SprAuG). Voraussetzung ist allerdings, daß sich die Versammlung der anwesenden leitenden Angestellten des Betriebs mit Mehrheit für die Wahl eines Sprecherausschusses und damit zugleich zuvor für die Wahl eines Wahlvorstandes entscheidet (§ 7 Abs. 2 Satz 1 SprAuG). **579**

Wie der Betriebsrat alle im Betrieb beschäftigten Arbeiter und Angestellten vertritt, so besitzt auch der Sprecherausschuß für die leitenden Angestellten im Betrieb oder Unternehmen das **gesetzliche Vertretungsmonopol.** Für das Unternehmen oder mehrere Betriebe des Unternehmens sind darüber hinaus **Gesamtsprecherausschüsse** zu bilden (§ 18 SprAuG). Schließlich kann auch für einen Konzern (§ 18 Abs. 1 AktG) durch Beschlüsse der einzelnen Gesamtsprecherausschüsse ein **Konzernsprecherausschuß** errichtet werden (§ 21 Abs. 1 Satz 1 SprAuG).

Die Vorschriften des SprAuG über die Wahl der Sprecherausschüsse, die Geschäftsführung und die Mitwirkung sind weitgehend dem BetrVG nachgebildet worden.

Wahlberechtigt sind alle leitenden Angestellten des Betriebs oder Unternehmens. Die Wählbarkeit besitzt ein leitender Angestellter nach sechsmonatiger Zugehörigkeit zum Betrieb. Allerdings wird auf diese Wartezeit die Dauer seines Arbeitsverhältnisses im Unternehmen oder Konzern angerechnet, auch wenn er früher noch nicht leitender Angestellter war. Nicht wählbar sind leitende Angestellte, wenn sie aufgrund allgemeinen Auftrags des Arbeitgebers Verhandlungspartner des Sprecherausschusses sind oder nicht Aufsichtsratsmitglied der Arbeitnehmer sein können (§ 3 Abs. 2 SprAuG). **580**

Die Vorbereitung und Durchführung der Wahl durch den Wahlvorstand gleicht der Betriebsratswahl. Grundsätzlich ist sie eine Verhältniswahl. Geht nur ein Wahlvorschlag ein, findet eine Mehrheitswahl statt (§ 6 Abs. 1 bis 3 SprAuG). Auch die Wahlanfechtung, der Wahlschutz und die Wahlkosten glei-

chen den §§ 19, 20 BetrVG. Eine im Betrieb vertretene Gewerkschaft ist jedoch nicht zur Wahlanfechtung berechtigt.
Die Größe des Sprecherausschusses richtet sich nach der Zahl der im Betrieb regelmäßig beschäftigten leitenden Angestellten: Er besteht

- bei 10 bis 20 leitenden Angestellten aus 1 Mitglied,
- bei 21 bis 100 leitenden Angestellten aus 3 Mitgliedern,
- bei 101 bis 300 leitenden Angestellten aus 5 Mitgliedern

und

- bei über 300 leitenden Angestellten aus 7 Mitgliedern

(§ 4 Abs. 1 SprAuG).
Die Vorschrift für das Tätigwerden von Ersatzmitgliedern entspricht dem BetrVG (§ 10 SprAuG). Das gilt auch für die Geschäftsführung und die Rechtsstellung der Mitglieder des Sprecherausschusses (§§ 11 bis 13 und 14 Abs. 2 SprAuG).

581 Der Arbeitgeber kann an den Sitzungen des Sprecherausschusses, wenn er es verlangt oder eingeladen wird, teilnehmen. Gewerkschaften und Arbeitgeberverbände haben kein Teilnahmerecht. Auch eine Freistellung von Mitgliedern des Sprecherausschusses – entsprechend § 38 Abs. 1 BetrVG – ist nicht vorgesehen. Die an sich selbstverständliche Geheimhaltungspflicht für die Mitglieder und Ersatzmitglieder des Sprecherausschusses entspricht § 79 BetrVG (§ 29 SprAuG).
Der Sprecherausschuß ist verpflichtet, einmal im Kalenderjahr eine Versammlung der leitenden Angestellten einzuberufen und in ihr einen Tätigkeitsbericht zu erstatten. Die Versammlung ist nicht öffentlich und soll während der Arbeitszeit stattfinden. Der Arbeitgeber ist zu ihr unter Mitteilung der Tagesordnung einzuladen. Er ist berechtigt, in der Versammlung zu sprechen. Darüber hinaus hat er über Angelegenheiten der leitenden Angestellten und die wirtschaftliche Lage und Entwicklung des Betriebes zu berichten (§ 15 Abs. 1 bis 3 SprAuG).
Die Aufgaben und Mitwirkungsrechte des Sprecherausschusses entsprechen der Stellung der leitenden Angestellten im Betrieb und Unternehmen.

Wie der Betriebsrat hat auch der Sprecherausschuß mit dem Arbeitgeber vertrauensvoll und unter Beachtung der geltenden Tarifverträge zum Wohl der leitenden Angestellten und des Betriebs zusammenzuarbeiten (§ 2 Abs. 1 Satz 1 SprAuG). Die Gewerkschaften, also auch die Verbände der leitenden Angestellten, werden nicht erwähnt. Ihnen stehen im Zusammenhang mit der Tätigkeit der Sprecherausschüsse keinerlei Rechte zu.

Zu den Aufgaben des Sprecherausschusses im einzelnen gehören **582**

- die Vertretung der Belange der leitenden Angestellten des Betriebs. Dabei hat er das Recht auf rechtzeitige und umfassende Unterrichtung durch den Arbeitgeber und Aushändigung erforderlicher Unterlagen (§ 25 SprAuG);
- die Unterstützung einzelner Angestellter. Diese haben das Recht der Einsichtnahme in ihre Personalakten (§ 26 Abs. 2 SprAuG);
- die Beachtung des Gleichbehandlungsgrundsatzes bei der Behandlung leitender Angestellter durch den Arbeitgeber (§ 27 SprAuG);
- die schriftliche Vereinbarung von Richtlinien über den Inhalt, den Abschluß oder die Beendigung von Arbeitsverhältnissen leitender Angestellter.

Deren Inhalt kann auch unmittelbar und zwingend für die **583** Arbeitsverhältnisse aller leitenden Angestellten vereinbart werden. Auf insoweit eingeräumte Rechte kann der leitende Angestellte nur mit Zustimmung des Sprecherausschusses verzichten (§ 28 Abs. 2 SprAuG). Von der Änderung der Gehaltsgestaltung und sonstiger allgemeiner Arbeitsbedingungen sowie über die Einführung und Änderung allgemeiner Beurteilungsgrundsätze hat der Arbeitgeber den Sprecherausschuß rechtzeitig zu unterrichten und vorgesehene Maßnahmen mit ihm zu beraten (§ 30 SprAuG).

Beabsichtigte Einstellungen oder personelle Veränderungen **584** sind gleichfalls dem Sprecherausschuß rechtzeitig mitzuteilen (§ 31 Abs. 1 SprAuG).

Vor jeder Kündigung eines leitenden Angestellten ist der Sprecherausschuß zu hören. Ihm sind die Gründe für die Kündigung mitzuteilen. Eine ohne Anhörung des Sprecherausschusses ausgesprochene Kündigung ist unwirksam. Bedenken gegen eine ordentliche Kündigung hat der Sprecherausschuß spätestens innerhalb einer Woche, gegen eine außerordentliche Kündigung unverzüglich, spätestens jedoch innerhalb von drei Tagen, dem Arbeitgeber unter Angabe der Gründe schriftlich mitzuteilen. Äußert sich der Sprecherausschuß innerhalb der vorstehenden Fristen dem Arbeitgeber gegenüber nicht, gilt sein Einverständnis zur Kündigung als fingiert (§ 31 Abs. 2 SprAuG).

585 In wirtschaftlichen Angelegenheiten hat der Unternehmer mindestens einmal im Kalenderjahr den Sprecherausschuß über die wirtschaftlichen Angelegenheiten des Betriebs und des Unternehmens zu unterrichten. § 106 Abs. 3 BetrVG gilt entsprechend.

Eine rechtzeitige und umfassende Unterrichtungspflicht besteht für den Unternehmer auch bei geplanten Betriebsänderungen. Entstehen dabei für die leitenden Angestellten wirtschaftliche Nachteile, hat der Unternehmer mit dem Sprecherausschuß über Maßnahmen zum Ausgleich oder zur Milderung dieser Nachteile zu beraten (§ 32 SprAuG). Die Aufstellung eines Sozialplanes kann der Sprecherausschuß kraft Gesetzes vom Unternehmer nicht verlangen.

586 Streitigkeiten aus dem SprAuG, insbesondere über die Beachtung der Beteiligungsrechte des Sprecherausschusses durch den Arbeitgeber, sind vor den Gerichten für Arbeitssachen im Beschlußverfahren auszutragen (§ 2a Abs. 1 Nr. 2 ArbGG).

Die Straf- und Bußgeldvorschriften des SprAuG sind § 119 BetrVG nachgebildet worden (§§ 34, 36 SprAuG).

Eine Wahlordnung für die Wahl der Sprecherausschüsse wird demnächst vom Bundesminister für Arbeit und Sozialordnung erlassen werden (§ 38 SprAuG).

C. Die Aufgaben des Betriebsrates im einzelnen

I. Die Rechtsstellung des Betriebsrates

587 Das Amt des Betriebsrates ist ein **Ehrenamt**. Es ist unentgeltlich, d.h. ohne eine besondere Vergütung, auszuüben. Versäumte Arbeitszeit, die zur ordnungsgemäßen Durchführung der Aufgaben des Betriebsrates erforderlich ist, hat jedoch der Arbeitgeber durch Zahlung des entgangenen Arbeitsentgelts auszugleichen. Darüber hinaus ist er verpflichtet, soweit das Betriebsratsmitglied aus betriebsbedingten Gründen außerhalb der Arbeitszeit Betriebsratstätigkeit ausübt, vor Ablauf eines Monats Arbeitsbefreiung unter Fortzahlung des Arbeitsentgelts mit entsprechendem Mehrarbeitszuschlag zu zahlen.

Das Arbeitsentgelt von Betriebsratsmitgliedern darf bis zu **588**
einem Jahr nach Beendigung der Amtszeit nicht geringer sein als das vergleichbarer Arbeitnehmer mit betriebsüblicher beruflicher Entwicklung. Das gilt auch für die Tätigkeit der Betriebsratsmitglieder, soweit dem nicht zwingende betriebliche Notwendigkeiten entgegenstehen.

Der Betriebsrat kann Mitglieder zur Teilnahme an Schulungs- und Bildungsveranstaltungen entsenden, soweit diese Kenntnisse vermitteln, die für seine Arbeit erforderlich sind (§ 37 Abs. 6 BetrVG). Die entsandten Mitglieder haben Anspruch auf bezahlte Arbeitsfreistellung für die Dauer der Veranstaltung, wobei sich Arbeitgeber und Betriebsrat über deren zeitliche Lage nach Maßgabe des § 37 Abs. 6 S. 2 BetrVG zu verständigen haben. Die Kosten der Veranstaltung hat der Arbeitgeber gem. § 40 BetrVG zu tragen.

Darüber hinaus hat jedes Betriebsratsmitglied während seiner **589**
regelmäßigen Amtszeit Anspruch auf bezahlte Freistellung zur Teilnahme an **Schulungs- und Bildungsveranstaltungen** für insgesamt 3 Wochen, neugewählte Betriebsratsmitglieder und Jugendvertreter für insgesamt 4 Wochen (§ 37 Abs. 7 BetrVG). Die Veranstaltungen müssen von staatlichen Stellen als geeignet anerkannt sein. Im übrigen gilt § 37 Abs. 6 BetrVG.

Werden in einem Betrieb bis zu 300 Arbeitnehmer beschäftigt, **590**
sind Betriebsratsmitglieder von ihrer beruflichen Tätigkeit ohne Minderung des Arbeitsentgeltes zu befreien, wenn und soweit dies nach Art und Umfang des Betriebes zur ordnungsgemäßen Durchführung ihrer Aufgaben erforderlich ist.

Von 300 Arbeitnehmern ab hat der Betriebsrat einen im **591**
BetrVG genau bestimmten Freistellungsanspruch. Er staffelt sich – je nach der Zahl der beschäftigten Arbeitnehmer – bis zu 10.000 Arbeitnehmer auf 11 freigestellte Betriebsratsmitglieder. Bei einer noch größeren Beschäftigungszahl ist für je angefangene weitere 2.000 Arbeitnehmer ein weiteres Be-

triebsratsmitglied freizustellen. Wer freigestellt wird, entscheidet der Betriebsrat nach Beratung mit dem Arbeitgeber in geheimer Wahl und nach den Grundsätzen der **Verhältniswahl**. Bei nur einem Wahlvorschlag oder nur einer Freistellung erfolgt eine **Mehrheitswahl**. Hält der Arbeitgeber die vom Betriebsrat beschlossene Freistellung für sachlich unbegründet, kann er binnen zwei Wochen die Einigungsstelle anrufen (§ 38 Abs. 2 BetrVG). Durch Tarifvertrag oder Betriebsvereinbarungen können andere Regelungen über die Freistellung vereinbart werden. Diese dürfen jedoch nur besser sein. § 38 Abs. 1 BetrVG stellt nämlich eine zwingende Mindestvorschrift dar (z. B. an Stelle von zwei ganztägig freigestellten Betriebsratsmitgliedern werden vier halbtägig freigestellt).

592 Die Sitzung des Betriebsrates findet regelmäßig während der Arbeitszeit statt. Sie ist nicht öffentlich. Ihren Zeitpunkt bestimmt der Betriebsrat bzw. dessen Vorsitzender, der hiervon den Arbeitgeber zu verständigen hat. Dabei ist auf die betrieblichen Notwendigkeiten Rücksicht zu nehmen (§ 30 BetrVG).

593 Auf Antrag von einem Viertel der Mitglieder oder der Mehrheit einer Gruppe des Betriebsrates kann ein Beauftragter einer im Betriebsrat vertretenen Gewerkschaft an den Sitzungen beratend teilnehmen (§ 31 BetrVG). Voraussetzung hierfür ist also, daß mindestens ein Betriebsratsmitglied der betreffenden Gewerkschaft angehört. Dieser ist der Zeitpunkt der Sitzung und Tagesordnung rechtzeitig mitzuteilen.

594 Der Betriebsrat faßt seine Beschlüsse, soweit das BetrVG nichts anderes bestimmt, mit der Mehrheit der Stimmen seiner anwesenden Mitglieder. Bei Stimmengleichheit gilt ein Antrag als abgelehnt.

Der Betriebsrat ist allerdings nur beschlußfähig, wenn mindestens die Hälfte der gesetzlichen Betriebsratsmitglieder anwesend ist und an der Beschlußfassung teilnimmt. Bei Teilnahme der Jugendvertretung werden deren Stimmen mitgezählt (vgl. Rz. 571 ff.).

595 Über jede Verhandlung des Betriebsrates ist eine **Niederschrift** aufzunehmen. Diese hat die Beschlüsse im Wortlaut sowie das Abstimmungsergebnis zu enthalten. Sie ist vom Betriebsratsvorsitzenden und einem weiteren Mitglied zu unterzeichnen. Eine Anwesenheitsliste ist ihr beizufügen. Der Arbeitgeber oder ein Gewerkschaftsbeauftragter, die an einer Betriebsratssitzung teilgenommen haben, haben Anspruch auf Aushändigung einer Abschrift des entsprechenden Teiles der Sitzungsniederschrift. Sie können wegen dieser unverzüglich schriftlich Einwendungen erheben, die der Originalsitzungsniederschrift beizufügen sind (§ 34 BetrVG).

II. Mitwirkung und Mitbestimmung des Betriebsrates

1. Allgemeines

Der Gesetzgeber erwartet von Arbeitgeber und Betriebsrat, **596**
daß sie mindestens einmal im Monat zu einer gemeinsamen Besprechung zusammentreten. Über strittige Fragen haben sie mit dem ernsten Willen zur Einigung zu verhandeln und gegenseitig Vorschläge für die Beilegung von Meinungsverschiedenheiten zu machen (§ 74 Abs. 1 BetrVG).

Dieses grundlegende Gebot kennzeichnet den in § 2 BetrVG **597**
zum Ausdruck gelangten Geist des BetrVG. Danach haben Arbeitgeber und Betriebsrat unter Beachtung der geltenden Tarifverträge **vertrauensvoll zum Wohl der Arbeitnehmer und des Betriebs** zusammenzuarbeiten. Dies hat im Zusammenwirken mit den im Betrieb vertretenen Gewerkschaften und Arbeitgebervereinigungen zu geschehen. Maßnahmen des Arbeitskampfes (vgl. Rz. 639 ff.) zwischen Arbeitgeber und Betriebsrat sind verboten. Jede parteipolitische Betätigung im Betrieb ist zu unterlassen. Das berührt jedoch die Behandlung von Angelegenheiten tarifpolitischer, sozialpolitischer und wirtschaftlicher Art nicht, wenn sie den Betrieb oder seine Arbeitnehmer unmittelbar betreffen.

Arbeitgeber und Betriebsrat haben darüber zu wachen, daß **598**
alle im Betrieb tätigen Personen nach den Grundsätzen von Recht und Billigkeit behandelt werden und jede Diskriminierung unterbleibt (§ 75 BetrVG). Gemeinsam von Arbeitgeber und Betriebsrat gefaßte Beschlüsse führt der Arbeitgeber durch, es sei denn, daß im Einzelfall etwas anderes vereinbart worden ist. Der Betriebsrat darf nicht durch einseitige Hand-

lungen in die Leitung des Betriebes eingreifen. Zur Beilegung von Meinungsverschiedenheiten zwischen Arbeitgeber und Betriebsrat, Gesamtbetriebsrat und Konzernbetriebsrat ist im Bedarfsfall eine **Einigungsstelle** zu bilden. Durch Betriebsvereinbarung kann diese auch zu einer ständigen Einrichtung gemacht werden.

599 Die Einigungsstelle besteht aus der gleichen Zahl von Beisitzern, die vom Arbeitgeber und Betriebsrat bestellt werden, und einem unparteiischen Vorsitzenden. Auf seine Person müssen sich beide Partner einigen. Kommt eine Einigung über die Person des Vorsitzenden nicht zustande, so bestellt ihn das Arbeitsgericht. Es entscheidet auch im Streitfall über die Zahl der Beisitzer. Die Einigungsstelle faßt ihre Beschlüsse nach mündlicher Beratung mit Stimmenmehrheit. Dabei nimmt der neutrale Vorsitzende erst nach erneuter Beratung an der Beschlußfassung teil, wenn unter den Beisitzern eine Stimmenmehrheit nicht zustande gekommen ist. Die Beschlüsse der Einigungsstelle sind schriftlich niederzulegen und vom Vorsitzenden zu unterzeichnen (§ 76 Abs. 3 BetrVG).

Die **Kosten** des Einigungsstellenverfahrens **trägt der Arbeitgeber**. Wegen der Einzelheiten vgl. § 76a BetrVG. Eine Rechtsverordnung, die die Höchstsätze der Vergütung für die Mitglieder der Einigungsstelle regelt, kann der Bundesminister für Arbeit und Sozialordnung erlassen; dies ist bislang nicht geschehen.

600 In insgesamt 29 Fällen der erzwingbaren Mitbestimmung (also von den den Betriebspartnern freigestellten Möglichkeiten abgesehen) entscheidet die Einigungsstelle über Meinungsverschiedenheiten zwischen Arbeitgeber und Betriebsrat verbindlich. Hier ersetzt ihr Spruch die nicht zustande gekommene Einigung. Der Vorsitzende entscheidet hier auch mit den Beisitzern nur eines Betriebspartners (z.B. des Arbeitgebers), wenn der andere keine Beisitzer benennt, sie zur Sitzung nicht erscheinen oder diese verlassen (sog. **obligatorische Einigungsstelle**).

Im folgenden einige wichtige Fälle des zwingenden Einigungsstellenverfahrens:

– Teilnahme eines Betriebsratsmitgliedes an Schulungs- und Bildungsveranstaltungen (§ 37 Abs. 6 BetrVG);

- Freistellung von Betriebsratsmitgliedern (§ 38 Abs. 2 BetrVG);
- Zeit und Ort der Sprechstunde des Betriebsrates (§ 39 Abs. 1 BetrVG);
- Mitbestimmungsrechte des Betriebsrates in sozialen Angelegenheiten (§ 87 Abs. 2 BetrVG);
- Mitbestimmungsrecht des Betriebsrates bei der Gestaltung von Arbeitsplatz, Arbeitsablauf und Arbeitsumgebung (§§ 91, 94, 95, 98 BetrVG);
- Mitbestimmungsrecht des Betriebsrates in wirtschaftlichen Angelegenheiten, insbesondere bei Betriebsänderungen und der Aufstellung des Sozialplanes (§ 112, 112a BetrVG).

Im übrigen wird die Einigungsstelle nur bei gemeinsamem **601** Antrag oder Einverständnis von Arbeitgeber und Betriebsrat tätig. Hier ist ihr Spruch nur verbindlich, wenn beide Betriebspartner sich ihm im voraus unterwerfen oder ihn nachträglich anerkennen (§ 76 Abs. 6 BetrVG – sog. **freiwillige Einigungsstelle**).

Den im BetrVG im einzelnen festgelegten Mitwirkungs- und **602** Mitbestimmungsrechten des Betriebsrates hat der Gesetzgeber dessen **allgemeine Aufgaben** vorausgeschickt (vgl. im einzelnen § 80 BetrVG). Zu ihnen gehört u. a. die Überwachung der Einhaltung von Gesetzen, Verordnungen, Unfallverhütungsvorschriften, Tarifverträgen und Betriebsvereinbarungen; das enge und ständige Kontakthalten mit allen Arbeitnehmern des Betriebs und der Jugendvertretung; die besondere Fürsorge für schwerbehinderte, ältere und ausländische Arbeitnehmer.

Der Betriebsrat unterliegt einer besonderen **Geheimhaltungs- 603** **pflicht**. Er hat insbesondere über Betriebs- und Geschäftsgeheimnisse, die ihm durch seine Tätigkeit bekannt werden, Stillschweigen zu bewahren (vgl. § 79 BetrVG).

2. Das Mitwirkungs- und Beschwerderecht des einzelnen Arbeitnehmers

Auch dem einzelnen Arbeitnehmer räumt das BetrVG – ne- **604** ben dem Betriebsrat – im Rahmen der Betriebsverfassung besondere Rechte ein. Hierzu gehören ein Recht auf Unterrichtung durch den Arbeitgeber über den Arbeitsplatz im

Rahmen des Betriebsablaufs im einzelnen, das sich auf die Einführung neuer Techniken und die dadurch notwendig werdende Fortbildung erstreckt (§ 81 BetrVG), ein Anhörungs- und Erörterungsrecht in persönlichen Angelegenheiten (§ 82 BetrVG), das Recht zur Einsichtnahme in bestehende Personalakten (§ 83 BetrVG) und ein Beschwerderecht im Falle der Benachteiligung, ungerechten Behandlung oder sonstigen Beeinträchtigung (§ 84 BetrVG). In allen Fällen kann der Arbeitnehmer den Betriebsrat an den Verhandlungen mit dem Arbeitgeber beteiligen.

3. Die Mitbestimmung des Betriebsrates in sozialen Angelegenheiten

605 Der § 87 Abs. 1 BetrVG zählt erschöpfend die Fälle auf, in denen der Betriebsrat ein **echtes Mitbestimmungsrecht** in sozialen Angelegenheiten hat. Der Arbeitgeber kann hier nicht einseitig handeln. Eine derartige Maßnahme wäre nichtig und würde die im Betrieb beschäftigten Arbeitnehmer zu nichts verpflichten.

Ein Mitbestimmungsrecht besteht in den nachfolgenden Fällen:

1. Fragen der Ordnung des Betriebs und des Verhaltens der Arbeitnehmer (z.B. Einführung von Torkontrollen, Stechuhren, Aufstellung einer Bußordnung, Arbeitsordnung);
2. Beginn und Ende der täglichen Arbeitszeit einschließlich der Pausen sowie Verteilung der Arbeitszeit auf die einzelnen Wochentage;
3. vorübergehende Verkürzung oder Verlängerung der betriebsüblichen Arbeitszeit (z.B. Einführung von Kurzarbeit oder Überstunden);
4. Zeit, Ort und Art der Auszahlung der Arbeitsentgelte (z.B. Einführung der bargeldlosen Lohnzahlung);
5. Aufstellung allgemeiner Urlaubsgrundsätze und des Urlaubsplans, daneben Festsetzung der zeitlichen Lage des Urlaubs für den einzelnen Arbeitnehmer, wenn zwischen diesem und dem Arbeitgeber keine Einigung zustande kommt;
6. Einführung und Anwendung technischer Einrichtungen zur Überwachung der Leistung der Arbeitnehmer;

7. Regelungen über Unfallverhütung und Berufskrankheiten sowie den betrieblichen Gesundheitsschutz;
8. Form, Ausgestaltung und Verwaltung von Sozialeinrichtungen, deren Wirkungsbereich sich auf den Betrieb, das Unternehmen oder den Konzern beschränkt;
9. Verwaltung von Werkswohnungen im weitesten Sinne (z. B. allgemeine Vergabe, Räumung, grundsätzliche Mietzinsfestsetzung);
10. Fragen der betrieblichen Lohngestaltung, insbesondere die Aufstellung, Einführung und Anwendung von Entlohnungsgrundsätzen und -methoden sowie deren Änderung;
11. Festsetzung der Akkord- und Prämiensätze sowie anderer leistungsbezogener Entgelte einschließlich der Geldfaktoren;
12. Grundsätze über das betriebliche Vorschlagswesen.

Durch Betriebsvereinbarung kann der Arbeitgeber dem Be- **606**
triebsrat darüber hinaus noch weitere Mitbestimmungsrechte zugestehen (§ 88 BetrVG).

Im Rahmen des Arbeitsschutzes fällt dem Betriebsrat eine be- **607**
sondere Aufgabe zu. Er ist den zuständigen Behörden und Trägern der gesetzlichen Unfallversicherung gegenüber zur Mitarbeit verpflichtet. Der Arbeitgeber hat ihn unverzüglich über alle Auflagen und Anordnungen zu unterrichten (§ 89 BetrVG).

4. Die Mitbestimmung des Betriebsrates bei der Gestaltung von Arbeitsplatz, Arbeitsablauf und Arbeitsumgebung

Ein umfassendes Unterrichtungsrecht steht dem Betriebsrat **608**
im Rahmen der betrieblichen Planung zu. Er ist hier bei baulichen Veränderungen, der Errichtung technischer Anlagen, in Aussicht genommenen Arbeitsverfahren und Arbeitsabläufen sowie den hierbei zu schaffenden Arbeitsplätzen zu beteiligen (§ 90 BetrVG). Bei Meinungsverschiedenheiten über besonders belastende Maßnahmen entscheidet auch hier die Einigungsstelle in bestimmten Fällen verbindlich (§ 91 BetrVG); s. auch Rz. 600.

5. Die Mitbestimmung des Betriebsrates in personellen Angelegenheiten

609 Hier fallen dem Betriebsrat bei der **Personalplanung** wichtige Aufgaben zu. Dies setzt jedoch seine rechtzeitige und umfassende Unterrichtung über die Personalplanung, insbesondere den gegenwärtigen und künftigen Personalbedarf sowie die allgemein beabsichtigten personellen Maßnahmen, durch den Arbeitgeber voraus. Hierzu verpflichtet der Gesetzgeber den Arbeitgeber ausdrücklich (§ 92 BetrVG). Der Betriebsrat kann die Ausschreibung von Arbeitsplätzen innerhalb des Betriebes verlangen (§ 93 BetrVG). Personalfragebogen sowie der persönliche Teil in Formular-Arbeitsverträgen bedürfen seiner Zustimmung (§ 94 BetrVG). Dies gilt auch für Richtlinien über die personelle Auswahl bei Einstellungen, Versetzungen, Umgruppierungen und Kündigungen. Bei Betrieben mit mehr als 1.000 Arbeitnehmern kann der Betriebsrat deren Aufstellung sogar verlangen. Unter Versetzung im Sinne des BetrVG wird die Zuweisung eines anderen Arbeitsbereiches von über einmonatiger Dauer oder unter erheblicher Änderung der Arbeitsumstände verstanden. Die sonstige Zuweisung eines anderen Arbeitsplatzes, vor allem wenn sie nach der Eigenart des Betriebes üblich ist, gilt nicht als Versetzung (§ 95 BetrVG).

610 Mitzuwirken hat der Betriebsrat auch bei der **betrieblichen Berufsbildung**. Hierzu zählen die Beratung über Förderungsmaßnahmen, vor allem für ältere Arbeitnehmer, und über die Errichtung und Ausstattung eigener betrieblicher Berufsbildungseinrichtungen (§§ 96, 97 BetrVG). Die Durchführung betrieblicher Bildungsmaßnahmen unterliegt wiederum dem echten Mitbestimmungsrecht des Betriebsrates. Er kann der Bestellung bestimmter Personen (z. B. wegen mangelnder persönlicher oder fachlicher Eignung) widersprechen oder deren Abberufung verlangen. Hier entscheidet im Streitfall das Arbeitsgericht. Meinungsverschiedenheiten über den Teilnehmerkreis bei betrieblichen Bildungsmaßnahmen regelt im Zweifel die Einigungsstelle (§ 98 BetrVG).

611 Bestimmte personelle Einzelmaßnahmen des Arbeitgebers, nämlich **Einstellung, Eingruppierung, Umgruppierung** und **Versetzung,** unterstehen dem Mitbestimmungsrecht des Betriebsrates nur in Betrieben, in denen i. d. R. mehr als 20 wahl-

berechtigte Arbeitnehmer beschäftigt werden. Über diese hat der Arbeitgeber den Betriebsrat zu unterrichten, ihm die erforderlichen Bewerbungsunterlagen vorzulegen und Auskunft über die Person der Beteiligten zu geben. Zugleich hat er Auskunft über die Auswirkung der geplanten Maßnahme sowie den in Aussicht genommenen Arbeitsplatz und die vorgesehene Eingruppierung zu geben (§ 99 BetrVG).

Der Arbeitgeber hat die Zustimmung des Betriebsrates zu der **612** geplanten personellen Maßnahme einzuholen. Sie kann der Betriebsrat in folgenden sechs Fällen versagen:

1. Die personelle Maßnahme verstößt gegen ein Gesetz, eine Verordnung, eine Unfallverhütungsvorschrift, einen Tarifvertrag, eine Betriebsvereinbarung oder behördliche Entscheidung;
2. die personelle Maßnahme verstößt gegen eine mit dem Betriebsrat vereinbarte Auswahlrichtlinie (§ 95 BetrVG);
3. es besteht die durch Tatsachen begründete Besorgnis, daß ohne betriebliche oder persönliche Notwendigkeit durch die personelle Maßnahme andere Arbeitnehmer gekündigt werden müssen oder sonstige Nachteile erleiden;
4. der durch die personelle Maßnahme betroffene Arbeitnehmer wird ohne betriebliche oder in seiner Person liegende Notwendigkeit benachteiligt;
5. es ist die vom Betriebsrat geforderte betriebliche Ausschreibung unterblieben (§ 93 BetrVG);
6. es besteht die begründete Besorgnis, daß der für die personelle Maßnahme in Aussicht genommene Bewerber oder Arbeitnehmer den Betriebsfrieden durch gesetzwidriges Verhalten stören oder hierdurch der Gleichbehandlungsgrundsatz verletzt wird.

Verweigert der Betriebsrat zu einer derartigen personellen **613** Maßnahme seine Zustimmung, so hat er dies unter Angabe von Gründen innerhalb einer Woche nach erfolgter Unterrichtung dem Arbeitgeber schriftlich mitzuteilen. Tut er dies nicht oder versäumt die Frist, gilt seine Zustimmung als erteilt. Im Falle der Verweigerung der Zustimmung kann der Arbeitgeber deren Ersetzung durch das Arbeitsgericht im Beschlußverfahren beantragen (§ 99 Abs. 3 u. 4 BetrVG).

Unaufschiebbare personelle Maßnahmen können trotz fehlen- **614** der Zustimmung des Betriebsrates vorläufig durchgeführt werden. Voraussetzung hierfür ist, daß dies aus sachlichen Gründen dringend geboten ist. Der Arbeitgeber hat in derartigen Fällen jedoch den Betriebsrat unverzüglich von der vorläufigen personellen Maßnahme zu unterrichten. Dieser hat Einwendungen gegen die Dringlichkeit unverzüglich dem Arbeitgeber mitzuteilen. Will der Arbeitgeber gleichwohl die vorläufige personelle Maßnahme aufrechterhalten, hat er innerhalb von 3 Tagen das Arbeitsgericht anzurufen. Weist dieses den entsprechenden Antrag des Arbeitgebers ab, so endet die vorläufige personelle Maßnahme mit Ablauf von zwei Wochen nach Rechtskraft der Entscheidung. Sie darf nicht mehr aufrechterhalten werden. Durch Geldstrafen bis zu DM 500,00 für jeden Tag der Zuwiderhandlung kann der Arbeitgeber zur Einhaltung des Beschlusses angehalten werden (§§ 100, 101 BetrVG).

Bei **Kündigungen** steht dem Betriebsrat ein Anhörungsrecht zu. Dies gilt auch für Kleinbetriebe (zu Einzelheiten s.o. Rz. 332 ff.).

615 Der Betriebsrat kann auch seinerseits im Rahmen der personellen Mitbestimmung vom Arbeitgeber die Entlassung oder Versetzung eines Arbeitnehmers verlangen. Voraussetzung ist, daß dieser durch gesetzwidriges Verhalten oder durch eine grobe Verletzung des Gleichheits- oder Gleichbehandlungsgrundsatzes (vgl. § 75 BetrVG) den Betriebsfrieden wiederholt ernstlich gestört hat. Kommt der Arbeitgeber dem Verlangen des Betriebsrates nicht nach, so kann dieser das Arbeitsgericht anrufen. Entspricht dieses dem Antrag des Betriebsrates, so kann dem Arbeitgeber aufgegeben werden, die Entlassung oder Versetzung des betriebsstörenden Arbeitnehmers durchzuführen. Auch hier kann der Arbeitgeber durch Geldstrafen gezwungen werden, den Beschluß des Arbeitsgerichtes auszuführen (§ 104 BetrVG).

6. Die Mitbestimmung des Betriebsrates in wirtschaftlichen Angelegenheiten

616 Die Unterrichtung des Betriebsrates in wirtschaftlichen Angelegenheiten erfolgt in allen Unternehmen mit in der Regel mehr als 100 ständig beschäftigten Arbeitnehmern durch den vom Betriebsrat zu bildenden **Wirtschaftsausschuß**. Dieser ist vom Unternehmer rechtzeitig und umfassend unter Vorlage der erforderlichen Unterlagen zu unterrichten. Er hat alle das Unternehmen betreffenden wirtschaftlichen Angelegenheiten mit dem Unternehmer zu beraten und anschließend den Betriebsrat zu unterrichten. Hierzu gehören

1. die wirtschaftliche und finanzielle Lage des Unternehmens;
2. die Produktions- und Absatzlage;
3. das Produktions- und Investitionsprogramm;
4. Rationalisierungsvorhaben;
5. Fabrikations- und Arbeitsmethoden, insbesondere die Einführung neuer Arbeitsmethoden;
6. die Einschränkung oder Stillegung von Betrieben oder von Betriebsteilen;
7. die Verlegung von Betrieben oder Betriebsteilen;
8. der Zusammenschluß von Betrieben;
9. die Änderung der Betriebsorganisation oder des Betriebszwecks sowie
10. sonstige Vorgänge oder Vorhaben, welche die Interessen der Arbeitnehmer des Unternehmens wesentlich berühren können (§ 106 BetrVG).

Der Wirtschaftsausschuß besteht aus mindestens drei und **617**
höchstens sieben Mitgliedern. Alle müssen dem Unternehmen angehören. Betriebsfremde (z.B. Gewerkschaftssekretäre) können demnach nicht Mitglieder des Wirtschaftsausschusses sein. In ihn können auch sog. leitende Angestellte im Sinne von § 5 Abs. 3 BetrVG berufen werden (vgl. § 107 Abs. 1 Satz 3 BetrVG). Eines der Mitglieder des Wirtschaftsausschusses muß Betriebsratsmitglied sein. Fachliche und persönliche Eignung ist unerläßliche Voraussetzung.

Wer Mitglied des Wirtschaftsausschusses wird, bestimmt der **618**
Betriebsrat. Dieser kann mit Stimmenmehrheit die Aufgaben des Wirtschaftsausschusses auch einem Ausschuß des Betriebsrates übertragen (§ 107 BetrVG).

Der Wirtschaftsausschuß soll monatlich einmal zusammentre- **619**
ten. An seinen Sitzungen hat der Unternehmer oder sein Stellvertreter teilzunehmen. Dieser kann seinerseits sachkundige Arbeitnehmer des Unternehmens hinzuziehen. Bei Meinungsverschiedenheiten über den Umfang der Auskunftspflicht in wirtschaftlichen Angelegenheiten entscheidet im Streitfall die Einigungsstelle verbindlich (§§ 108, 109 BetrVG).

620 In Unternehmen mit mehr als 1.000 Beschäftigten sind die Arbeitnehmer nach vorheriger Abstimmung mit Wirtschaftsausschuß und Betriebsrat durch den Unternehmer einmal in jedem Kalendervierteljahr schriftlich über die wirtschaftliche Lage und Entwicklung des Unternehmes zu unterrichten. Werden nur mehr als 20 wahlberechtigte Arbeitnehmer beschäftigt, besteht mündliche Unterrichtungspflicht (§ 110 BetrVG).

621 Ein echtes Mitbestimmungsrecht des Betriebsrates besteht in Betrieben mit mehr als 20 wahlberechtigten Arbeitnehmern bei geplanten **Betriebsänderungen** (vgl. § 111 BetrVG). Voraussetzung dabei ist, daß diese wesentliche Nachteile für die Belegschaft oder erhebliche Teile derselben zur Folge haben können. Über sie ist der Betriebsrat durch den Unternehmer rechtzeitig und umfassend zu unterrichten.

622 Betriebsänderungen in diesem Sinne sind

1. Einschränkung und Stillegung des ganzen Betriebes oder von wesentlichen Betriebsteilen,
2. Verlegung des ganzen Betriebes oder von wesentlichen Betriebsteilen,
3. Zusammenschluß mit anderen Betrieben,
4. grundlegende Änderungen der Betriebsorganisation, des Betriebszwecks oder der Betriebsanlagen,
5. Einführung grundlegend neuer Arbeitsmethoden und Fertigungsverfahren.

623 Einigen sich Unternehmer und Betriebsrat nach vorausgegangener Beratung über die geplante Betriebsänderung als solche sowie über Zeitpunkt und Form der Durchführung **(»Interessenausgleich«)**, so ist dies schriftlich niederzulegen und vom Unternehmer und Betriebsrat zu unterschreiben. Bei Meinungsverschiedenheiten können beide den Präsidenten des Landesarbeitsamtes um seine Vermittlung ersuchen. Geschieht dies nicht oder bleibt der Vermittlungsversuch ergebnislos, so kann die Einigungsstelle angerufen werden. Dieser sind zur Belegung der Meinungsverschiedenheiten Vorschläge zu machen. Ein Entscheidungsrecht bezüglich der Notwendigkeit der Betriebsänderung steht der Einigungsstelle **nicht** zu.

624 Um die sozialen Auswirkungen der geplanten Betriebsänderung abzumildern, hat der Betriebsrat die Möglichkeit, mit dem Unternehmer einen **Sozialplan** zu vereinbaren. Auch für

diesen gilt – wie beim Interessenausgleich – die Schriftform. In ihm können auch – entgegen § 77 Abs. 3 BetrVG – Arbeitsbedingungen vereinbart werden. Im Streitfall entscheidet über einen nicht zustande gekommenen Sozialplan die Einigungsstelle verbindlich (§§ 111, 112 BetrVG).

Weicht der Unternehmer ohne zwingenden Grund von einem **625** Interessenausgleich über die geplante Betriebsänderung ab und hat dies die Entlassung von Arbeitnehmern zur Folge, so können diese beim Arbeitsgericht Klage erheben. Auf ihren Antrag ist der Arbeitgeber zur Zahlung von Abfindungen im Sinne von § 10 KSchG zu verurteilen. Diese Regelung gilt auch dann, wenn der Unternehmer eine geplante Betriebsänderung durchführt, ohne einen Interessenausgleich mit dem Betriebsrat versucht zu haben (§ 113 BetrVG).

D. Die Beteiligung der Arbeitnehmer in den Vorständen und Aufsichtsräten

Es bestehen vier gesetzliche Regelungen:

- das Gesetz über die Mitbestimmung der Arbeitnehmer **626** (**Mitbestimmungsgesetz** – MitbestG) vom 4. 5. 1976. Es gilt für Unternehmen mit eigener Rechtspersönlichkeit (Aktiengesellschaft, Kommanditgesellschaft auf Aktien, GmbH), die in der Regel mehr als 2.000 Arbeitnehmer beschäftigen;
- für den Montanbereich das Gesetz über die Mitbestimmung **627** in den Aufsichtsräten und Vorständen der Unternehmen des Bergbaues und der Eisen und Stahl erzeugenden Industrie (MontanMitbestG) vom 21. 5. 1951;
- für denselben Bereich das Gesetz zur Ergänzung des Mon- **628** tanMitbestG – die sog. Holding-Novelle – vom 7. 8. 1956;
- für Unternehmen und Konzerne, die weniger als 2.000 Ar- **629** beitnehmer beschäftigen, §§ 76 und 77 des Betriebsverfassungsgesetzes 1952 vom 11. 10. 1952, die aufgrund der §§ 129 BetrVG 1972 und 36 Abs. 1 MitbestG weiter in Kraft sind.

Von einer Einzeldarstellung dieser Gesetze muß leider aus Raumgründen abgesehen werden.

Fünftes Kapitel
Welche Bedeutung haben die Gewerkschaften und die Arbeitgeberverbände?

A. Allgemeines und Organisation

630 Wird das Arbeitsleben im Betrieb von Arbeitgeber und Betriebsrat getragen, so entsprechen diesen auf überbetrieblicher Ebene die Berufsverbände:

631 Die **Gewerkschaften** und die **Arbeitgeberverbände**.
Sie sind die Vereinigungen zur Wahrung und Förderung der Arbeitsbedingungen, wie sie Art. 9 GG ausdrücklich erwähnt. Um den Geist der Zusammenarbeit zu betonen, hat sich für sie der Begriff Sozialpartner eingebürgert. Der Staat hat ihnen als privatrechtlichen Organisationen für die jeweiligen Wirtschaftszweige das Recht der Eigengesetzgebung übertragen. Das **Grundrecht der Koalitionsfreiheit** (vgl. Rz. 23) garantiert ihnen verfassungsmäßigen Schutz.

632 Die Gliederung der Organisationen richtet sich nach den einzelnen Industrie- und Gewerbezweigen, aber auch nach der Gruppenzugehörigkeit (Angestellte).

633 Die Arbeitnehmer verfügen über folgende Berufsorganisationen:

634 – Den **Deutschen Gewerkschaftsbund (DGB)** als Spitzenverband der 12 Einzelgewerkschaften. Er umfaßt etwa 9 Millionen organisierte Arbeitnehmer (31. 12. 97). Der Deutsche Gewerkschaftsbund gliedert sich in Ortskartelle, Kreisausschüsse und Landesbezirke. Der Sitz des Bundesvorstandes ist Düsseldorf.

635 – Die **Deutsche Angestellten-Gewerkschaft (DAG)**. Sie zählt etwa 430.000 Mitglieder. Der Hauptsitz dieser Organisation befindet sich in Hamburg.

Die übrigen Arbeitnehmerorganisationen stehen an Mitgliederzahl weit hinter den vorgenannten Gewerkschaften zurück.

636 **Arbeitgeberverbände** bestehen für 18 Zweige der Industrie, für den Einzel-, Groß- und Außenhandel, für das Handwerk, die Land- und Forstwirtschaft, schließlich das Bank-, Versicherungs- und Verkehrsgewerbe sowie den öffentlichen Dienst.

In den Bundesländern sind die einzelnen Arbeitgeberverbände überfachlich in einer Landesvereinigung zusammengefaßt. Diese Zusammenschlüsse wiederum finden auf Bundesebene ihre Spitze in der **»Bundesvereinigung der Deutschen Arbeitgeberverbände«**. Ihr Sitz ist Köln. 637

Die Arbeitgeber des Handwerks sind – entsprechend dem Zweck ihres Betriebes – in Innungen organisiert. Diese sind auf Stadt- bzw. Kreisebene in Kreishandwerkerschaften, auf mittlerer Ebene in den Handwerkskammern, für das Bundesgebiet im Zentralverband des Deutschen Handwerks vereinigt. 638

Sämtliche vorgenannten Berufsverbände können ihre Mitglieder vor den Arbeitsgerichten vertreten. Daneben sind sie auch in der Lage, selbst zu klagen. Sie können aber auch als meist nichtrechtsfähige Vereine verklagt werden, sind also im arbeitsgerichtlichen Verfahren unbeschränkt **»parteifähig«** (§ 10 ArbGG). Sie haben ferner bei der Besetzung einer Reihe von Behörden des Arbeitslebens ein Vorschlagsrecht (vgl. Rz. 660). Schließlich sind sie auch schlichtungsfähig (vgl. Rz. 736).

B. Der Arbeitskampf

In der Regel gelingt es den Partnern des Arbeitslebens, ihrer Aufgabe, für ihre Mitglieder tragbare Löhne und Arbeitsbedingungen zu erzielen, auf friedlichem Verhandlungswege nachzukommen. Führen diese Verhandlungen nicht zum Erfolg, sind zur Erzielung eines neuen Tarifabschlusses auch gewaltsame Auseinandersetzungen nicht zu vermeiden. 639

Ständen den Tarifvertragsparteien keine Mittel zur kampfweisen Durchsetzung ihrer Vorstellungen im Bereich der Arbeits- und Wirtschaftsbedingungen zur Verfügung, würde die den Tarifvertragsparteien nach Art. 9 Abs. 3 GG und dem geltenden Tarifrecht eingeräumte **Tarifautonomie** ins Leere gehen. Demzufolge setzt das auf der Tarifautonomie beruhende Tarifrecht voraus, daß die sozialen Gegenspieler das Verhandlungsgleichgewicht mit Hilfe von Arbeitskämpfen herstellen und wahren können. 640

Die wichtigsten historisch gewachsenen Arbeitskampfmittel sind der **Streik** als Kampfmittel der Arbeitnehmer und die 641

Aussperrung als Kampfmittel der Arbeitgeberseite. Beide sind nicht gesetzlich geregelt und beruhen allein auf Richterrecht. Zahlreiche Versuche, die Regeln des Arbeitskampfes in einem Gesetz festzulegen, scheiterten bisher.

I. Der Streik

642 Bei ihm legen die Arbeitnehmer gemeinsam die Arbeit nieder mit dem Willen, sie nach Erreichung ihres Kampfzieles fortzusetzen.

643 Während regelmäßig die Niederlegung der Arbeit ohne vorherige rechtswirksame Kündigung des Arbeitsvertrages einen Vertragsbruch darstellt, ist die auf einem Aufruf der Gewerkschaft beruhende kollektive Arbeitsniederlegung in Form des Streiks als Folge der gewährten **Koalitionsfreiheit** (Art. 9 Abs. 3 GG) verfassungsrechtlich geschützt. Eine Reihe von Landesverfassungen hat dies ausdrücklich festgeschrieben (z.B. Art. 29 der Verfassung des Landes Hessen).

Ein rechtmäßig geführter Streik bewirkt, daß während seiner Dauer die Hauptpflichten aus dem Arbeitsverhältnis – die Arbeitspflicht auf der einen und die Lohnzahlungspflicht auf der anderen Seite – ruhen, während das Arbeitsverhältnis im übrigen grundsätzlich weiterbestehen bleibt.

644 Wann ein Streik im einzelnen rechtmäßig ist, ist nicht gesetzlich festgelegt. Der gesamte Bereich des Arbeitskampfrechts beruht vielmehr mangels gesetzlicher Regelung auf richterlicher Rechtsetzung durch das Bundesarbeitsgericht.

645 Hiernach besteht zunächst eine tatsächliche Vermutung dafür, daß ein von einer Gewerkschaft ausgerufener Streik zur Regelung von Arbeits- und Wirtschaftsbedingungen geführt wird und demgemäß rechtmäßig ist.

646 Im einzelnen darf ein Arbeitskampf von der Gewerkschaft unter Anwendung des **Grundsatzes der Verhältnismäßigkeit** erst dann geführt werden, wenn sämtliche anderen Möglichkeiten zur friedlichen Beilegung des Konflikts ausgeschöpft sind. Insbesondere ist die **Friedenspflicht** zu beachten, die während der Laufzeit eines Tarifvertrages für die darin geregelten Arbeitsbedingungen besteht, und ein etwa vorgeschaltetes Schlichtungsverfahren zunächst durchzuführen. Kampfziel darf im übrigen auch nicht die vorsätzliche und sittenwidrige Schädigung des Arbeitgebers mit dem Ziel der wirtschaftlichen Vernichtung des Gegners sein.

Rechtswidrig ist ein **wilder Streik**, der nicht von der Gewerkschaft getragen wird. Der wilde Streik kann allerdings nachträglich durch die Gewerkschaft übernommen werden, wonach die Rechtswidrigkeit entfällt. **647**

Kurze **Warnstreiks** zur Unterstützung von Tarifverhandlungen nach Ablauf der Friedenspflicht sind zulässig, wenn sie von der Gewerkschaft getragen sind. **648**

Unzulässig ist der **politische Streik**, da durch ihn nicht zulässiger Druck auf den Arbeitgeber zur Erreichung tariflicher Ziele ausgeübt wird, sondern Parlament oder Regierung unter Druck gesetzt werden. **649**

Im Falle eines rechtswidrigen Streiks können sich sowohl die Gewerkschaft als auch die daran teilnehmenden Arbeitnehmer schadensersatzpflichtig machen. Bei letzteren wird es jedoch häufig am Verschulden fehlen. Ob eine Kündigung des Arbeitsverhältnisses gerechtfertigt ist, richtet sich nach den Umständen des Einzelfalles. **650**

II. Die Aussperrung

Während der Streik als zulässiges Kampfmittel der Arbeitnehmer seit jeher unumstritten ist und nur über die Grenzen des Streikrechts gestritten wurde, ist die Aussperrung als Kampfmittel der Arbeitgeber nach wie vor heftig umstritten. **651**

Aussperrung ist die von einem oder mehreren Arbeitgeber(n) planmäßig durchgeführte Arbeitsausschließung mehrerer oder aller Arbeitnehmer unter Verweigerung der Lohnzahlung zur Erreichung tarifpolitischer Ziele. Vielfach wird bestritten, daß die Arbeitgeberseite das Mittel des Arbeitskampfes benötigt, um ihren Interessen und Forderungen Nachdruck zu verleihen. Art. 29 der Verfassung des Landes Hessen erklärt die Aussperrung sogar ausdrücklich für rechtswidrig. **652**

Gleichwohl hat das BAG in seiner Entscheidung vom 10. 6. 1980 (EzA Art. 9 GG Nr. 37 = DB 1980, S. 1266) zu dieser Frage entschieden, daß jedenfalls **Abwehraussperrungen** dann **653** berechtigt sein können, wenn die angreifende Gewerkschaft durch besondere Kampftaktiken, wie z. B. eng begrenzte Teilstreiks, ein Verhandlungsübergewicht erzielen kann (Gedanke der **Kampfparität**). Auch dann steht der zulässige Umfang der Aussperrung unter dem Gebot der Verhältnismäßigkeit, so daß eng begrenzte Teilstreiks nicht mit einer unbefristeten Aussperrung sämtlicher Arbeitnehmer des Tarifgebiets beantwortet werden dürfen.

654 Auch durch die Aussperrung werden unter Beachtung des Grundsatzes der Verhältnismäßigkeit die Arbeitsverhältnisse grundsätzlich nicht gelöst, sondern die beiderseitigen Vertragspflichten lediglich für die Dauer des Arbeitskampfes suspendiert.

655 Eine lösende Aussperrung wird nur ausnahmsweise – z. B. bei Abwehr wilder Streiks, politischer Streiks oder besonders langem Arbeitskampf – in engen Grenzen (ultima ratio) zulässig sein.

Sechstes Kapitel
Streitigkeiten im Arbeitsleben

A. Die Arbeitsgerichtsbarkeit

I. Aufgabe und Stellung

Das vom Gesetzgeber und den Partnern des Arbeitslebens geschaffene Arbeitsrecht muß durchsetzbar sein. Diese Garantie bietet die Arbeitsgerichtsbarkeit. Sie wurde vom Staat – neben den sog. ordentlichen Gerichten (Zivil- und Strafjustiz) und den anderen außerordentlichen Gerichten (Verwaltungs-, Finanz- und Sozialgerichten) – als besonderer Zweig der allgemeinen Rechtspflege zur Entscheidung von Streitigkeiten in Arbeitssachen eingerichtet. **656**

Rechtsgrundlage ist das **Arbeitsgerichtsgesetz** i.d.F. vom 2.7. 1979. **657**

II. Aufbau und Besetzung der Arbeitsgerichtsbarkeit

Die Arbeitsgerichtsbarkeit verfügt über drei Rechtszüge: Arbeitsgericht (ArbG), Landesarbeitsgericht (LAG) und Bundesarbeitsgericht (BAG). **658**

An jedem **Arbeitsgericht** sind ein oder mehrere Berufsrichter tätig. Sie bekleiden die Dienststellung eines Vorsitzenden. Nach ihrer Anstellung auf Lebenszeit führen sie den Titel »Richter am Arbeitsgericht«. **659**

In der Kammersitzung (vgl. Rz. 693) treten zu dem Berufsvorsitzenden zwei Beisitzer. Einer von ihnen ist den Kreisen der Arbeitnehmer, der andere denen der Arbeitgeber entnommen (§ 16 ArbGG). Beide werden durch die oberste Arbeitsbehörde des Landes (Arbeitsminister, Senator für Arbeit) auf die Dauer von vier Jahren auf Vorschlag der im Gerichtsbezirk bestehenden Gewerkschaften, der anderen selbständigen Arbeitnehmervereinigungen mit sozial- und berufspolitischer Zwecksetzung und der Vereinigungen von Arbeitgebern sowie der öffentlichen Körperschaften (Bund, Land, Kommunalverbände) und deren Vereinigungen berufen (§ 20 Abs. 1 ArbGG). **660**

661 Die Beisitzer werden als **»ehrenamtliche Richter«** bezeichnet. Voraussetzung für ihre Berufung ist die Vollendung des 25. Lebensjahres. Daneben sollen sie mindestens seit einem Jahr im Bezirk des Arbeitsgerichtes wohnen. Sie werden in der ersten Sitzung auf die Erfüllung der Obliegenheiten ihres Amtes eidlich verpflichtet.

Die Beisitzer werden in der Reihenfolge einer Liste zu den Sitzungen herangezogen, die unter Berücksichtigung neu berufener Beisitzer von dem Vorsitzenden aufgestellt wird (§ 31 ArbGG).

662 Das **Landesarbeitgericht** ist Berufungs- und Beschwerdeinstanz gegen die Urteile und Beschlüsse der Arbeitsgerichte. Auch dort sind verschiedene Kammern gebildet. Ihre Besetzung entspricht hinsichtlich der Größe denen der Arbeitsgerichte: ein Vorsitzender (»Vorsitzender Richter am Landesarbeitsgericht«) und zwei Beisitzer (»ehrenamtliche Richter«). Deren Berufung erfolgt wie die der Beisitzer bei den Arbeitsgerichten mit der Besonderheit, daß die Vollendung des 30. Lebensjahres und eine mindestens vierjährige Tätigkeit als Beisitzer bei einem Arbeitsgericht zusätzliches Erfordernis ist.

663 Das **Bundesarbeitsgericht** als Revisions- und Rechtsbeschwerdeinstanz gegen die Urteile und Beschlüsse der Landesarbeitsgerichte hatte seinen Sitz bis Herbst 1999 in Kassel; seitdem befindet er sich in Erfurt. Das BAG gliedert sich in Senate, die jeweils mit drei Berufsrichtern (»Vorsitzender Richter bzw. Richter am Bundesarbeitsgericht«) und zwei Beisitzern (»ehrenamtliche Richter«) besetzt sind. Diese werden durch den Bundesminister für Arbeit und Sozialordnung nach den gleichen Grundsätzen wie die Beisitzer der beiden ersten Rechtszüge berufen. Zusätzliche Voraussetzungen sind die Vollendung des 35. Lebensjahres sowie neben einer mindestens vierjährigen Tätigkeit als Beisitzer bei einem Arbeits- oder Landesarbeitsgericht besondere Kenntnisse und Erfahrungen auf dem Gebiete des Arbeitsrechtes.

664 Die Berufsrichter werden nach dem Richterwahlgesetz vom 25. 8. 1950 gewählt und vom Bundespräsidenten ernannt.

Bei allen Gerichten für Arbeitssachen sind die Berufsrichter grundsätzlich Volljuristen, d.h., sie besitzen durch die erfolgreiche Ablegung der ersten und zweiten juristischen Staatsprüfung (Referendar- und Assessorexamen) die Befähigung zum Richteramt (§ 5 Abs. 1 Deutsches Richtergesetz).

Grundsätzlich ist für alle ehrenamtlichen Beisitzer zu sagen, daß sie die gleichen Rechte und die gleichen Pflichten wie die Berufsrichter haben. Zwar obliegt dem Vorsitzenden die Vorbereitung und Leitung der Kammersitzung. Die Beisitzer haben aber nicht nur das Recht, sondern auch die Pflicht, durch Fragen an die Prozeßparteien sich ein Bild vom Stand des Rechtsstreites zu machen, um eventuell noch bestehende Unklarheiten zu beseitigen und sich eine eigene Meinung bilden zu können. Der Vorsitzende hat alle Fragen zuzulassen und nur durch eine taktvolle Verhandlungsführung darauf hinzuwirken, daß sie sachdienlich sind. Bei der Abstimmung während der geheimen Beratung haben Berufsrichter und Beisitzer je eine Stimme. Der Berufsrichter kann also von den Beisitzern überstimmt werden. Die Kammer entscheidet mit Stimmenmehrheit. **665**

Die Teilnahme von Beisitzern aus den Kreisen der Arbeitnehmer und Arbeitgeber gehört zum Wesen der Arbeitsgerichtsbarkeit. Durch ihre Mitwirkung soll nicht nur die Verbindung zwischen Berufsrichtern und dem Arbeitsleben hergestellt, sondern auch einer praktischen Notwendigkeit entsprochen werden: der Beisitzer, der regelmäßig berufstätig ist oder sonst mit dem Arbeits- und Wirtschaftsleben in enger Berührung steht, soll insbesondere mit seiner durch berufliche Erfahrungen und Kenntnis von Land und Leuten geschulten Urteilsfähigkeit an den Entscheidungen der Gerichte für Arbeitssachen mitwirken. **666**

Das Arbeitsgericht ist kein Schiedsgericht. Der Arbeitnehmerbeisitzer soll nicht die Interessen der Arbeitnehmer, der Arbeitgeberbeisitzer nicht die der Arbeitgeber vertreten. Beide bilden mit dem Berufsrichter das Gericht bzw. die Kammer. Beides stellt eine Einheit dar und hat unabhängig von der Zugehörigkeit der Prozeßparteien zum Lager der Arbeitgeber oder Arbeitnehmer Recht nach dem Gesetz zu sprechen. Daher lautet auch der Eid, den jeder Beisitzer vor Beginn seiner Amtszeit zu leisten hat, daß er »schwört, sein Amt als ehrenamtlicher Richter unabhängig nach bestem Wissen und Können zu verwalten«. **667**

III. Grundsätzliches zum arbeitsgerichtlichen Verfahren

668 Es sind zwei Verfahrensformen zu unterscheiden: Urteilsverfahren und Beschlußverfahren.

669 Das Urteilsverfahren untersteht dem sog. Partei- oder Verhandlungsgrundsatz (-maxime), während im Beschlußverfahren der Amtsgrundsatz (Offizialmaxime) herrscht.

670 Das **Urteilsverfahren** regelt sich nach der Zivilprozeßordnung (ZPO), die auch für bürgerliche Rechtsstreitigkeiten vor den ordentlichen Gerichten gilt. Der für sie maßgebende **Partei- oder Verhandlungsgrundsatz** besagt folgendes:
Der Richter ist grundsätzlich an den gleichlautenden Vortrag der Prozeßparteien gebunden. Er hat nicht von Amts wegen Nachforschung zu halten, wenn eine Prozeßpartei etwas vorzutragen unterläßt. Die Prozeßpartei allein beherrscht den Gang des Verfahrens. Sie beginnt es (Klageeinreichung), sie kann es unter bestimmten Voraussetzungen beenden (Klagerücknahme), und sie kann sich in jedem Stadium des Prozesses ohne Mithilfe oder Zustimmung des Gerichtes gütlich mit dem Gegner einigen (Vergleich).

671 Die Prozeßpartei hat daher auch ihr Vorbringen selbst zu gestalten. Der Richter hat das, was er für seine Entscheidung für erheblich hält, festzuhalten. Er hat dabei – vor allem bei rechtsunkundigen und nicht vertretenen Prozeßparteien – darauf hinzuwirken, daß deren Vortrag sachdienlich ist und sie die richtigen Anträge stellen (§ 139 ZPO). Desgleichen soll der Richter dabei helfen, daß ungenügende Angaben der Prozeßparteien ergänzt und Beweismittel angegeben werden.

672 Der gesetzgeberische Grund für diesen Verfahrensgrundsatz ist folgender:
Das Verfahren soll schnell und billig sein. Eine Aufklärung jedes Einzelfalles von Amts wegen würde den Prozeß nicht nur verteuern, sondern auch sehr verlangsamen. Der Staat leiht dem einzelnen Bürger zur Durchsetzung zivilrechtlicher Ansprüche seinen Arm. Er will damit eine Selbsthilfe verhindern. Ein öffentliches Interesse an der Verfolgung dieser Ansprüche besteht – im Gegensatz z.B. zur Strafgerichtsbarkeit – nicht. Die Prozeßpartei soll sich selbst um ihren Rechtsstreit kümmern, den der Richter aufgrund ihres Vorbringens entscheidet.

Das **Beschlußverfahren** dient der Durchführung des Betriebsverfassungsgesetzes. Hier hat der Staat ein dringendes Interesse an einer »Erforschung der Wahrheit von Amts wegen«: Die Ordnung des Betriebes, der Keimzelle unserer Volkswirtschaft, soll garantiert werden. Der Richter ist in diesem Verfahren demnach nicht an den Vortrag der Parteien gebunden. Er kann von sich aus, ohne daß es die Parteien beantragt haben, Ermittlungen anstellen, Zeugen laden, Betriebsbesichtigungen vornehmen usw. **673**

IV. Das Urteilsverfahren im einzelnen

1. Grundsätzliches

Wie bereits dargelegt, handelt es sich um einen **Zivilprozeß**. **674**
Verfahrensrechtlich finden demnach die Grundsätze der ZPO mit den im Arbeitsgerichtsgesetz (ArbGG) enthaltenen Besonderheiten Anwendung.

Drei Grundsätze sollen das arbeitsgerichtliche Verfahren vor allem vom Zivilprozeß der ordentlichen Gerichte unterscheiden: **675**

- es soll **schneller** sein (sog. Beschleunigungsgrundsatz – § 9 Abs. 1 Satz 1 ArbGG);
- es soll für die Beteiligten **verständlicher** sein (sog. Grundsatz der Einfachheit);
- es soll hinsichtlich der entstehenden Kosten **billiger** sein (sog. Grundsatz der Billigkeit).

2. Die Klage

Arbeitnehmer oder Arbeitgeber, die ein Urteilsverfahren in Gang setzen wollen, können die hierzu notwendige Klage (vgl. auch Anh. 1) in vierfacher Weise erheben: **676**

- sie können sie selbst verfassen;
- sie können sich der Hilfe ihres Verbandsvertreters bedienen (Gewerkschaftssekretäre, Arbeitgeberverbandsvertreter);
- sie können einen Rechtsanwalt damit beauftragen;
- sie können die Klage zu Protokoll der Rechtsantragsstelle, die bei jedem Arbeits- (und auch Amts-)gericht besteht, geben.

677 Die Klage muß – wie auch alle sonstigen Eingaben – in zweifacher Ausfertigung eingereicht werden: Das Original wird Bestandteil der Gerichtsakte, den Durchschlag erhält die beklagte Prozeßpartei zugestellt, damit sie sich zur Klage äußern (»einlassen«) kann.

678 Die Zustellung der Klage an die beklagte Prozeßpartei wird von Amts wegen vorgenommen.

679 Zwischen dem Tag der Zustellung der Klage und dem 1. Termin der Güteverhandlung (vgl. Rz. 691) muß die **Einlassungsfrist** liegen. Die beklagte Prozeßpartei soll Gelegenheit haben, sich auf den Termin vorzubereiten. Die Einlassungsfrist beträgt einheitlich eine Woche (§ 47 Abs. 1 ArbGG).

680 Wohnt die beklagte Partei im Ausland, so bestimmt der Vorsitzende des Arbeitsgerichts die Einlassungsfrist nach eigenem Ermessen.

681 Auf Antrag der klagenden Partei kann die Einlassungsfrist auf 24 Stunden abgekürzt werden (§§ 46 Abs. 2; 226 ZPO).

682 Daneben ist auch noch eine **Ladungsfrist** zu beachten, also die Frist zwischen Zustellung der Ladung und dem Termin. Sie beträgt drei Tage (§§ 46 Abs. 2 ArbGG; 217 ZPO).
In der Praxis des arbeitsgerichtlichen Verfahrens ist diese Frist jedoch bedeutungslos. Die Ladung der beklagten Partei zu dem Termin erfolgt nämlich regelmäßig unter Wahrung der einwöchigen Einlassungsfrist.

3. Die Zuständigkeit des Arbeitsgerichtes

683 Hinsichtlich der Zuständigkeit des Arbeitsgerichtes wird zwischen der sachlichen und der örtlichen Zuständigkeit unterschieden.

a) Die sachliche Zuständigkeit

684 Die sachliche Zuständigkeit berührt die Frage der Zuständigkeit des Arbeitsgerichtes überhaupt.
Die §§ 2–5 ArbGG enthalten insoweit die entsprechenden gesetzlichen Bestimmungen.

685 Im einzelnen handelt es sich um folgende Streitigkeiten:
(1) Zwischen Arbeitnehmer und Arbeitgeber (§ 2 Abs. 1 Nr. 3 ArbGG). Voraussetzung ist, daß die Klage in irgendeinem Zu-

sammenhang mit einem Arbeitsvertrag oder Arbeitsverhältnis steht.

Es handelt sich demnach um Klagen

- aus dem Arbeitsverhältnis;
- über das Bestehen oder Nichtbestehen eines Arbeitsverhältnisses;
- aus Verhandlungen über die Eingehung eines Arbeitsverhältnisses und aus dessen Nachwirkungen;
- aus unerlaubten Handlungen, soweit diese mit dem Arbeitsverhältnis im Zusammenhang stehen;
- über Arbeitspapiere.

(2) Zwischen Arbeitnehmern untereinander (§ 2 Abs. 1 Nr. 9 ArbGG). Angesprochen sind hier Streitigkeiten aus gemeinsamer Arbeit und aus unerlaubten Handlungen, soweit diese mit dem Arbeitsverhältnis im Zusammenhang stehen.

(3) Rechtsstreitigkeiten von Arbeitnehmern oder ihren Hinterbliebenen um Versorgungsansprüche (§ 2 Abs. 1 Nr. 4a und b und Nr. 6 ArbGG).

(4) Rechtsstreitigkeiten von Entwicklungshelfern (§ 2 Abs. 1 Nr. 7 und 8 ArbGG).

(5) Rechtsstreitigkeiten der Tarifvertragsparteien untereinander und mit Dritten (§ 2 Abs. 1 Nr. 1 ArbGG).

(6) Rechtsstreitigkeiten zwischen tariffähigen Parteien untereinander und mit Dritten aus unerlaubten Handlungen, soweit es sich um Maßnahmen zum Zwecke des Arbeitskampfes oder um Fragen der Vereinigungsfreiheit einschließlich des hier im Zusammenhang stehenden Betätigungsrechts der Vereinigungen handelt (§ 2 Abs. 1 Nr. 2 ArbGG).

(7) Rechtsstreitigkeiten zwischen Arbeitnehmern und Arbeitgebern wegen Arbeitnehmererfindungen, Verbesserungsvorschlägen und Urheberrechtsstreitsachen (§ 2 Abs. 2 ArbGG).

(8) »Zusammenhangsklagen« (§ 2 Abs. 3 ArbGG).

(9) Vereinbarungszuständigkeiten (§ 2 Abs. 4 ArbGG).

Die sachliche Zuständigkeit der Gerichte für Arbeitssachen **686**
im **Beschlußverfahren** (vgl. Rz. 726ff.) ergibt sich aus § 2a ArbGG.

Hierher gehören **687**

- alle Angelegenheiten aus dem BetrVG, soweit nicht nach seinen §§ 119–121 die Zuständigkeit eines anderen Gerichts gegeben ist;

- Angelegenheiten bezüglich der Wahl von Vertretern der Arbeitnehmer in den Aufsichtsrat und über ihre Abberufung nach dem MitbestG und dem BetrVG 1952;
- Entscheidungen über die Tariffähigkeit und die Tarifzuständigkeit einer Vereinigung.

b) Die örtliche Zuständigkeit

688 Die örtliche Zuständigkeit befaßt sich mit der Frage, welches Arbeitsgericht für die eingereichte Klage zuständig ist. Grundsätzlich ist das Arbeitsgericht zuständig, in dessen Bezirk die beklagte Partei wohnt (§ 13 ZPO). Es kann jedoch auch der Ort der Begründung und der Erfüllung des Arbeitsverhältnisses maßgebend sein (§ 29 ZPO – z.B. Firma X unterhält in Y eine Baustelle).

4. Die Prozeßvertretung vor dem Arbeitsgericht

689 Jede Prozeßpartei kann sich vor dem Arbeitsgericht selbst vertreten. Sie darf damit aber auch jede beliebige volljährige Person betrauen, die nicht geschäftsmäßig vor dem Arbeitsgericht auftritt. Vertretungsberechtigt sind ferner alle Vertreter von Gewerkschaften oder Arbeitgeberverbänden, denen die Prozeßparteien als Mitglied angehören. Das gleiche gilt für die Prozeßvertretung durch Vertreter von selbständigen Vereinigungen von Arbeitnehmern mit sozial- oder berufspolitischer Zwecksetzung (§ 11 Abs. 1 ArbGG).

690 Schließlich sind vor den Arbeitgerichten auch alle an einem deutschen Gericht zugelassenen Rechtsanwälte vertretungsberechtigt.

5. Der Gang des Urteilsverfahrens im ersten Rechtszug

691 In der **Güteverhandlung** hat der Vorsitzende – wie der Name schon besagt – darauf hinzuwirken, daß sich die Prozeßparteien »gütlich« einigen (§ 54 Abs. 1 Satz 1 ArbGG). Gelingt ihm das, schließen diese einen **Vergleich** (Prozeßvergleich). Dieser beendet das Verfahren. Er hat, wenn er die Verpflichtung einer Prozeßpartei (z.B. zur Zahlung eines Betrages) beinhaltet, die gleiche Wirkung wie ein rechtskräftiges Urteil. Aus einem Prozeßvergleich kann also auch – wie aus jedem anderen Schuldtitel – vollstreckt werden. Gelingt die gütliche Einigung dem Vorsitzenden nicht, hat er den Rechtsstreit an die Kammer des Arbeitsgerichtes abzugeben.

Die Parteien können auch übereinstimmend die Entscheidung des Rechtsstreites durch den Vorsitzenden als Einzelrichter beantragen (§ 55 Abs. 3 ArbGG). In diesem Fall macht die Entscheidung des Vorsitzenden eine besondere Kammerverhandlung überflüssig. **692**

Kommt es zur **Kammersitzung**, versucht auch hier der Vorsitzende – wie überhaupt in jeder Lage des Verfahrens (§ 57 Abs. 2 ArbGG) – eine gütliche Einigung zu erreichen. Ist dies nicht möglich, ist der Rechtsstreit nach **streitiger Verhandlung** durch Urteil zu entscheiden. Unter einer streitigen Verhandlung versteht man, daß die Parteien bestimmte Klageanträge formell zu Protokoll erklären (Beispiel: Der Kläger beantragt, die Beklagte zur Zahlung von 500,00 DM zu verurteilen. Der Beklagte bittet um Klageabweisung.). Die beklagte Prozeßpartei kann auch in demselben Prozeß einen Gegenanspruch geltend machen durch Erhebung einer **Widerklage** oder durch Erklärung der **Aufrechnung**. **693**

Ist zwischen den Parteien irgendein für die Entscheidung des Prozesses erheblicher Punkt streitig, findet eine **Beweisaufnahme** statt (z.B. der Arbeitnehmer bestreitet, den Arbeitgeber beleidigt zu haben, oder der Arbeitgeber behauptet, er habe dem Arbeitnehmer unter Zeugen seinen Lohn gezahlt). Meist ergeht ein **Beweisbeschluß**. In ihm wird genau abgegrenzt, worüber Beweis erhoben werden soll (Beweisthema). **Beweismittel** sind in der Reihenfolge ihrer Beweisstärke: **694**

- der Urkundsbeweis (§§ 415, 416 ZPO),
- der richterliche Augenschein (§ 371 ZPO, z.B. die Durchführung einer Ortsbesichtigung),
- der Sachverständigenbeweis (§ 402 ZPO),
- der Zeugenbeweis (§ 373 ZPO),
- die Parteivernehmung (§ 445 ZPO).

Auf die Beweisaufnahme hin ergeht das **streitige Urteil**. **695**

Es steht im Gegensatz zu den beiden anderen Formen des Urteils, die nicht nach streitiger Verhandlung erlassen werden: **696**

- des **Anerkenntnisurteils** – die beklagte Partei erkennt den Klageanspruch an; **697**

698 – des **Versäumnisurteils** – eine der Prozeßparteien erscheint trotz ordnungsmäßiger Ladung nicht. Ist dies der Kläger, wird die Klage abgewiesen; ist dies die beklagte Prozeßpartei, wird der Klage antragsgemäß entsprochen, sofern der Vortrag des Klägers die Verurteilung rechtfertigt.

Das Versäumnisurteil wird der Prozeßpartei, gegen die es ergangen ist, zugestellt. Sie kann hiergegen Einspruch einlegen. Die Frist beträgt beim Arbeits- und Landesarbeitsgericht eine Woche (§§ 59, 64 ArbGG), beim BAG zwei Wochen (§§ 72 Abs. 5 ArbGG, 339, 523 ZPO).

699 Gegen Anerkenntnisurteile und streitige Urteile gibt es das Rechtsmittel der **Berufung** (§ 64 Abs. 1 ArbGG). Voraussetzung ist, daß das Arbeitsgericht sie in seinem Urteil zugelassen hat oder der Wert des Beschwerdegegenstandes 800,00 DM übersteigt (§ 64 Abs. 2 ArbGG). Die Zulassung durch das Arbeitsgericht muß erfolgen, wenn die Rechtssache grundsätzliche Bedeutung hat oder es sich um das Bestehen oder Nichtbestehen von Tarifverträgen, um Auslegungsstreitigkeiten aus solchen oder um Rechtsstreitigkeiten zwischen tariffähigen Parteien untereinander oder Dritten handelt. Des weiteren ist die Berufung zuzulassen, wenn das Arbeitsgericht in der Auslegung einer Rechtsvorschrift von einem anderen vorgelegten Urteil, insbesondere des übergeordneten Landesarbeitsgerichts, abweichen will (§ 64 Abs. 3 Nr. 3 ArbGG).

6. Das Berufungsverfahren

700 In der Berufungsinstanz – beim Landesarbeitsgericht – wird das durch das Arbeitsgericht gefällte Urteil nach der **tatsächlichen und der rechtlichen Seite** hin erneut nachgeprüft. Beweisaufnahmen können wiederholt werden.

701 Die **Berufungsfrist** beträgt einen Monat, gerechnet vom Tage der Zustellung des Urteils an. Die Berufung kann nur von Berufsverbänden (Gewerkschaften oder Vereinigungen von Arbeitgebern oder sonstigen Zusammenschlüssen, die vertretungsberechtigt sind) oder von einem Rechtsanwalt eingelegt werden (Anwaltszwang, vgl. § 11 Abs. 2 ArbGG). Vom Tage des Eingangs der Berufung beim Landesarbeitsgericht an läuft, falls diese nicht zugleich auch die Berufungsbegründung enthält, die sog. **Berufungsbegründungsfrist**. Auch diese beträgt

einen Monat. Wird eine dieser Fristen versäumt, wird die Berufung »als unzulässig verworfen«. Die Partei, die im ersten Rechtszug gewonnen hat, muß ebenfalls innerhalb einer Frist von einem Monat nach Zustellung der Berufungsbegründung diese beantworten. Die Fristen zur Begründung der Berufung und zur Berufungsbeantwortung können vom Vorsitzenden nur einmal auf Antrag verlängert werden, wenn der Rechtsstreit durch die Verlängerung nicht verzögert wird oder wenn die Partei hierfür erhebliche Gründe darlegt (§ 66 Abs. 1 ArbGG).

7. Das Revisionsverfahren

Gegen die Urteile der Landesarbeitsgerichte findet die Revision **702**
an das Bundesarbeitsgericht statt. Voraussetzung hierfür ist, daß sie im Urteil des Landesarbeitsgerichts zugelassen worden ist (§ 72 Abs. 1 ArbGG). Dies muß geschehen, wenn es sich um eine Rechtssache von grundsätzlicher Bedeutung handelt oder das Landesarbeitsgericht von einer Entscheidung des Gemeinsamen Senats der Obersten Gerichtshöfe des Bundes oder des Bundesarbeitsgerichts abweicht; desgleichen dann, wenn eine Entscheidung des Bundesarbeitsgerichts in der bestehenden Rechtsfrage noch nicht ergangen ist bzw. das Landesarbeitsgericht von einer gleichgelagerten Entscheidung eines anderen Landesarbeitsgerichts abweichen will (§ 72 Abs. 2 ArbGG).

Die Nichtzulassung der Revision durch das Landesarbeitsge- **703**
richt kann selbständig durch die sog. **Nichtzulassungsbeschwerde** angefochten werden. Die im Berufungsverfahren unterlegene Partei hat dabei darzulegen, daß das Landesarbeitsgericht aus einem der vorstehenden Gründe die Revision hätte zulassen müssen (§ 72a ArbGG).

In der Revisionsinstanz wird das Urteil des Landesarbeitsge- **704**
richts nur nach der rechtlichen Seite hin – und zwar materiell- und prozeßrechtlich – nachgeprüft. An den vom Landesarbeitsgericht festgestellten Tatbestand ist das Bundesarbeitsgericht gebunden.

Die **Revisionsfrist** beträgt einen Monat. Daneben läuft nach **705**
Eingang der Revision eine **Revisionsbegründungsfrist**, die gleichfalls einen Monat beträgt und nur einmal bis zu einem weiteren Monat verlängert werden kann (§ 74 Abs. 1 ArbGG).

8. Die Wiedereinsetzung in den vorigen Stand

706 Wird eine **Notfrist** – Einspruchs-, Berufungs-, Revisionsfrist – versäumt, kann der betroffenen Prozeßpartei die Wiedereinsetzung in den vorigen Stand auf ihren Antrag hin gewährt werden. Voraussetzung hierfür ist, daß sie an der Einhaltung der Frist ohne ihr Verschulden verhindert war (§ 233 ZPO).

9. Die Kosten des arbeitsgerichtlichen Verfahrens

a) Was besagt der Streitwert?

707 Der Streitwert ist der Wert, den der Klageanspruch für die Prozeßpartei hat. Er wird im Urteil – also nicht gesondert wie bei den Zivilgerichten – festgesetzt; er kann nicht für sich allein abgeändert werden.

708 Bei **Leistungsklagen** ergibt sich der Streitwert entweder bei einem genau bezifferten Klageanspruch (es werden z.B. 455,00 DM eingeklagt) von selbst oder er wird durch das Arbeitsgericht nach freier Schätzung festgesetzt (z.B. Ausstellung einer Arbeitsbescheinigung = 300,00 DM).

709 Wird eine **Feststellungsklage** erhoben (z.B. nach dem KSchG), kann das Arbeitsgericht den Streitwert bis auf den Betrag des für die Dauer eines Vierteljahres zu leistenden Arbeitsentgeltes festsetzen (§ 12 Abs. 7 ArbGG).

b) Die Kosten im einzelnen

710 Sie zerfallen als »Kosten des Rechtsstreites« in **Gerichtskosten** und **außergerichtliche Kosten**.

Kosten des Rechtsstreites
- Gerichtskosten
  - Gerichtsgebühren
  - Auslagen
- außergerichtliche Kosten
  - Kosten, die der Prozeßpartei unmittelbar entstanden sind
  - Kosten, die durch einen Prozeßbevollmächtigten entstanden sind

aa) Die Gerichtskosten

Sie gliedern sich in die entstehenden **Gerichtsgebühren** und die entstandenen **Auslagen**. 711

(1) Die Gerichtsgebühr

Im **ersten Rechtszug** entsteht diese nur einmal. Sie beträgt bei 712
einem Streitwert bis zu 300,00 DM 20,00 DM,
darüber für je angefangene 300,00 DM des
Streitwerts bis 3.000,00 DM weitere 12,00 DM,
darüber je angefangene 500,00 DM des Streitwerts bis zur Höhe von 10.000,00 DM je 20,00 DM, darüber je angefangene 1.000,00 DM des Streitwerts je 40,00 DM bis zur Höchstgrenze von 1.000,00 DM bei Streitwerten von über 24.000,00 DM. Dies ist die Höchstgebühr (vgl. insoweit die als Anlage 2 zu § 12 Abs. 2 ArbGG bestehende Tabelle).

Beim **Landes- und Bundesarbeitsgericht** regeln sich die entstehenden Gerichtsgebühren wie bei den Zivilgerichten der ordentlichen Gerichtsbarkeit nach dem Gerichtskostengesetz: 2 oder 3 13/10 bzw. 20/10 Gebühren nach dem festgesetzten Streitwert. 713

In **allen Rechtszügen** entfällt bei einem **Prozeßvergleich** die Gerichtsgebühr (vgl. Nrn. 2112, 2121 und 2131 der Anlage 1 zu § 12 Abs. 1 ArbGG). Bei den Zivilgerichten ist dies nicht der Fall. 714

(2) Die Auslagen

Hierunter sind alle sonstigen Gerichtskosten zu verstehen, die – außer den bereits erörterten Gerichtsgebühren – bei einem Verfahren von Amts wegen anfallen und aus der Staatskasse bezahlt werden müssen (z. B. Zeugengebühren, Kosten für die Inanspruchnahme eines Sachverständigen). 715

Diese Auslagen-Kosten entfallen bei einem Abschluß eines Prozeßvergleiches nicht und sind je nach der Vereinbarung von beiden oder nur einer Prozeßpartei(en) zu tragen.

bb) Die außergerichtlichen Kosten

Hierunter versteht man die Kosten, die der Prozeßpartei unmittelbar entstanden sind (z. B. Lohn- bzw. Verdienstausfall, Fahrtkosten, Kosten für eine Beweissicherung, Beschaffung einer Urkunde usw.), zum anderen die, welche der Prozeßpartei durch die Inanspruchnahme eines Rechtsanwalts oder sonstigen Prozeßbevollmächtigten erwachsen. 716

717 **Im ersten Rechtszug** vor dem Arbeitsgericht gibt es keinen sog. außergerichtlichen Kostenausgleich. Ausnahme: Fahrtkosten. Diese können im Falle des Obsiegens vom Gegner zurückverlangt werden (§ 12a Abs. 1 Satz 1 ArbGG).
Der Prozeßbevollmächtigte (Rechtsanwalt) ist verpflichtet, die Partei vor Abschluß der Auftragsvereinbarung auf den Ausschluß der Kostenerstattung hinzuweisen (§ 12a Abs. 1 Satz 2).

718 **Im zweiten und dritten Rechtszug** entspricht die Kostentragungspflicht dem allgemeinen Zivilprozeßrecht. Es findet also ein voller außergerichtlicher Kostenausgleich statt. Entscheidend ist allerdings insoweit, ob und in welchem Umfang einer Prozeßpartei Kosten im Einzelfall tatsächlich erwachsen sind. Die ganz oder teilweise unterlegene Prozeßpartei hat also der obsiegenden alle ihr entstandenen Kosten zu erstatten, soweit sie zur zweckentsprechenden Rechtsverfolgung oder Rechtsverteidigung notwendig waren (§ 91 ZPO).

c) Die Prozeßkostenhilfe

719 Prozeßkostenhilfe bedeutet, daß der Staat – also die Steuerzahler – einer Prozeßpartei Gerichtskosten und bei Inanspruchnahme eines Rechtsanwalts die außergerichtlichen Kosten vorstreckt.

720 Voraussetzung für die Bewilligung von Prozeßkostenhilfe ist (§ 114 ZPO):

721 – Die Prozeßpartei kann nach ihren persönlichen und wirtschaftlichen Verhältnissen die Kosten der Prozeßführung überhaupt nicht, nur zum Teil oder nur in Raten aufbringen. Wann das der Fall ist, ergibt sich aus der zu § 115 Abs. 1 Nr. 4 ZPO vom Gesetzgeber aufgestellten Tabelle. Aus dieser ist insbesondere abzulesen, welche Ratenzahlungen einer finanziell minderbemittelten Partei zuzumuten sind. Daneben hat die Prozeßpartei eine Erklärung über ihre persönlichen und wirtschaftlichen Verhältnisse (Familienverhältnisse, Beruf, Vermögen, Einkommen und Lasten) abzugeben und entsprechende Belege beizufügen. Hier bestehen einheitliche Vordrucke.
Ein Anspruch auf Rechtsschutz aus einer Rechtsschutzversicherung schließt die Gewährung von Prozeßkostenhilfe aus. Dies gilt grundsätzlich auch, soweit eine Prozeßpartei

Anspruch auf Rechtsschutz gegenüber einem Verband (Gewerkschaft oder Arbeitgeberverband) hat.

- Die beabsichtigte Rechtsverfolgung oder Rechtsverteidigung muß hinreichende Aussicht auf Erfolg bieten und nicht mutwillig sein. **722**

Für das Verfahren vor dem Arbeitsgericht gilt noch folgende Besonderheit: **723**

Ist die andere Partei von einem Rechtsanwalt vertreten und erhält die finanziell minderbemittelte Prozeßpartei nicht durch eine Gewerkschaft oder einen Arbeitgeberverband Rechtsschutz, so greift der Grundsatz der sog. **Waffengleichheit** durch: § 11a ArbGG bestimmt, daß in einem solchen Falle der finanziell minderbemittelten Prozeßpartei auf ihren Antrag ein Rechtsanwalt unter Bewilligung von Prozeßkostenhilfe beigeordnet werden muß.

Auf das Antragsrecht hat der Vorsitzende des Arbeitsgerichts **724**
ausdrücklich hinzuweisen. Eine Ausnahme gilt nur in den Fällen, in denen die Beiordnung aus besonderen Gründen nicht notwendig oder die Rechtsverfolgung offensichtlich mutwillig ist.

Das Gericht kann die Bewilligung der Prozeßkostenhilfe auf- **725**
heben,

- wenn es durch unrichtige Darstellung des Streitverhältnisses von der Prozeßpartei getäuscht worden ist;
- wenn die Prozeßpartei absichtlich oder aus grober Nachlässigkeit unrichtige Angaben über die persönlichen oder wirtschaftlichen Verhältnisse gemacht hat;
- wenn die persönlichen oder wirtschaftlichen Voraussetzungen für die Prozeßkostenhilfe nicht vorgelegen haben;
- wenn die Partei länger als drei Monate mit der Zahlung einer Monatsrate oder mit der Zahlung eines sonstigen Betrages im Rückstand ist (§ 124 ZPO).

V. Das Beschlußverfahren im einzelnen

Es regelt sich, wie bereits dargestellt, nach dem **Amtsgrund- 726**
satz (Offizialmaxime) – vgl. Rz. 673. Das Arbeitsgericht kann alle ihm geeignet erscheinenden Maßnahmen zur Erforschung der Wahrheit ergreifen.

727 Abweichend vom Urteilsverfahren besteht für das Beschlußverfahren eine **ausschließliche Zuständigkeit**, die nicht durch Tarifvertrag oder Betriebsvereinbarung abgeändert werden kann. Ausschließlich zuständig ist immer das Arbeitsgericht, in dessen Bezirk der Betrieb liegt (§ 82 ArbGG).

728 Der Gang des Verfahrens ist im wesentlichen, was Antragstellung und Beweisaufnahme angeht, wie der des Urteilsverfahrens.

729 Das Beschlußverfahren endet – wie seine Bezeichnung besagt – durch **Beschluß.** Es ist **kostenfrei**. Die entstandenen Gerichtskosten trägt die Staatskasse. Die Kosten durch die Inanspruchnahme eines Prozeßbevollmächtigten haben die Beteiligten selbst zu tragen. Ist dies ein Betriebsrat, wird regelmäßig im Innenverhältnis der Arbeitgeber materieller Kostenschuldner sein (vgl. § 40 BetrVG).

730 Gegen den Beschluß des Arbeitsgerichts findet die **Beschwerde** an das Landesarbeitsgericht statt. Die Frist zur Einlegung der Beschwerde und ihrer Begründung beträgt – wie im Berufungsverfahren – je einen Monat. Auch hier kann die Frist zur Beschwerdebegründung auf Antrag durch den Vorsitzenden einmal verlängert werden (§§ 87 Abs. 1 und 2, 66 Abs. 1 ArbGG). Wegen der für das Beschlußverfahren geltenden Offizialmaxime läuft eine besondere Frist zur Beantwortung der Beschwerde nicht.

731 Gegen den Beschluß des Landesarbeitsgerichts findet die **Rechtsbeschwerde** binnen eines Monats nach dessen Zustellung statt (§§ 92 Abs. 2 Satz 1, 72 Abs. 5 ArbGG; 552 ZPO). Voraussetzung hierfür ist, daß das Landesarbeitsgericht – wie bei der Revision – die Rechtsbeschwerde zugelassen hat (§§ 92 Abs. 1 Satz 2, 72 Abs. 2 ArbGG). Auch hier kann die einmonatige Frist zur Begründung der Rechtsbeschwerde auf Antrag einmal verlängert werden.

732 Einen Prozeßvergleich gibt es im Beschlußverfahren im allgemeinen nicht. Ein solcher ist nur in seltenen Ausnahmefällen möglich (z. B. der Vorsitzende einer Einigungsstelle klagt gegen den Arbeitgeber seine Gebühren ein; der Arbeitgeber verpflichtet sich durch Prozeßvergleich zu deren Zahlung). Doch können die am Beschlußverfahren Beteiligten sich durch übereinstimmende Erklärungen einigen und dadurch das Verfahren beenden (z. B. Betriebsrat und Arbeitgeber

schließen eine Betriebsvereinbarung). Dem folgt dann die Zurücknahme des Antrages, die auch sonst jederzeit möglich ist. Das Gericht stellt dann durch Beschluß das Verfahren ein.

Das Beschlußverfahren kennt nicht Kläger und Beklagte, son- 733
dern nur **Antragsteller, Antragsgegner und Beteiligte**. Es hängt vom Begehren des Antragstellers ab, wer am Verfahren zu beteiligen ist. Regelmäßig sind dies: der Betriebsrat und der Arbeitgeber; in manchen Fällen auch der Wahlvorstand, ein bestimmter Arbeitnehmer usw., je nachdem, ob der Rechtsstreit sie in ihren Rechten aus dem BetrVG berührt oder nicht.

B. Was ist ein Schiedsverfahren?

Das Schiedsverfahren ersetzt das Arbeitsgericht durch ein pri- 734
vates, von den Parteien paritätisch gebildetes Schiedsgericht oder eine in gleicher Eigenschaft angerufene Behörde. Dies ist nur in zwei Fällen zulässig:

- soweit der Rechtsstreit die Tarifvertragsparteien selbst angeht (z.B. Auslegungsstreitigkeiten) und die Anrufung eines Schiedsgerichts ausdrücklich im Tarifvertrag vereinbart ist;
- für Einzelarbeitsverhältnisse, soweit es sich um tarifgebundene Bühnenkünstler, Filmschaffende, Artisten oder Schiffsbesatzungen handelt (§ 101 ArbGG).

Das Schiedsverfahren endet durch Vergleich oder Schieds- 735
spruch. Dieser kann binnen 2 Wochen mit der **Aufhebungsklage** unter bestimmten Voraussetzungen beim Arbeitsgericht angefochten werden (§ 110 ArbGG). Zum Schiedsverfahren gehört auch das zwingend vorgeschriebene Verfahren in Berufsausbildungssachen z.B. vor der Innung, soweit dort ein derartiger Schlichtungsausschuß besteht. Dies muß der Klage vor dem Arbeitsgericht vorausgehen (§ 111 ArbGG).

C. Das Schlichtungsverfahren

Das Schiedsverfahren darf nicht mit dem Schlichtungsverfah- 736
ren verwechselt werden. Dies betrifft allein Tarifverträge und Betriebsvereinbarungen und regelt sich nach dem Kontroll-

ratsgesetz Nr. 35 vom 20. 8. 1946. Doch hat dieses Gesetz in der Praxis nur geringe Bedeutung. Die großen Tarifvertragsparteien haben regelmäßig eigene **Schlichtungsordnungen** vereinbart (z. B. Schlichtungsordnung für die gesamte Metallindustrie des Bundesgebietes). Es handelt sich um ein Verwaltungsverfahren, in dem die Parteien durch einen paritätisch besetzten **Schlichtungsausschuß** zum Abschluß eines Tarifvertrages (oder einer Betriebsvereinbarung) angehalten werden sollen. Kommt es nicht zu einer Einigung, so fällt der Schlichtungsausschuß einen genau formulierten Vorschlag. Bindend ist er jedoch nur, wenn beide Parteien dies vereinbaren oder sich ihm vorher bereits unterworfen hatten. Nichteinigung kann zum Arbeitskampf führen.

Anhang 1

Muster einer Klage

Sophie Meier
An das *Wesel, den 11. Dezember 1999*
Arbeitsgericht Wesel *Bachstr. 22*

Klage

der Angestellten Sophie Meier, Wesel, Bachstr. 22,

– Klägerin –

gegen
die Firma Kai Lehmann, Wesel, Hauptstr. 3,

– Beklagte –

wegen Feststellung und Lohnnachzahlung.

Ich beantrage zu erkennen:
1. *Es wird festgestellt, daß das Arbeitsverhältnis der Klägerin durch die Kündigung der Beklagten vom 5. 12. 1999 nicht aufgelöst ist.*
2. *Die Beklagte wird verurteilt, an die Klägerin 1.200,00 DM brutto zu zahlen.*

Gründe:

Ich bin seit dem 24. 11. 1997 als kaufmännische Angestellte bei der Beklagten mit 20 Std./Woche teilzeitbeschäftigt. Ich bin verheiratet und habe drei minderjährige Kinder. Zwischen der Beklagten und mir wurde ein Monatsgehalt von 2.000,00 DM brutto vereinbart.

Beweis: Zeugnis des
Fachverkäufers Fritz Schulz,
Wesel, Schulstr. 45.

Am 5. 12. 1999 hat mir die Beklagte zum 31. 12. 1999 gekündigt. Als Begründung gab sie an, ich hätte in meinen Leistungen nachgelassen. Dies trifft nicht zu. Ich bin bisher immer ordentlich meiner Arbeit nachgegangen.

Beweis: Zeugnis des
Fachverkäufers Fritz Schulz,
EDV-Technikers August Knopp, Wesel, Kirchstr. 3.

Außerdem hat die Beklagte die Kündigungsfrist nicht eingehalten. Die Beklagte hat mir auch den vereinbarten Lohn nicht ausgezahlt. In den vergangenen 3 Monaten hat sie mir statt 2.000,00 DM nur 1.600,00 DM brutto gezahlt. Ich habe bei ihr laufend gegen diese Verminderung meines Gehaltes protestiert.

gez. Sophie Meier

Anhang 2

Muster einer Klageerwiderung

Firma Kai Lehmann *Wesel, den 16. Dezember 1999*
Computerbedarf *Hauptstr. 3*

An das
Arbeitsgericht Wesel

In dem Arbeitsrechtsstreit
Meier ./. Lehmann
– Aktenzeichen 1 Ca 1145/94 –

beantrage ich,

die Klage abzuweisen.

Gründe:

Es ist richtig, daß die Klägerin als kaufmännische Angestellte seit dem 24. 11. 1997 bei mir beschäftigt ist und am 5. 12. 1999 von mir zum 31. 12. 1999 gekündigt wurde.
Es trifft aber nicht zu, daß die Klägerin Anspruch auf 2.000,00 DM brutto Monatsgehalt hat.
Ich habe diese Vergütung zwar im November 1997, als ich sie einstellte, mit ihr vereinbart. In letzter Zeit ging mein Geschäft immer mehr zurück. Anfang September 1999 habe ich daher zu der Klägerin gesagt, daß ich ihr keine 2.000,00 DM pro Monat mehr bezahlen könnte. Wenn sie mit 1.600,00 DM zufrieden wäre, könne sie bei mir weiterarbeiten. Die Klägerin stimmte dieser Gehaltskürzung unter Zeugen auch ausdrücklich zu.
Beweis: Fachverkäufer Fritz Schulz, Wesel, Schulstr. 45,
EDV-Techniker August Knopp, Wesel, Kirchstr. 3.
Auch die Kündigung des Arbeitsverhältnisses der Klägerin ist gerechtfertigt.
Die Klägerin ist laufend morgens bis zu einer Stunde zu spät zur Arbeit gekommen, so daß der ganze Betrieb ins Stocken kam. Mittags ging sie oft eine halbe Stunde früher nach Hause, wenn ich nicht da war.
Bei der Arbeit ist sie langsam und sitzt schwatzend herum. Ich habe sie mehr als einmal verwarnt.
Beweis: EDV-Techniker Knopp,
Sekretärin Elke Schmidt, Wesel, Bahnhofstr. 6.
Daneben ist aber auch, wie ich bereits vortrug, mein Geschäft zurückgegangen. Als die Klägerin bei mir anfing, beschäftigte ich 10 Leute. Heute sind es mit der Klägerin nur noch 5.
Beweis: Vorlage der Gehaltslisten.

gez. Kai Lehmann

Anhang 3

Wichtige Fristen und Termine im Arbeitsrecht

A. Arbeitsvertragsrecht

I. Bei der ordentlichen Kündigung

Die gesetzlichen Kündigungsfristen betragen – falls keine tariflichen oder einzelarbeitsvertraglichen zur Anwendung kommen (vgl. Rz. 345–358)	**(Arbeitsverhältnis):**

1. bei einem Arbeitsverhältnis

a) beiderseits (§ 622 Abs. 1 BGB)	**vier Wochen zum Fünfzehnten oder zum Ende eines Kalendermonats**
b) bei Kündigung durch den Arbeitgeber und einer Betriebszugehörigkeit im Betrieb oder Unternehmen (vgl. Rz. 125–131) (§ 622 Abs. 2 S. 1 BGB) **nach Vollendung des 25. Lebensjahres**	
von zwei Jahren	**einen Monat zum Monatsende,**
von fünf Jahren	**zwei Monate zum Monatsende,**
von acht Jahren	**drei Monate zum Monatsende,**
von zehn Jahren	**vier Monate zum Monatsende,**
von zwölf Jahren	**fünf Monate zum Monatsende,**
von fünfzehn Jahren	**sechs Monate zum Monatsende,**
von zwanzig Jahren	**sieben Monate zum Monatsende.**
Zugang der Kündigung:	**spätestens am letzten Tag des Vormonats, der die Frist einleitet (§§ 186, 187, Abs. 1 BGB).** Ist der letzte Tag der Kündigungsfrist ein gesetzlicher oder ein gesetzlich anerkannter kirchlicher Feiertag, so endet die Frist gleichwohl an diesem Tag (vgl. Rz. 346).

2. bei einem Dienstverhältnis das kein Arbeitsverhältnis ist,

richten sich die Kündigungsfristen nach dem lohnbemessenden Zeitabschnitt (§ 621 BGB)

bei Tageslohn (§ 621 Abs. 1 BGB)	**eintägige Kündigung** (an jedem Tag zum Ende des folgenden Tages)
bei Wochenlohn (§ 621 Abs. 2 BGB)	**Wochenkündigung** (am ersten Werktag der Woche zum Ende der Kalenderwoche)
bei Monatslohn (§ 621 Abs. 3 BGB)	**spätestens am 15. des Monats zum Monatsende**
bei Vierteljahresvergütung und längeren Lohnzeiträumen (§ 621 Abs. 4 BGB)	**6 Wochen zum Schluß des Kalendervierteljahres**

3. Sonderfälle

a) Schwerbehinderte (§§ 16, 18 SchwbG)	**mindestens 4 Wochen** – soweit nicht eine längere Kündigungsfrist in Frage kommt – **Die Kündigungsfrist läuft erst vom Tage der Zustimmung der Hauptfürsorgestelle – vgl. Rz. 502**
b) Heimarbeiter (§ 29 Abs. 3 HAG)	**vier Wochen zum Fünfzehnten oder zum Ende eines Kalendermonats.**

Bei längeren Beschäftigungsverhältnissen beträgt die Frist bei einer Kündigung durch den Auftraggeber oder Zwischenmeister, wenn das Beschäftigungsverhältnis nach Vollendung des 25. Lebensjahres bestanden hat

zwei Jahre	**einen Monat zum Monatsende,**
fünf Jahre	**zwei Monate zum Monatsende,**
acht Jahre	**drei Monate zum Monatsende,**
zehn Jahre	**vier Monate zum Monatsende,**
zwölf Jahre	**fünf Monate zum Monatsende,**
fünfzehn Jahre	**sechs Monate zum Monatsende,**
zwanzig Jahre	**sieben Monate zum Monatsende.**

c) Werdende und stillende Mütter (§ 9 Abs. 1 Satz 1 MuSchG) Der Kündigungsschutz ist davon abhängig, daß der Arbeitgeber bei Ausspruch der Kündigung die Schwangerschaft kennt oder innerhalb von zwei Wochen von ihr erfährt oder – bei unverschuldeter Versäumung der Frist – unverzüglich davon in Kenntnis gesetzt wird.	**unkündbar bis 4 Monate nach erfolgter Niederkunft**
d) Soldaten der Bundeswehr unkündbar (§ 2 Abs. 1 ArbPlSchG) (§ 2 Abs. 1 EigÜbG) Ausnahmen: (s. §§ 2 Abs. 2 ArbPlSchG; 2 Abs. 2, 3 Abs. 1 EigÜbG).	
e) Handelsvertreter (soweit sie im Sinne von § 5 ArbGG als »arbeitnehmerähnliche Personen« unter die Zuständigkeit des Arbeitsgerichtes fallen – vgl. Rz. 121) (§ 89 Abs. 1 HGB)	in den ersten 3 Jahren: **6 Wochen zum Schluß des Kalendervierteljahres** nach den ersten 3 Jahren: **3 Monate zum Schluß des Kalendervierteljahres**
Handelsvertreter im Nebenberuf (§ 92b Abs. 1 HGB)	**ein Monat zum Schluß des Kalendermonats**
f) Im Insolvenzfall (§ 113 Abs. 1 S 2 InsO)	max. 3 Monate zum Monatsende Kündigungsfrist

II. Verwirkung von Gründen zur außerordentlichen (fristlosen) Kündigung

bei Angestellten und Arbeitern Kündigung nur innerhalb von (vgl. im einzelnen § 626 Abs. 2 Sätze 1 und 2 BGB)	**2 Wochen nach Kenntnis des Kündigungsgrundes**

III. Frist zur Anfechtung von Arbeitsverträgen

wegen Irrtums (§ 121 Abs. 1 BGB)	**»ohne schuldhaftes Zögern«, d. h. unverzüglich (nach Kenntnis des Anfechtungsgrundes)**
wegen Täuschung oder Drohung (§ 124 Abs. 1 BGB)	**binnen Jahresfrist** (nach Kenntnis der Anfechtungsgrundes oder Beendigung der Zwangslage – aber stillschweigenden Verzicht beachten!)
Ausschlußfrist in beiden Fällen	**30 Jahre**

IV. Verjährungsfristen

bei Lohn, Gehalt und ähnlichen Ansprüchen beiderseits – z. B. auf Rückzahlung zuviel gezahlten Lohnes usw. – (§§ 196 Ziff. 8 und 9, 201 BGB)	**2 Jahre** (beginnend am Ende des Jahres in dem der Anspruch entstanden ist)
bei Ansprüchen von Handelsvertretern (§ 88 HGB)	**4 Jahre** (wegen des Fristbeginnes – wie vorstehend)
bei Handelsvertretern bezüglich des Ausgleichsanspruches: Geltendmachung desselben bei Beendigung des Vertragsverhältnisses (§ 89b Abs. 4 HGB) nicht anwendbar auf Handelsvertreter im Nebenberuf (§ 92b Abs. 1 HGB)	**spätestens 3 Monate nach Beendigung des Vertragsverhältnisses**

Schadensersatzansprüche aus Verletzung des Wettbewerbsverbotes während des Angestelltenverhältnisses Geltendmachung vgl. § 61 Abs. 2 HGB Ausschlußfrist	**3 Monate nach Kenntnis der Verletzung** **5 Jahre nach Abschluß des wettbewerbswidrigen Geschäfts**
Schadensersatz bei Geschlechtsdiskriminierung (§ 611a Abs. 4 BGB):	**Ausschlußfrist zwischen 2 und i.d.R. 6 Monaten.**
Schadensersatzansprüche aus unerlaubter Handlung (§ 852 Abs. 1 BGB) Ausschlußfrist: Tarifliche Verwirkungsklauseln und der allgemeine Rechtsgrundsatz der Verwirkung haben Vorrang (vgl. Rz. 60ff.).	**3 Jahre** (nach Kenntnisnahme des Schadensfalles) **30 Jahre**

V. Gehalts- und Lohnzahlungstermine

Lohnzahlungstermin (§ 614 Satz 1 BGB) Beachte aber einzelarbeitsvertragliche Abmachungen und die Verkehrssitte (vgl. Rz. 216).	**nach Arbeitsleistung**
Gehaltszahlungstermin (§ 64 Satz 1 HGB) wegen der Fälligkeit von Provisionen vgl. §§ 65, 87a Abs. 1 HGB	**»am Schlusse jedes Monats«**

VI. Nachträgliche Einbehaltung von Sozialbeiträgen

(§ 28g SGB IV)	**Abzüge dürfen nur bei den drei nächsten Lohnzahlungen nachgeholt werden, wenn der Arbeitgeber die Nichteinbehaltung zu vertreten hat**

VII. Sonstige wichtige Fristen

1. Erziehungsurlaub

Geltendmachung (§ 16 Abs. 1 S. 1 BErzGG)	**4 Wochen vor dem Zeitpunkt der Inanspruchnahme**
Ende des Erziehungsurlaubs (§ 15 Abs. 1 BErzGG, vgl. Rz. 475 ff.)	**max. bis zur Vollendung des 3. Lebensjahres des Kindes**

2. Vertragsniederschrift (Arbeitsverhältnisnachweis)

hat zu erfolgen gem. § 2 Abs. 1 S. 1 NachwG (vgl. Rz. 139)	**spätestens 1 Monat nach dem vereinbarten Beginn des Arbeitsverhältnisses**

3. Kündigungsschutz

nach dem KSchG in (Betrieben mit mehr als 5 Arbeitnehmern): (vgl. oben Rz. 369 f.)	**nach 6 Monaten im Betrieb oder Unternehmen**
Klagefrist für Kündigungsschutz- oder Entfristungsklage (vgl. oben Rz. 399 ff.)	**3 Wochen nach Zugang der Kündigung oder nach dem vereinbarten Ende des befristeten Arbeitsverhältnisses**

VIII. Fristen im Berufsausbildungsrecht

bei allen Ausbildungsverhältnissen (§ 4 Abs. 1 BBiG)	**schriftlicher Abschluß des Ausbildungsvertrages spätestens vor Beginn der Berufsausbildung**
Eintragung des Berufsausbildungsvertrages in das Verzeichnis der zuständigen Stelle (Rollen der Industrie- und Handelskammer, Handwerkskammer usw.) (§ 33 Abs. 1 BBiG)	**unverzüglich nach Abschluß des Berufsausbildungsvertrages**
Probezeit: für alle Berufsausbildungsverhältnisse (§ 13 BBiG)	**mindestens 1 Monat höchstens 3 Monate**
Kündigung: Während der Probezeit (§ 15 Abs. 1)	**jederzeit ohne Einhaltung einer Kündigungsfrist**
Nach der Probezeit keine ordentliche Kündigung!	
aus wichtigem Grund binnen zwei Wochen nach Kenntnisnahme des Kündigungsgrundes	**jederzeit ohne Einhaltung einer Kündigungsfrist**
bei Aufgabe oder Wechsel der Berufsausbildung (§ 15 Abs. 2 und 4 BBiG)	**vier Wochen**
Schadensersatz wegen vorzeitiger Auflösung des Berufsausbildungsverhältnisses nach der Probezeit (§ 16 Abs. 2 BBiG)	**Ausschlußfrist: Geltendmachung binnen 3 Monaten nach Beendigung des Berufsausbildungsverhältnisses**

B. Betriebsverfassungsrecht/Personalvertretungsrecht

I. Wahlen zum Betriebsrat/Personalrat

Termine:

Wählbarkeit **BetrVG (§ 8)**	**1. = Wahlberechtigung, also Vollendung des 18. Lebensjahres** **2. 6 Monate im Betrieb, Unternehmen oder Konzern** **3. kein Verlust der bürgerlichen Ehrenrechte durch Richterspruch** Ausnahme von 2.: Betrieb besteht noch keine 6 Monate – § 8 Abs. 2
BPersVG (§ 14)	**1. 18. Lebensjahr vollendet** **2. 6 Monate Zugehörigkeit zum Geschäftsbereich der obersten Dienstbehörde** **3. 1 Jahr im Betrieb** Ausnahmen von 2. und 3. Bedingung vgl. § 15
Amtszeit des Betriebs- bzw. Personalrates (§ 21 BetrVG; § 26 BPersVG)	**4 Jahre** (gerechnet ab Tag der Wahl oder Ende der Amtszeit des vorigen Betriebs- bzw. Personalrates)

Fristen:

1. Vor der Wahl

Einsetzung des Wahlvorstandes (§ 16 Abs. 1 BetrVG; §§ 20, 21 BPersVG)	**spätestens 10 (BR)/8 (PR) Wochen vor Ablauf der Amtsperiode des alten Betriebs- bzw. Personalrates**
Einsetzung durch das Arbeitsgericht (§ 16 Abs. 2 BetrVG) Unverzügliche Einleitung der Wahl durch den Wahlvorstand (§ 18 BetrVG; § 23 BPersVG)	**8 Wochen vor Ablauf der Amtszeit des alten Betriebsrates**

Erlaß des Wahlausschreibens (§ 3 Abs. 1 WO; § 6 Abs. 1 WO-P)	**spätestens 6 Wochen vor der Wahl**
Einspruch gegen die Wählerliste (§ 4 Abs. 1 WO; § 3 Abs. 1 WO-P)	**2 Wochen (WO) bzw. 6 Arbeitstage (WO-P) nach Erlaß des Wahlausschreibens**
Einreichung von Wahlvorschlägen (§ 6 Abs. 1 WO; § 7 Abs. 2 WO-P)	**2 Wochen (WO) bzw. 18 Kalendertage (WO-P) nach Erlaß des Wahlausschreibens**
Prüfung und Beanstandung der eingereichten Wahlvorschläge den Listenvertretern gegenüber (§ 7 WO; § 10 Abs. 2 WO-P)	**unverzüglich, möglichst binnen 2 Arbeitstagen**
Ungültigkeit eines eingereichten Wahlvorschlages bei Nichtbeseitigung beanstandeter Mängel (§ 8 WO; § 10 Abs. 5 WO-P)	**3 Arbeitstage**
Nachfrist bei nur einer eingereichten Wahlliste mit nicht genügender Zahl von Bewerbern (§ 6 Abs. 3 WO)	**1 Woche**
Nachfrist bei nachträglicher Beschlußfassung über gemeinsame Wahl nach Erlaß des Wahlausschreibens zur Einreichung neuer Vorschlagslisten (§ 6 Abs. 2 WO)	**1 Woche**
Nachfrist zur Erklärung bei der Unterzeichnung mehrerer Vorschlagslisten (§ 6 Ab. 6 WO; § 10 Abs. 4 WO-P)	**3 Arbeitstage** (bei Schweigen des Unterzeichners gilt zuerst abgegebene Unterschrift)

Nachfrist bei Bewerbung unter schriftlicher Zustimmung des Bewerbers auf mehreren Vorschlagslisten (§ 6 Abs. 8 WO; § 10 Abs. 3 WO-P)	**3 Arbeitstage** (bei Schweigen des Bewerbers Streichung von allen Listen)
Nachfrist, wenn keine gültigen Wahlvorschläge eingereicht werden (§ 9 Abs. 1 WO; § 11 Abs. 1 WO-P)	**1 Woche**
Bekanntgabe der Wahlvorschläge (§ 10 WO; § 13 Abs. 1 WO-P)	**spätestens 1 Woche (WO) bzw. 5 Arbeitstage (WO-P) vor dem Wahltag**
Entscheidung über Einsprüche gegen die Wählerliste (§ 4 Abs. 2 WO; § 3 Abs. 2 WO-P)	**»unverzüglich« – spätestens Zugang am Tag vor der Wahl schriftlich**

2. Nach der Wahl

öffentliche Feststellung des Wahlergebnisses (§ 13 WO; § 20 Abs. 1 WO-P)	**unverzüglich**
Benachrichtigung der gewählten Arbeitnehmer schriftlich (§ 18 Abs. 1 S. 1 WO; § 22 WO-P)	**»unverzüglich«** nach Abschluß der Stimmabgabe
Annahme des Betriebsratsamts durch den Bewerber gilt als erfolgt (§ 18 Abs. 1 WO)	**wenn es nicht binnen drei Arbeitstagen nach Zugang der Benachrichtigung abgelehnt wird**
Einberufung des neugewählten Betriebsrates zu seiner konstituierenden Sitzung durch den Wahlvorstand (§ 29 Abs. 1 BetrVG)	**spätestens eine Woche nach dem Wahltag**

Bekanntmachung der endgültig feststehenden Namen der Betriebs- bzw. Personalratsmitglieder (§ 19 WO; § 23 WO-P)	**2 Wochen lang**

II. Anfechtungsfristen

Entscheidungen und Maßnahmen des Wahlvorstandes	**gesondert vor der Wahl anfechtbar**
Anfechtung der Wahl des Betriebs- bzw. Personalrates (§ 19 Abs. 2 BetrVG; § 25 BPersVG)	**binnen 2 Wochen nach Bekanntgabe des Wahlergebnisses**
Anfechtung eines Spruchs der Einigungsstelle wegen Ermessensüberschreitung	**2 Wochen**

III. Allgemeine Termine

Betriebs- bzw. Personalversammlung (§ 42 BetrVG; § 48 Abs. 1 BPersVG)	**einmal im Kalendervierteljahr (BR)/Kalenderhalbjahr (PR)**
Wirtschaftsausschuß-Sitzung (§ 108 Abs. 1 BetrVG)	**einmal im Monat**

IV. Sonstige Fristen

Zustimmungsverweigerung des Betriebs- bzw. Personalrates zu personeller Maßnahme (§ 99 Abs. 3 BetrVG; § 69 Abs. 2 BPersVG) im übrigen §§ 75–77 BPersVG	**innerhalb einer Woche (BR) bzw. 10 Arbeitstagen (PR)**

bei vorläufiger personeller Maßnahme (§ 100 BetrVG):

Unterrichtung des Betriebsrates	**unverzüglich**
Bestreiten der dringenden Erforderlichkeit durch Betriebsrat	**unverzüglich**
Ersetzung der fehlenden Zustimmung des Betriebsrates und Antrag des Arbeitgebers auf Feststellung der Erforderlichkeit der vorläufigen personellen Maßnahme	**3 Tage**
Mitbestimmung bei Kündigungen Bedenken gegen ordentliche Kündigung (§ 102 BetrVG)	**1 Woche**
Bedenken gegen außerordentliche Kündigung (§ 102 BetrVG)	**3 Tage**

C. Arbeitsgerichtliches Verfahren

I. Fristen nach dem KSchG

Klage auf Feststellung nach dem KSchG – Voraussetzungen des Kündigungsschutzes bei ordentlicher und außerordentlicher Kündigung vgl. Rz. 353ff. – (§ 4 Satz 1; 13 Abs. 1 KSchG)	**3 Wochen nach Zugang der Kündigung**
im Falle der Fristversäumnis: Antrag auf nachträgliche Zulassung der verspätet eingereichten Klage (§ 5 Abs. 3 Satz 1 KSchG)	**innerhalb 2 Wochen nach Behebung des Hindernisses**
Ausschlußfrist: (§ 5 Abs. 3 Satz 2 KSchG)	**6 Monate**

Massenentlassungen – Meldung an das Arbeitsamt (§ 17 Abs. 1 KSchG)	**4 Wochen vor dem Entlassungstermin**

II. Fristen nach dem ArbGG und der ZPO

1. Allgemeine Fristen

Vorbemerkung: Urteile und Beschlüsse der Gerichte für Arbeitssachen haben eine Rechtsmittelbelehrung zu enthalten (§ 9 Abs. 5 ArbGG). Fehlt diese, beginnt die Frist nicht zu laufen. Ausschlußfrist in letzterem Fall	**1 Jahr**
Einlassungsfrist	**1 Woche zwischen Zustellung der Klageschrift und Termin**
Ladungsfrist	**3 Tage zwischen Zustellung der Ladung und dem Termin vor dem Arbeitsgericht**
Beides erfolgt in der Regel gemeinsam	
Wohnt die beklagte Partei im Ausland	**Frist nach Ermessen – nicht zu knapp**
Abkürzung in allen Fällen bis auf 24 Stunden zulässig auf Antrag (§§ 46 Abs. 2 ArbGG; 226 ZPO)	
Erwiderungsfrist auf Klage in Kündigungsschutzsachen (§ 61a Abs. 3 ArbGG).	**mindestens 2 Wochen** (Mußvorschrift)
Fristsetzung für den Kläger zur Erwiderung (§ 61a Abs. 4 ArbGG)	**mindestens 2 Wochen** (Kannbestimmung)

Schriftsatzfrist zur Vorbereitung des Kammertermines durch den Vorsitzenden in sonstigen Fällen (§ 56 ArbGG)	**nach Ermessen** (Sollvorschrift)
Ausschlußfristen zu neuem Sachvortrag und neuen Beweismitteln (§§ 46 Abs. 2 ArbGG; 282 ZPO)	**nach freiem Ermessen der Kammer nach vorausgegangener streitiger Verhandlung**

2. Urteilsverfahren

Versäumnisurteil – ArbG und LAG (§§ 59, 64 Abs. 3 ArbGG)	**Einspruch 1 Woche nach Zugang**
BAG (vgl. §§ 72 Abs. 5 ArbGG; 523, 339 ZPO)	**2 Wochen nach Zugang**
Gegen 2. Versäumnisurteil des ArbG – Berufung wegen der Säumnis (§ 345 ZPO)	**1 Monat nach Zugang**
Gegen das Urteil des ArbG bei Beschwerdewert über 800,00 DM oder entsprechender Zulassung	
Berufung (§ 66 Abs. 1 Satz 1 ArbGG)	**binnen 1 Monat nach Zustellung des Urteils**
Frist zur Begründung der Berufung (§ 66 Abs. 1 Satz 1 ArbGG)	**1 Monat, nach Eingang der Berufungseinlegung beim LAG**
Frist zur Beantwortung der Berufungsbegründung	**1 Monat nach Zugang der Berufungsbegründung**
Gegen Beschlüsse des ArbG regelmäßig einfache Beschwerde (§§ 78 Abs. 1 ArbGG; 567 ZPO)	**nicht fristgebunden**

oder in Ausnahmefällen, die im Gesetz aufgeführt sind, sofortige Beschwerde (§§ 78 Abs. 1 ArbGG; 577 Abs. 2 ZPO)	**binnen 2 Wochen nach Zustellung**
Gegen Beschlüsse des LAG keine Beschwerde (§ 78 Abs. 2 ArbGG)	
Revision	
Gegen das Urteil des LAG (§§ 72 Abs. 1, 74 Satz 1 ArbGG)	**binnen 1 Monat**
Frist zur Begründung der Revision	**1 Monat nach Eingang der Revisionseinlegung**
Wiedereinsetzung in den vorigen Stand bei Versäumnis der vorstehend aufgeführten Notfristen (§ 233 ZPO)	
Antragstellung (§ 234 Abs. 1 und 2 ZPO)	**binnen 2 Wochen nach Behebung des Hindernisses**
Ausschlußfrist (§ 234 Abs. 3 ZPO)	**1 Jahr nach Fristablauf**
3. Beschlußverfahren nach dem BetrVG	
Gegen den Beschluß des ArbG Beschwerde an das LAG (§§ 87 Abs. 2, 66 Abs. 1 Satz 1 ArbGG)	**binnen 1 Monat nach Zustellung**
Frist zur Begründung der Beschwerde	**binnen 1 Monat nach Beschwerdeeinlegung**
Gegen den Beschluß des LAG Rechtsbeschwerde an das BAG (§ 92 Abs. 2 ArbGG)	**binnen 1 Monat nach Zustellung**

Frist zur Begründung der Rechtsbeschwerde (§ 92 Abs. 2 ArbGG)	**1 Monat, beginnend nach Einlegung der Rechtsbeschwerde**
Ausnahmeregelung bei der Bestellung eines Vorsitzenden für eine Einigungsstelle:	
Frist zur Einlegung und Begründung der Beschwerde gegen den Beschluß des ArbG (keine besondere Beschwerdebegründungsfrist!) (§ 98 Abs. 2 Satz 2 ArbGG)	**2 Wochen**

4. Streitigkeiten aus einem Ausbildungsverhältnis

Beachte zunächst die Bestimmungen des Ausbildungsvertrages!
Bei Streitigkeiten aus einem Berufsausbildungsverhältnis im Bereich des Handwerks:

Nach Spruch des Ausschusses der Handwerksinnung	**Anerkennungsfrist durch beide Parteien – 1 Woche**
andernfalls Klageerhebung durch die nach dem Spruch unterlegene Partei beim ArbG (§ 111 Abs. 2 Satz 3 ArbGG)	**binnen 2 Wochen nach ergangenem Spruch**

Stichwortverzeichnis

Die Zahlen verweisen auf die Randziffern im Buchtext.